リジリエンス

喪失と悲嘆についての新たな視点

著　=ジョージ・A・ボナーノ
監訳=高橋祥友

Ψ
金剛出版

本書を薦める

「大変興味深く、勇気づけられる研究結果である。（中略）善意に基づくものではあっても、広く信じられた誤解を正し、有益なものにしている」

――ニューヨークタイムズ

「本書は新しい視点を示している。（中略）死にゆくことと死について一般書や専門書が数多く出版されているが、本書は、専門家にとっても、悲嘆に暮れている人自身にとってもこれまでとは異なる明解な他の選択肢を示してくれる」

――図書館雑誌

「悲嘆は個人個人にとっていかに異なるかという点ついてボナーノは深い考察に富む研究を実施し、喪失の話題を取り上げ、それは私たちの心に響き、希望を与えてくれる」

――全米退職者協会雑誌

「心的外傷後ストレス障害と同じように、悲嘆が時に極度に深刻で治療が必要な場合もあることをボナーノは認めている。そして、本書では、科学と常識が思慮に富み、良心に基づいて統合されている。喪失の話題は一般的な常識をはるかに超えるが、それでも私たちに希望を与えてくれる」

――パブリッシャーズ・ウィークリー

「ボナーノの新刊書は読者に明晰かつ快適で、さらにとても生き生きとした新たな洞察をもたらしてくれる」

——メタサイコロジー・オンライン

「本書は良書であり、心を揺さぶる。ボナーノは喪失に対して私たちが従来抱いていた先入観にまったく新たな視点をもたらしてくれる。愛する者を喪った時にも、私たちには回復力があり、新たな意味を見出し、笑い、洞察を得ることができるという点について、ボナーノは多くの巧みな方法で明らかにしている。勇気を与えてくれる本書は喪失の別の側面について知恵をもたらしてくれるとともに、人生をきわめて意義深いものにする」

——カリフォルニア大学バークレー校心理学教授　ダッカー・ケルトナー（『*Born To Be Good*』の著者）

「ボナーノは、今日のアメリカで、死別に関するもっとも精力的で影響力のある研究者であり、死別や悲嘆についての科学的領域に変化をもたらした」

——ストーニー・ブルック大学、心理学教授　カミール・ウァートマン

「本書は死別の過程をきわめて新鮮に、科学的な根拠に基づいて描き出し、肯定的な感情、笑い、死後も続く絆について多くの例を挙げて解説している。人間が呈する感情に興味のある人は皆、温かく、魅力的で、親しみやすいこの本に価値を見出すことだろう」

——ノースカロライナ大学チャペルヒル校ケナン名誉教授　バーバラ・L・フレドリクソン（『*Positivity*』の著者）

「死別に関するジョージ・ボナーノの画期的な研究は、人間の持つ底知れぬ回復力について描き出し、愛する者の死後、生きる意味をどのように探し当てるかを示してくれる」

——再生計画の創始者・責任者　ジム・ホイッティカー

「経験的な研究と、悲嘆の最中の人々の言葉から、ボナーノは死別に直面した際に人間が呈するリジリエンスがもたらす楽観的な側面を示す。これまで数十年にわたって悲嘆に関する文献に満ちていた誤った前提を本書は正してくれることに感謝したい」

——カリフォルニア大学サンフランシスコ校医学部名誉教授　スーザン・フォークマン

「ボナーノは人間が喪失とトラウマにどのように反応するかというこれまでの私たちの考え方に革命をもたらした。本書は介入と、そして、人々が自分をどのようにとらえるかという点について多くの示唆を与えてくれる」

——イェール大学心理学教授　スーザン・ノレン・ホークセマ

「本書は精力的な研究と豊富な事例を用いて、正しい知識を提供し、啓発し、鼓舞してくれる。私は本書を心から推薦する」

——ミシガン大学心理学部教授　クリストファー・ピーターソン

「本書は人々が悲嘆の苦痛をどのように克服していくかを見事に、そして、心を揺さぶるように描き出す」

——ハーバード大学心理学教授　リチャード・J・マクナリー（『*Remembering Trauma*』の著書）

「本書は本質を根本から変えるものである。ボナーノは科学的なエビデンスを慎重に収集したうえで、私たちが知っていると思いこんでいたことの多くが単純な誤りであったことを示している。人間の喪失体験について真実を知りたければ、本書は唯一の本である」

——サイコロジー誌、ハーバード大学心理学教授　ダニエル・ギルバート（『*Stumbling on Happiness*』の著者）

有名な五段階理論に代表される従来の死別に関する視点によると、私たちは悲嘆の過程をただ受け入れて、それを耐え忍ばなければならないというものであった。本書では、心理学者で感情に関する専門家であるジョージ・ボナーノがこの視点に反論している。私たち皆に驚くべき回復力があり、愛する人を喪い悲嘆の最中にある人に苦痛に満ちた態度を期待したり、要求したりすることは、害をもたらすばかりである。実際に、悲しみは対人関係をより深いものとしたり、人生の新たな意味をもたらしたりすることもある。

遺された人にとって本書は必読の書であり、死にゆくことや死についての肯定的な視点が得られるはずである。逆境にあってもたくましく生きていくという人間が生来もっている能力に関心のある人は非常に興味深く感じることだろう。

「本書は、科学的な手法を、それを非常に必要としていた領域に応用したという点で、きわめて意義がある」

——ニュー・サイエンティスト誌

「意義深く、知的な本である。悲嘆は『作業』などではないと気づくことは勇気づけられる思いがする。死を受け入れることに成功などしなくてもよい。私たちは自分が考えている以上に力強いのだ」

——ダブル・エックス・スレイト・ドットコム

「すばらしくて、感動的である」

——カリフォルニア大学バークレー校心理学教授　ダッカー・ケルトナー（『*Born To Be Good*』の著者）

目次

リジリエンス　喪失と悲嘆についての新たな視点

リジリエンス

喪失と悲嘆についての新たな視点

著者注：プライバシーの保護のために、本書で挙げた人物は、ソンドラ・シンガー・ビューリューを除いて、他はすべて氏名も個人情報も変更してある。

第1章　起こり得る最悪の出来事

ヒーサー・リンキストが台所で昼食の後片付けをしていたところ、ドサッという物音が聞こえた。その音は廊下のほうからしたようだったが、あまりにも大きかったので放っておくわけにはいかなかった。「坊やたち、何をしているの」とヒーサーは大声を上げた。答えはなかった。ふたりの息子は居間のソファーで静かに遊んでいた。息子たちは笑っていた。「いたずら坊主たち」とヒーサーも笑顔でつぶやいた。「あの音は何？」と尋ねたが、息子たちは知らないと答えた。「お父さんはどこ？」と聞いたが、その答えを待たずに、ヒーサーは廊下に走っていった。夫のジョンが床に転がってもだえ苦しんでいる姿を見つけて、恐ろしさのあまりに叫び声をあげた。ジョンは重症の喘息発作を起こしていた。新薬をのんでいて、効き目があるように見えたが、突然、これまでに経験したことのない最悪の発作に見舞われて、倒れてしまったのだ。ヒーサーは夫の命を救うために思いつくすべてのことを試みた。そして、救急車を呼んだ。その他については記憶が曖昧になっている。ジョンは病院に着く前に、心停止をきたして、死亡した。

ヒーサーは三四歳、息子たちは五歳と七歳だった。当時、夫の死は彼女がこれまでに経験した最悪の出来事のように感じた。

私たちのほとんどが、愛する人たちにどれほどひどいことが起きるかと恐れるあまりに、そのことについて考えるのが難しい。時が経つのを待つ以外に選択肢はない。ストレスに満ちた人生の出来事に関する調査によれば、愛する人の死がストレスの最上位に位置する。[1] 情け容赦のない暗い影となった悲しみは常に私たちを襲い、どこにでも付いてくるように感じる。悲しみは光を闇に変え、それが関わるすべてから喜びを奪ってしまうように感じられる。それは容赦なく、圧倒してくる。

悲嘆を受け入れていくことが難しいのは否定しようのない現実である。しかし、それは常に実際に圧倒されるようなものなのだろうか?

ヒーサー・リンキストはニュージャージー州北部の静かな郊外の同じコミュニティで全人生を送った。ヒーサーとジョンは高校時代からの恋人同士だった。ふたりは結婚して、小さな農家風の自宅を購入した。そして、子どもを授かった。犬も飼っていた。学校にも満足し、コミュニティも平穏無事だった。テレビはさかんに悲惨なニュースを伝えているようにヒーサーは感じていたが、それ以外は、すべてが秩序だっていると思っていた。

そして、突然、ジョンが亡くなり、ヒーサーは人生や生活すべてについて考え直す必要が出てきた。ヒーサーは今では女手ひとつで子どもを育てなければならなかった。生活費を得る新たな方法を見つけなければならないし、息子たちと過ごす時間も編み出さなければならない。そのうえ、どうにかして皆の苦しみを和らげる必要もあった。しかし、これまでに考えてもみなかった力が自分にはあることに気づいた。孤独で苦痛に満ちていた時もあった。しかし、ヒーサーは自分がきっとうまくやっていけるはずだという考えに、意味、活力、そして喜びさえ見出した。

「私はすっかり打ちひしがれてしまい、立ち上がれなくなるのではないかと思いました。まさにそうしたかったのです。それが一番楽なことだったでしょう」とヒーサーは説明した。「しかし、……私はそうはできませんでした。毎日、ベッドから起き上がり、しなければならないことをしました。月日が過ぎていき、何とかまずまずでした。息子たちもよくやっていました。もちろん、最初は息子たちも戸惑っていました。皆がそうでした。でも、息子たちは頑張ってきました。そして、私たちは一緒に頑張りました。私は息子たちを愛しています。ジョンも息子たちを誇りに思っているでしょう」

＊＊＊

私たちが一般的に考えている死別や悲嘆について、ヒーサーの話は興味深い新たな視点を示している。喪失に伴う痛みを避けられないと、私たちは固く信じている。まさに、諺にあるように、死と税は避けられないというようにである。結局、誰もが悲嘆を経験し、おそらくそれは一生に一回だけではないだろう。しかし、悲嘆がありとあらゆるところで起きているにもかかわらず、そこで何が現実に起きるかという点について私たちはほとんど何も知らない。深刻な喪失を経験した人でさえも、自らの喪失体験が正常なものなのか、あるいは再び同じような体験をしても同様の反応を呈するのかさえもわかっていないことが多い。

答えなければならない疑問は尽きない。誰かを喪うということは現実にどのような意味があるのか？　悲嘆は常に同じように感じられるのか？　それは誰にとっても同じであるのか？　常に苦痛や苦悩に圧倒されているのか？　どれくらい続くのか？　どのくらいの期間続くべきなのか？　十分な悲嘆をきたしていないように見える人はどうなのか？　故人に対して今も引き続き絆があると話す人はどうなのか？　それは正常なのか？　これらは大変重要な疑問である。人はそれぞれに悲嘆に対して異なった反応を呈するということを理解できれば、人間であることの意味、生と死の経験、愛、意味、悲しみ、喜びについて何かを理解することになるだろう。

死別や悲嘆に関する本は数多くある。しかし、そのほとんどは驚くほど視野が狭く、より大きな疑問をあえて避けようとしている。その理由のひとつとしては、こういった本の多くが医師や医学的な背景のあるセラピストによって書かれているためである。これは驚くべきことではないのだが、より広い視点で悲嘆を理解しようとすると、いささか問題が起きてしまう。すでに苦悩にすっかり圧倒されてしまっている人、専門家の助力が生存のための唯一の機会となってしまっているといった人だけに、悲嘆を扱う専門家は接している傾向がある。こういった人の人生のドラマは誰をも圧倒するようなものであるのだが、ほとんどの人にとって悲嘆とは何かについてあまり多くを示してはくれない。

自習書も同じような傾向を示しがちである。このような本では、悲嘆はすべてを凍りつかせるような悲しみや、正常な生活から引き離すような苦悩や、それ以前のように生活するのが難しくなるといった描き方をする。こういった本に描かれている人は、半ば意識的な絶望感から徐々に必死になって抜け出すことしか望むことができない。こういった課程を描いた自習書は、「正常の生活への復帰」とか「悲嘆からの覚醒」といった題となりがちである。[2]

圧倒されるような悲嘆の経験はもちろん当事者にはけっして些細なものではない。しかし、こういった経験は、彼らのほとんどが愛する人を喪った時の経験ではないのだ。悲嘆を研究するために、同僚たちと私は数百人の人々を面接した。この研究の一部として、彼らが喪失をどう経験し、それはどのようなものであったか、個人的なストーリーを語ってもらった。私たちの研究に参加した人の多くが、本を読んで、悲嘆とは何かを探ろうとしたと述べた。しかし、彼らは自分の経験に合致する内容は何も見つけ出せないように思われたとすぐに付け加えた。実際のところ、彼らは私たちの研究に参加して、精神の内部で悲嘆とはどのようなものかをいわゆる専門家に示す機会を得たいとしばしば語るのだ。

＊＊＊

一九九一年に臨床心理学の博士号を取得して間もなく、私は興味深い職を申し出られた。それはカリフォルニア大学サンフランシスコ校で悲嘆に関する研究の責任者になるというものであった。それが興味深かったというのは、個人としても専門家としても当時私は悲嘆についてほとんど何も知らなかったからである。私が経験したことのある唯一の悲嘆とは、その数年前に父が亡くなったことであった。私はセラピストになるための訓練の一環として父との関係を探ろうとしていった。しかし、私はそれ以来、自分自身の悲嘆反応について多くを考えてこなかった。そこで、悲嘆について研究するというのは実は少し不安であったのだ。とても気が滅入ってこのテーマを研究することなどできないのではないかと思った。私自身がうつ病になってしまうのではないかとさえ考えた。

しかし、悲嘆に関する本や論文を読むと、私の興味はすぐにかきたてられた。悲嘆は織り成す人生の一部であり、誰もが関わりを持たざるを得ない問題であるにもかかわらず、系統的な研究はほとんどなされていなかったり、関心も払われてこなかった。

しかし、私が興味を覚え始めた時に、次第に関心がほとんど払われていないという事態に変化が生じ始めた。ベトナム戦争の結果、心理的トラウマの概念についての関心が非常に高まってきた。当初は、ほとんどの研究が戦争のトラウマに焦点を当てていた。しかし、徐々に、天災、強姦、暴行、そして結局は悲嘆へと、関心は他のタイプのトラウマへと広まっていった。

驚くべきことに、悲嘆についての初期の研究は、死別に関する従来の概念を単に控えめに支持しているに過ぎなかった。ところが、死別に関して広く受け入れられてきた概念が実際は誤っていると指摘しているように思われる研究もあった。さらに興味深いことに、カミール・ウァートマン（Camille Wortman）とロクリン・シルヴァー（Roxanne Silver）という二人の優れた学者が一九八九年に『喪失の対処に関する誤解』（The Myth of Coping Loss）という大胆な題の論文を発表した。[3] 悲嘆に関する主要な前提の多くが実際のところ誤っていると彼らは主張したのだ。この論文を読めば読むほど、私は彼らの主張に同意した。悲嘆に関するいわゆる「最新の知見」が実はみじめなほど古めかしいものであったのだ。これは新参の研究者にとって実に興味深く、大いに励ましになった。難しい仕事に見えて躊躇していたのだが、職の申し出を受けることに決意して、私はサンフランシスコに転居した。

私は悲嘆に関してせいぜい数年間だけ研究して、その後は、より大きな、より価値のある何かへと移っていくつもりだった。しかし、驚くべきことに、それから約二〇年経つというのに、悲嘆は今でも私の専門家としての関心の中心にある。その理由は実に単純である。悲嘆についてあまりにもわずかなことしか知られていなかったため、新たな研究や疑問が次々に新しい何かを産み出しているように思われる。同僚たちと私による発見はしばしば予想外のものだった。それは単に、それ以前に誰も抱かなかった疑問を私たちが発していたために過ぎない。

私たちのアプローチは実に直接的である。もしもそのようなものがあるとするならば、独創性こそが私たちが他の心理学の領域から悲嘆の主題に応用した標準的な方法であった。たとえば、死別の専門家は、喪失を経験した後には自らの苦痛を表現することは不可欠であると考える。しかし、彼らはこの考えを実際に実証してはこなかった。主流の心理学には実施可能な無数の実験法がある。私たちは実験の技法を用いて、たとえば最近死別を経験した人に対して、自らの死別の経験と、人生における他の重要な出来事について語ってもらい、私たちは両者を比較した。被験者が語っている間、私たちはその感情反応を測定するために、表情や自律神経系の活動を記録した。被験者の語る言葉も書き起こし、彼らがどれほど喪失について語り、その際に自分の感情反応についてどれほど述べるのか測定した。こういった技法のどれひとつとして新しいものではないのだが、これまでに悲嘆の過程を研究するのに応用されたことはなかった。

私が悲嘆に関してほとんど何も知らないという事実こそが大いなる長所であるということも明らかになった。私の無知は問題であり得るし、時には実際にそういうこともあったのだが、ほとんどの場合、そのためにかえって新たな視点を得ることができた。何を発見すべきかという点について私にはほとんど先入観がなかったために、従来は考慮されてこなかった実に単純な疑問を抱くことができた。

たとえば、死別の典型的な過程とはどのようなものであるだろうかといった点である。

最近まで、死別や悲嘆に関するほとんどの理論は、死別は進行的な過程であり、その過程全体を克服するには多くの時間がかかると理解されていた。死別の専門家は実際のところ「喪の作業」(grief work) といった術語を用い、死別を経験した人は皆、喪失を受け入れるには、ある特定の困難な過程を経なければならないとしていた。こういった専門家はきわめて詳細にこの概念を描き出した。本や文献には、正常の喪の過程にさまざまな課題や段階があることを示す多くの図やリストが含まれていた。「健全な」喪の過程がしばしば議論され、それはこれらの課題や段階に関与し、それを巧みに克服できないと、さらに苦悩が増すといったものであった。

この種の図やリストでは、すべての人にとって死別は本質的には同じであるという前提に立っていて、死別を比較的早く克服したり、悲嘆の「段階」のいくつかを経験せずに済ませたりした人は、かえって何らかの問題があると見なされかねない。こういった概念に囚われていると、悲嘆を経験した人が幸せそうだったり、緊張していないように見えたりすると、かえって不安が増すというのも理解できる。「これは否認の一種だろうか?」といった疑問も湧いてくるだろう。さらにひどい時には、その人はそもそも故人を本当に愛してはいなかったのではないだろうかといった疑問さえ生じるかもしれない。あるいはおそらく、死別の問題に手を差し伸べられないと、そういった人は何年も後に遅れて生じる反応に悩むかもしれない。

驚くべきことに、私は長年にわたって悲嘆を研究して、こういった概念を支持するエヴィデンスをまったく発見することができなかった。同僚たちと私が発見した多くの知見が実際に示したのは、悲嘆に関するまったく異なる様相であった。

一貫している知見のひとつは、悲嘆はけっして一元的な経験ではないという点である。悲嘆はすべての人にとって同じではなく、誰もが経験しなければならない特定の段階などはないと思われる。むしろ、悲嘆を経験した人とっては、悲嘆反応は時期によってさまざまなパターンや軌跡を呈する。図1にもっとも一般的な三つのパターンを表した。ある人は「慢性的悲嘆」を経験する。喪失体験に伴う苦悩がその人を圧倒し、正常の日常生活に戻ることができないように感じる。不幸なことに、この種の苦痛に満ちた闘いが何年も続く人もいる。そして、徐々に「回復」をする人もいる。一時的に苦痛を感じるものの、時間をかけて本来の

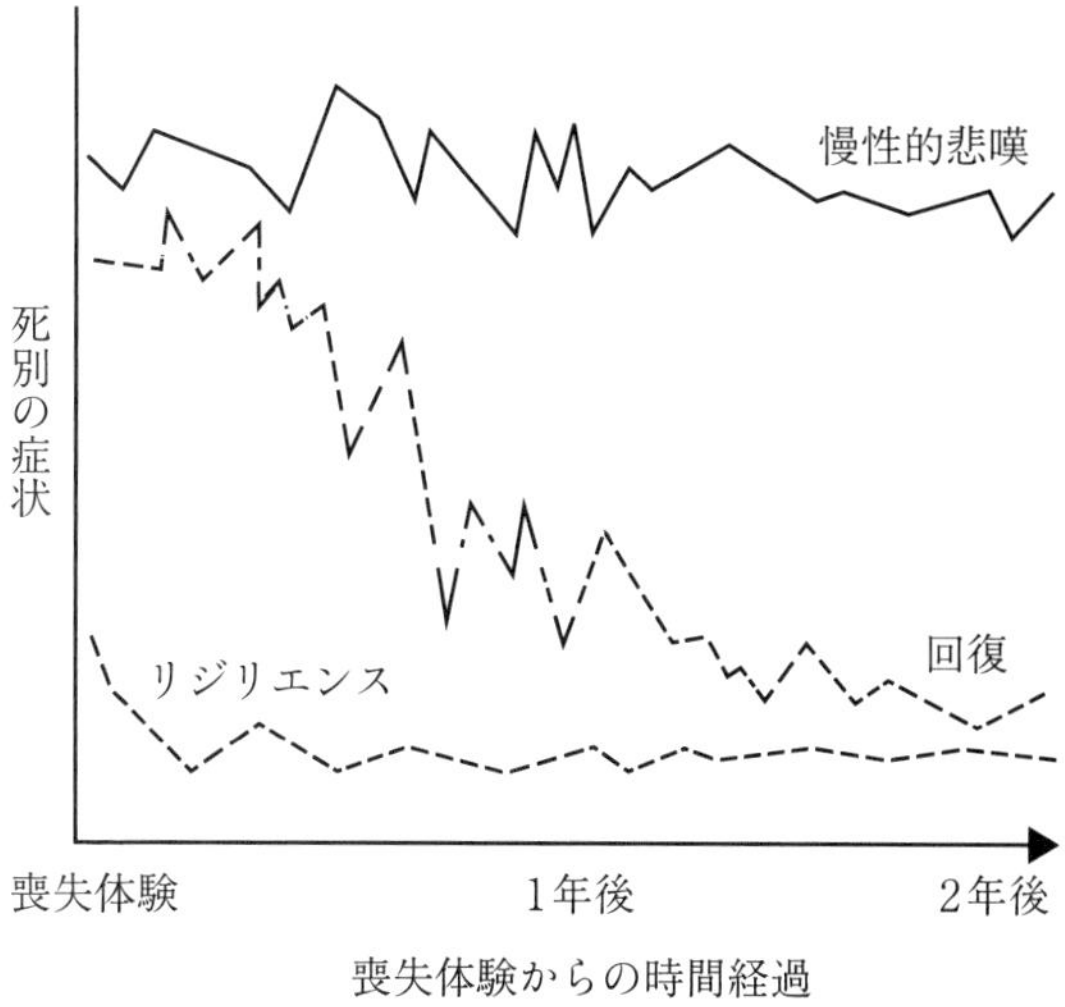

図1――悲嘆反応のもっとも一般的な3つのパターン
(G. A. Bonanno: Loss, Trauma, and Human Resilience: Have We Underestimated the Human Capacity to Thrive after Extremely Adverse Event? American Psychologist. 59 : 20-28. より転載)

自分を取り戻していき、元の生活に戻っていく。

幸い、私たちのほとんどにとっては、悲嘆はけっして圧倒するようなものでも、終わりのないものでもない。喪失体験のもたらす苦悩は恐ろしいものではあるかもしれないが、私たちのほとんどにはリジリエンス（resilience）があるのだ。実際に、喪失体験をとても効率的に受け入れることができる人もいて、日々の生活の打撃からほとんど影響を受けないように見える。喪失体験にショックを受けて、傷つくかもしれないが、それでも何とかバランスを取り戻し、人生を送っていく。悲嘆の際に苦悩や悲しみが生じることは否定できない。しかし、それ以上のこともまた存在するのだ。とくに、それは人間の経験である。悲嘆は人間に運命づけられたものではあっても、けっして圧倒するようなものではない。むしろ、悲嘆に対する反応は、それを受け入れて、比較的早期に順応し、生産的な生活を引き続き送ることができるようにするという役割がある。もちろん、リジリエンスが、すべての人が喪失体験を完全に克服するとか、「閉方」(closure)*を意味しているというのではない。リジリエンスが高い人であっても、ある種の悲哀感を呈するように思われることもある。しかし、自分自身の生活を続けて、今も自分の周囲で生活している人々を愛することができるのだ。

私の研究が明らかにしたもうひとつの点は、悲嘆はけっして疾風怒涛(Strum und Drang)などではないということである。もちろん、悲しみは悲嘆の大きな部分を占める。悲しみについて第3章で少し詳しく解説する。たとえば、なぜ悲嘆の際に強い悲しみを覚え、喪失と向きあうのにそれがどのような役割を果たしているのかという点について解説するつもりである。喪失体験の直後であっても、悲嘆を経験した人が、純粋に楽しいことを経験したり、笑ったり、楽しい時間を持ったりすることができるということも示す。悲嘆に関する初期の文献のほとんどにはこの種の肯定的な経験を否定する傾向があり、しばしばそれは拒絶だとか否認と片づけられてきた。しかし、私の研究はむしろ逆であると示した。肯定的な経験はよくあるというだけではなく、他の人々にも積極的な影響を及ぼし、喪失体験からより早く回復するのに実際に役立っているようである。

私は悲嘆を経験した人の自然なリジリエンスについて本書のほとんどの部分で焦点を当てるが、人によっては喪失を経験した後に極度の苦悩を呈していることを軽視しようとするものではけっしてない。実際に、

*訳者注……閉方：不完全な形・思考・状況などが完全なものとして知覚されること。

極度の苦悩と健康なリジリエンスのどちらも取り上げる視点に立つことによって、これらの極端な反応を対比させて、どうして他の人よりも深く苦悩する人がいて、もしも可能ならばどのような助力ができるかという点を検証できるだろう。

悲嘆反応の全般を検証することによって、一般的に言って、単に悲嘆を克服して、その後も生き続けるといった以上が存在することも確認できるだろう。たとえ非常に高いリジリエンスを示す人にとってさえも、死別は深刻な経験であり、人生観を根本から変化させかねない。正常の状況では、私たちのほとんどは生と死とかについて少しも考えず、自分がどこから来て、広大な宇宙のどの位置にいるのかといった、他のやっかいな実存的な疑問も抱くことないままに、忙しい日々を送っている。しかし、愛する人の死は、ごく一時的にかもしれないが、私たちをこういった実存的な疑問に引き戻し、より広い世界観とその中における自分の位置を考えさせる。

死別を経験した人はしばしば故人がどこに行ってしまったのだろうか考える。故人は単に消滅してしまったのだろうか、それとも形を変えてどこかに存在し続けることは可能だろうか？　死別を経験した人は、亡くなった愛する人が今でも生きていて、何らかの形で話しかけてくるといった、故人との間に実際に強い、はっきりとした絆のようなものを感じる。そういった経験は、不思議であり、慰めを与えてくれるものであるのだが、科学的客観性を重視する西洋文化の基準では、疑問を抱かれてしまうかもしれない。

たとえ文化の一部ではなかったとしても、亡くなった愛する人との間に今でも関係があることがごく当然である世界では、こういった混乱は見られない。たとえば、アフリカやメキシコの一部地域では、亡くなった愛する人がこの世に戻ってきて、生きている人と生活することが許されるといった長年の儀式に、死別を経験した人が参加している。中国や他のアジアの文化では、先祖と儀式的に会話を交わすといった祭礼が数千年にわたって続き、政治的混乱や文化経済的なグローバリゼーションにもかかわらず、今も行われている。

このような文化的要素のいくつかを統合させようとしたら、何が起きるだろうか？　何か古いものを、新しいものに加えたらどうだろうか？　第10章と第11章では、世界の状況を見渡して、この種の疑問について探っていく。

そのような試みの前に、私たちは最初から始めなければならない。自分にとって大切な人が亡くなった時に西洋文化では一体何が起きるのかまず詳しく見ていく必要がある。

第2章 歴史的展望

子どもの死は想像を絶する喪失であり、自然の順を破壊する。子どもというのは親よりも長生きして当然と考えられているし、けっしてその逆ではあり得ない。カレン・エヴァリーは自分自身にこんなことが起きようとは考えても見なかった。彼女も夫もよき親であったし、子どもたちもすくすくと育ってきたように思えた。ティーンエイジャーの息子ブラッドリーは美術を学んでいた。彼は自信に満ち、才能に恵まれ、間もなく大学に入学することになっていた。娘のクレアは数年前に大学を卒業し、金融業界で順調なキャリアを積んでいた。ところが、突然、クレアが亡くなってしまった。

クレアが亡くなった日は、カレン・エヴァリーにとってだけではなく、多くの人々にとっての悪夢となった。それは二〇〇一年九月一一日だった。カレンがそのニュースを聞いた時にはマンハッタンの職場に向かっているところだった。クレアは最初の飛行機が衝突した世界貿易センターの南ビルの上層階で働いていた。クレアが生存している可能性がほとんどないことは最初からきわめて明白であった。

あまりにも暴力的な娘の死にカレンは呆然となった。心臓が止まるように感じた。人生が停止し、沈黙が支配した。惨事がもたらした空虚さのために、カレンは我を忘れ、何が現実で、何が非現実かわからなくなってしまった。9・11から数週間後のある日、カレンは友人の自宅の一八階のテラスにひとり佇んでいたと、私に話してくれた。街を見おろしていると、自分の周囲に神の存在のようなものを感じた。その瞬間、ある考えが浮かんだという。カレンはそのテラスから地面に向けて飛び降りれば、神が娘を蘇らせてくれるという考えに囚われた。神がそう語り、カレンはそれを信じた。そのようにして娘を取り戻すことで、宇宙の裂け目を修復することができると思った。心臓が早鐘のように打ち、顔面が紅潮した。そして、カレンはバルコニーの端から身を遠ざけた。

カレン・エヴァリーは神の声に耳を貸さなかった。実際、彼女はほとんど何も非合理的なことはしなかった。むしろ、その逆で、責任の見本のような存在ですらあった。

カレンに対する私の第一印象はとても強かった。これは何かを成し遂げた人のものだと私は思った。彼女は死別というつらい経験をしたにもかかわらず、きちんとした服装で、自信に満ちていて、話す内容は的を射ていた。カレンはとても人懐っこい感じがした。大企業の管理職であった。実務経験豊富な上司で、部下たちと間に良好な関係を保っていることを誇りにしていた。こういった資質のどれも9・11以後にも変化はなかった。テロリストの攻撃で娘を亡くすという苦しい経験をしたにもかかわらず、カレンは一週間以内に仕事に復帰した。「これが私の仕事なのです。皆が私を必要としていました」と彼女は私に語った。

娘の死後、カレンはあえて忙しくしていた。葬儀の細かい点にまで自分で手配することで気分が晴れた。家族や友人たちのために個人的な葬儀を開くとともに、娘が育ったコミュニティでその名がいつまでも忘れられないようにと公的な葬儀も催した。エヴァリー家には多くの親族や友人が弔問に訪れた。カレンはその人々を温かく迎えた。彼女は喪主の役割も進んで引き受けた。こうすることは、彼女が苦痛をひとまず棚上げし、自分が何かに所属し、目的を持っているという感じを再確認するのに役立った。

結局、カレンは死別のために自分の人生の目的が止まることがないように決意していたのだ。「そうですね、私の人生、私たちの人生に大きな変化はありません。娘が死ななかったとした場合の私の人生と、今の私の人生ができる限り同じようになるだろうと考えています。娘は犬が大好きでした。それは私も同じで、娘と私は一緒に小規模のブリーダーになろうと計画していました。私は今でもその計画を進めるつもりです。もう娘がいないので、そんなことをしないほうがよいと考えたこともあります。娘は動物、すべての動物、とくに犬をとても可愛がっていたのです。でも、私が先に亡くなったとしたら、娘はきっとブリーダーになるという計画を諦めなかったはずです。そして、母親である私がどれほど犬を可愛がっていたかを、娘は自分の家族に話したでしょう。だから、私たち、いや私はこの計画を諦めないのです」。

カレンは人生の他の事柄も続いていて、今でも目的の一部であると話した。ひとり娘を亡くしたのだが、夫も息子もいるし、息子はもうすぐ大学に進学する。家族の世話をこれからも同じようにするのだと話し、将来について楽しそうに語った。「もちろん、私たちの生活はすっかり変わってしまいました。けっしてこれまでとは同じではありません。でも、ある意味で、私はおそらく、娘が亡くならなかった場合よりも、よりよい人間になるように思うのです。というのも、これまで以上に他の人々との関係や、他の人々を思いやるようになると考えているからです」。

カレンの言葉を疑う何らかの理由があるだろうか？　たとえば、これはおそらくある種の否認に過ぎない。彼女の深い苦痛を覆い隠すベールにすぎない。カレンは娘の死後すぐに仕事に戻ったが、本当に仕事をしていたのだろうか？　おそらく、彼女が真に望んだのは、苦悩から逃れることであったのかもしれない。彼女の目的意識、あるいはさまざまな活動は一体何だったのだろうか？　純粋に人生に向きあっていたのだろうか、それとも娘の死がもたらした避けられない空虚感に対処するための必死の試みだったのか？

悲劇的な死が非合理的であった場合には、こういった疑念が浮かび上がってくる。こういった死が起きた後にどれほどの苦悩に耐えなければならないのか想像するのは難しい。まして、苦悩を脇に置いて、早期に人生に向きあうといったことができるなどと考えるのは容易ではない。

もしもカレンが否認の状態にあったとしたら、それはあまり効果的な否認ではなかった。私は娘の死から約三カ月後に彼女に面接したが、死別の苦痛は明らかであった。彼女はよく涙を流した。しかし、私の質問がどれほど難しく苦痛に満ちたものであっても、娘とその死について十分に話し、私の質問に率直に答えた。より重要な点は、詳細な臨床評価を実施したものの、すべての知見は次の結論を支持していた。カレンはまったく疑いなく健康であり、十分に適応していた。

正常で健康な人は何をうまくやっていると思うかとフロイトは質問されたことがある。フロイトの有名な、そしてしばしば引用される答えとは、「愛し、仕事をする」ことであった。[1] カレンはその両者ができていた。悲嘆の初期にあっても、彼女は集中し、仕事をすることができた。自分の感情的反応をコントロールでき、普通に眠り、食事をした。友人たちや近所の人々、同僚たち、そしてとくに夫や息子と相互に満足できる関係を楽しんでいた。もちろん、カレンは娘を思い出し、時々ひどく悲しくなったのだが、それが際限なくなることはなかった。一日の終わりに夫と話をしたり、自分ひとりきりで過去を振り返ることができるといった、それが許される時だけ、そういった感情が湧きあがるままにした。しかし、カレンが何かをしなければならない時には、娘の死をひとまず棚上げにしておくことがほとんど常にできた。換言すると、娘の不慮の死にひどく傷ついてはいたものの、カレンはきわめて巧みにそれに対処できていた。娘の死後最初の数週間は時に感情が動転することも時々あったが、カレンはそれまでと同様に生活し、喪失という悲劇を乗り越えていった。

これで話は終わりだろうか？　いや、かならずしもそうではない。悲嘆を経験している人がいかに高い適応を示していようとも、通常の生活をいかに早く再開しようとも、それに疑問を抱きたくなるものである。悲嘆の専門家はこの種の疑念を一種の芸術に変えた。それは一連の証拠を逆にとらえているようなものである。犯罪者は、有罪と立証されるまでは無罪であるが、悲嘆を経験した人は健康と立証されるまでは苦しんでいなければならないというようなものである。

なぜそれほど疑念を抱くのだろうか？　それはどこから生じたのだろうか？

喪の作業についての興味深い概念

一九一七年にジークムント・フロイト（Sigmund Freud）は悲嘆とうつ病を比較する論文を発表した。[2] 二種の状態の明らかな共通点に興味を抱いたのだ。フロイトによれば、うつ病も悲嘆も失われた何かに対する撞着が関与しているのだという。[3] しかし、両者は重要な点で異なる。悲嘆もうつ病も苦悩を伴うが、私たちは悲嘆が病的な状態とは一般に考えない。したがって、苦悩は喪の過程の正常な部分であり、「喪の作業」の一部であると考えたのだ。この「喪の作業」といった恐ろしく簡潔な術語が、その後の人々が死別の過程をどうとらえるかといった点に非常に大きな影響を及ぼすことになった。

フロイトの考えでは、死別の作業とは、亡くなった愛する人、あるいはあまり詩的ではないが「非存在対象[4]」に注がれていた心理的エネルギーを再獲得しようとすることであった。ある他者に心理的な絆を築こうとするのは、フロイトが言った「リビドー」という原初的な感情の愛着のようなものを用いて絆を固めようとすることである。これは、もちろんセックスを含めて、愛する何物に対しても反応するのと同じ動機以上のものである。個々人は用いることができる心理的エネルギーに限りがあるので、これを効率的に用いる必要がある。ひとりの人に対するエネルギーが他の何に対しても注がれるわけではない。フロイトの理論では、愛する人の死が苦悩を生じるのは、心理的エネルギーが不足したために心の機能が減退するというばかりでなく、すでにこの世には存在しない誰かを常に求めるという状態に追いやられているからである。このような状態は、必要な喪の作業を終えて、故人に固着していたエネルギーを再獲得するまで続くと、フロイトは信じていた。

　フロイトはこれを「死別では必ずする仕事」、「死別の課題」、あるいは「死別の諦念」などと呼んだかもしれないが、「作業」という比喩を用いた理由は、人や思想といった何かに強い絆を築いたとすると、それには心理的エネルギーを注いだのであり、それはまるで糊のように固く結びつく。そして、容易に離れようとはしない。愛する人が亡くなると、遺された人はその故人の記憶に必死でしがみつき、「現実からの逃避を試みる」というのである[5]。遺された人は愛する人が亡くなったという現実を受け入れられないし、受け入れようともせず、その人が生き返るようにさえ振舞うため、この反応はほとんど妄想のような特徴がある。ジョアン・ディディオン（Joan Didion）は彼女のベストセラー『**魔術的思考の年**』（*The Year of Magical Thinking*）に「私はまるで幼子のように考え、出来事を変えて、その結果を逆にする能力があるとさえ思った」と書いている[6]。

フロイトの理論では、故人が生き返るという願望や、心理的エネルギーを再獲得するという願望から解放される唯一の方法とは、意図的に個々の記憶や、リビドーがその対象に固着させている希望を再検討することであるという。[7] 亡くなった愛する人に対する願望、思考、愛着に関する記憶をすべて検討する必要があるとフロイトは信じていた。この過程には時間がかかり、「苦痛を伴う」のだが、故人との愛着を断ち切り、リビドーを解放させ、前に進む唯一の方法であると考えていた。

もしもフロイトが正しいならば、カレン・エヴァリーに関して私たちが抱く懸念はすべて理にかなったものであるだろう。表面的には完璧に見える健康は実は単に仮面に過ぎなかったのかもしれない。あれほど短期間で「喪の作業」を終えることなどできなかっただろうし、一種の隠蔽された悲嘆を呈していたに過ぎなかったのかもしれない。遅かれ早かれ、彼女は死別の過程を克服し、真の解決へと進んでいかなければならないだろう。一年か二年、いやもっと長く、彼女は長期にわたってそうできないかもしれないが、結局のところ、それに直面しなければならないのだ。

言葉自体は昔からあるものの、喪の作業という概念はある種の一般的に訴えかける響きがある。悲嘆に暮れている人は、亡くなってしまった愛する人をしばしば苦痛に満ちて追い求めている。誰かをちらりと目にして、それが今は亡き妻であると考えたり、通路に足音が聞こえたり、最近亡くなった夫がもう帰宅することはないという事実を忘れたりするといった、幻覚様の経験はけっしてめずらしくない。親密な関係にエネルギーを注ぎこんだという概念にはいくばくかの真実がある。会ったことのあるすべての人に親密な個人的な絆を築くことができるというわけではない。そうするには驚くほどのエネルギーが必要である。したがって、一般には家族、親友、恋人のようには、私たちは情緒的に関わりを持つことを制限しているのである。[8]

しかし、フロイトの悲嘆の概念には驚くほどの矛盾がある。フロイトの学説はさまざまな論争を生み出したのだが、悲嘆に関するもの以外は、彼はきわめて精緻な理論を築きあげた。しかし、喪の作業に関するフロイトの論文は、これといって特徴もないほどに、およそ思いつくままに書いたようで、論理的ではない。そして、フロイト自身もそれを認めている。喪の作業の概念を提示した時に、この概念の推論の性質についていくつかのただし書きを残している。[9]実際のところ、彼の言う情緒的な固着がどのように作用するのか、悲嘆の過程でそれがどのように解放されるべきであるのかという点について詳しく述べてはいない。「喪の作業」という概念は漠然としていて、あくまでも理論上のものである。故人に関する記憶や思考のすべてを検討するだけで、その人に注入していた心理的エネルギーを再獲得できるならばよいだろう。しかし、それでは人はまるで古い書類の詰まった引き出しのようなものになってしまう。書類を引っ張り出し、整理しなおし、それでひと仕事が終わるといったほど、単純ではない。唯一の問題は、私たちの精神生活はほとんど際限がなく、整理しなければならないものがあまりにも多いということである。

記憶や情緒的絆に関する理解については、フロイトの時代から、多くの時間が経過した。現在の理解では、フロイトが正常な悲嘆としたある種の過程はおそらく正反対の目的を達しているだろう。すなわち、それは亡くなった愛する人との情緒的絆を強める傾向がある。人や土地の記憶は私たちの頭の中にある単なる物質ではない。そういった記憶は、脳全体に張り巡らされた、複雑なニューロンの塊であり、それらが他の思考や他の記憶と複雑に関連している。記憶が鮮明であるほど、神経源を同定するのが容易い。

記憶を消し去ることはできないが、それを弱めることはできる。[10]しかし、そうする方法とは、それについて考えないようにするというのではなく、もはや意識に上らなくなるまでそれについて文字通り忘れてしまうということである。何かについて長期間考えないでいると、神経回路の痕跡はまだ残っているものの、他の記憶やそれとの関連が薄れてきて、追想が干渉されやすくなる。そして、記憶を取り戻すのがさらに難しくなってくる。この過程を悲嘆に応用するうえでの問題は、最近亡くなった愛する人といった、何か重要で、感情を揺さぶるようなものを考えないでいるのではなく、そうすること自体が非常に難しいことである。実際に、記憶が徐々に薄らいでいくには長い時間がかかり、愛する人について抱いていた熱烈な記憶は一生かかっても薄らぐことはないかもしれない。そして、この過程を速めることなどできない。何かについてあえて考えないようにすると、記憶はかえって鮮明になってしまうのが一般的であり、それはより心に浮かびやすくなるものである。[11]

喪の作業において、何かについて一生懸命に考えたり、繰り返し考えたりしたら一体何が起きるだろうか？　こうすることによっても、故人の記憶はより鮮明になり、意識を占拠するようになる。心の中に何かが増していくと、神経経路を強化することになる。さまざまに異なる考えを持つと、互いの関連やその間の経路が強化される。起こりやすい結果とは、故人に関するひとつひとつの記憶や希望が関連していき、互いの連結が実際により強固になる。

フロイトは喪の作業に関する予備的な理論についてそれ以上に詳しく述べることはなかった。実際に、フロイトは悲嘆についてふたたび詳しく議論することがなかった。彼は悲嘆についてごく短く述べたに過ぎないのだが、喪の作業という概念はその後も続いた。しかし、理論の発展はフロイトによるものではなく、後継者たちによるものであった。[12]

さらに興味深い悲嘆の欠如という概念

フロイトが初めて悲嘆について言及してから約二〇年後、精神分析の後進のひとりであるヘレーネ・ドイチュ（Helene Deutsch）は『悲嘆の欠如』（The Absence of Grief）という風変わりな題の論文を発表した。[13] ドイチュは治療にあたった四人の患者を記述した。すべての患者が明らかな原因や過去に経験したことのない一見神秘的な症状を呈していた。たとえば、ある患者は「とくに誘引もなく、突然、強迫的に泣き出すことが時々あり」、他の患者は「とくに明らかな神経学的な問題はないのだが」感情を抱くことができず、人生に何の興味も覚えないと言って治療を受けに来た。患者を精神分析した結果、これらの症状は「悲嘆の欠如」でしか説明できないと結論した。この関連について何も決定的なエヴィデンスはなかったのだが、患者は喪の過程を終えておらず、治療を求めてきた問題は未解決の悲嘆反応が遅れて表現されたものであるとドイチュは考えた。

このような一般的な概念は、古典的な精神分析的アプローチの共通の要素から生じている。無意識は原初のものと見なされるものの、逆説的ではあるが、自律的・理性的でもある。それはまるで私たちの中にある賢明ではあるが幼稚な存在のようなものだ。無意識を否定すると、最善のことを奪われてしまうことになる。たとえ閉鎖された方法であったとしても、無意識はその欲求を表現する方法が必要である。無意識についてのこのとらえ方が悲嘆が進行中であるという概念と結びつくと、悲嘆はそれを表現しようとする独自の能力を備えた内的な心理的欲求の一種となる。

一見すると、ドイチュの主張は持続的な影響力はあまりないと思われる。四人の患者だけでは、この刺激的な理論を支持するにはあまりにも症例数が少ない。おそらくドイチュは単に探りを入れていたのだろう。おそらく治療が失敗した例と見なされかねない事例に必死になって弁解をしていたのかもしれない。愛する人を喪うというのは人生の現実である。ほとんどすべての患者の過去において悲嘆を認めることは稀ではない。過去における喪失と患者が現在呈している原因不明の症状を関連させることによって、原因を理解し、精神分析的治療の根拠を得ることができた。しかし、この関連はまたきわめて主観的で、実証することができなかった。このきわめて詳細にわたる点は問題にならなかったようである。しかし、実際には、ドイチュの論文は古典的論文のひとつとさえなった。この論文が発表される頃までには、精神保健の世界では精神分析は一般的に人間の心の奥底に到達する望ましい方法であるととらえられていた。そして、ドイチュの主張に反論できるような研究は未だにない。

しかし、その数年後に発表された別の論文がなければ、悲嘆の欠如といった概念は学問的には葬り去られていたかもしれない。一九四四年にアメリカの精神科医エリック・リンデマン（Eric Lindemann）は、悲嘆に関する最初の研究と見なされる画期的な研究を実施し、この課題について決定的な検証を行った。[14] リンデマンの研究が単により多くの悲嘆にくれる人を対象にしただけではなく、被験者の多くが一九四二年にボストンで生じたココナッツグローブというナイトクラブの火災を生き延びた人だった。その日にはハーバード大学対イェール大学のアメリカンフットボールの試合があり、火災が起きた晩は、試合結果を喜ぶ多くのファンでココナッツグローブは超満員だった。約五〇〇人が死亡した。これは悲惨な出来事であり、そのためにリンデマンの業績は少々悪名高いものになった。

リンデマンはその時代の概念の限界をしっかりと見きわめていた。彼は死別とは主に医学的な問題であると見なし、ドイチュが最初に紹介した悲嘆の欠如といった概念を賞賛した。リンデマンはその概念を少し発展させた。心理的問題の根は過去、すなわち未解決の死別反応に遡ることができると確信していただけではなく、たとえ表面的には健康に見える喪失反応も疑わしいとリンデマンは考えた。愛する人を喪った人がいかに健康そうに見えて、以前と同じように暮らし、どれほど昔に喪失が生じていたとしても、隠された未解決な死別反応が無意識のどこかで蠢いていると、リンデマンは確信した。

この大胆な推測のエヴィデンスは何だろうか？ 驚くべきことには、エヴィデンスは何もない。リンデマンが行ったこととは、一群の悲嘆にくれる人を集め、彼らを面接し、「心理学的観察」をまとめただけであった。このアプローチにはとくに客観的なものはなく、彼の結論を支持する方法ではなかった。

これは今日私たちが調査のために用いる方法ではない。その理由は、今では心理学的理論を発展させるために研究のエヴィデンスに基づいてきたので、比較的客観的な像、あるいは何を観察しているにせよ「心理学的な真実」をとらえようとしているからである。今日の研究者は、用いた測定法や新しい知見が妥当性のあるものであること、すなわち結果はいつ、どのような測定法を用いても同じになるように非常な努力をしている。研究に用いられる方法が詳細に記述されていることも重要であり、そうすることによって他の研究者たちがその研究の質を評価し、知見を再現し、それが妥当なものかどうか検証できる。リンデマンはこういった方法のどれも用いていないので、彼の観察が正確なものであったのかどうか知る由もない。

遅れた悲嘆という課題を検証するにはさらに五〇年かかった。しかし、ようやくエヴィデンスの基準が変化し、信頼できる妥当な測定法を用いて遅れた悲嘆という疑問を調査する新たな研究が実施されたが、そういった事実を支持するエヴィデンスは発見できなかった。[15] 喪失の後に高い適応を示している人は、かなりの年月が経った後でもほとんど常に健康であった。遅れた悲嘆などは生じなかったのである。

悲嘆の段階

エヴィデンスにもかかわらず、あるいはむしろエヴィデンスが乏しいにもかかわらずと言うべきか、十分な悲嘆を経験しないと悲嘆の遅延が生じるという考え方がごく当たり前のものになった。ほとんどの専門家が今でもこの概念を支持するだけでなく、他のほとんどの人々もこれを信じている。悲嘆に関する近年の理論は、フロイト、ドイチュ、リンデマンらの初期の論文より詳細なものになっているのだが、喪失とは完全な回復には相当の時間がかかる何らかの作業であるといった考えを保持している。悲嘆に関する近年の概念は単にフロイトの喪の作業といった概念を補ったものに過ぎない。今では、喪の作業は、一連の課題や段階を経ていくことと一般にはとらえられている。

悲嘆に関するもっとも広く知られた段階モデルはエリザベス・キューブラー・ロス（Elizabeth Kübler-Ross）の概念である。[16] 死別を経験した人は、否認（denial）、怒り（anger）、取り引き（bargaining）、抑うつ（depression）、受容（acceptance）の五段階を経ていくと彼女は確信していた。各段階は悲嘆に関する必須の要素であり、悲嘆を経験した人は各段階に固有の苦闘を乗り越えて、はじめて次の段階へと進んでいくことができると考えた。

キューブラー・ロスのモデルは、実際には英国の精神科医ジョン・ボウルビー（John Bowlby）の初期の理論に啓発されたものであった。[17] キューブラー・ロスとボウルビーの段階理論の奇妙な点は、両者とも悲嘆を経験した人を対象とした研究から生まれたものではないということである。キューブラー・ロスは、末期患者が自らの死に直面するのを手助けすることに全生涯を捧げた。悲嘆の段階に関する彼女の理論は、末期で死にゆく患者の観察から主として編み出された。しかし、愛する人の死に向き合うのと、自らの死に向き合うのはかならずしも同じではない。たしかに、死にゆく過程と悲嘆との間には何らかの共通点があるので、この点については本書の後の章で取り上げる。しかし、ほとんどの場合、自分自身に迫りくる死に直面するということとは、愛する人の死にいかに対処するかということにうまく応用できるわけではない。

ボウルビーの理論は、母子の愛着のパターンを詳しく観察することによって生まれた。二〇世紀の半ばまでボウルビーはこの概念を発展させていったのだが、当時、西洋の先進国では産婦が出産後一週間以上入院させられているのは稀ではなかった。ほとんどの女性は二人以上出産したので、新しく生まれてくる子どものために入院している間は、母親は年長の子どもと別れていなければならなかった。別離に対する乳児の反応は一連の段階を経ていくのだとボウルビーは観察した。まず、抗議の段階で始まり、次に、怒り、悲しみ、絶望、引きこもり、そして解体へと進んでいった。ボウルビーは、こういった観察が大人の悲嘆と同様の反応であると修正していった。しかし、ここでも、母親からの別離に対する乳児の反応は、愛する人の死を受け入れていこうとする大人の反応とはかならずしも同じではない。

「段階」の概念は他にもどこか興味深い点がある。悲嘆に関する従来の知見の多くと同様に、段階の概念を支持する経験的なエヴィデンスは少ない。しかし、それにもかかわらずこの概念には魅力的な特徴がある。すなわち、これは悲嘆をどう考えるべきか明快でわかりやすい方法を示している。困難な時を乗り越えていく際にどういったことが起こり得るかという点を心地よく示してくれる。しかし、もしもこの段階が不正確だとすると、こういった概念は危険ですらある。おそらく、益よりも害をもたらすことになってしまう。

このような概念の主な問題は、ほとんどの人々が実際には経験しないような、「適切」な行動に関するきわめて柔軟性に乏しい基準を作り上げてしまうことなのだ。その結果、円滑な適応に疑念を生じさせてしまい、遺された人が死をあまりにも巧みに受け入れていたり、あまりにも早く通常の生活に戻っているなどと疑念を持ってしまうと、喪失に耐えるのをさらに難しいものにしてしまう。家族や友人が善意から、健康的に見える遺された人に対して、専門家に受診して、隠された悲嘆と「取り組む」ように強いたという話を、私はいくつも耳にした。実際にはほとんどの場合、隠された悲嘆などはない。関係についての長引く疑問や、死によってもたらされた変化などは取り上げる必要があるかもしれないが、悲嘆が生じても、そのうちに過ぎ去っていくというだけの話である。苦悩はごく短い間続いたとしても、ほとんどの場合、人は死別とうまく対処し、自分自身の生活に戻っていくものである。

「悲嘆の専門家を受診するとよいかもしれない」

ジュリア・マルティネスの話は、遺された人が死別を乗り越えることに関してごく一般的な期待に沿っていない時にしばしば起きる、周囲の人々の不当な疑念をよく表している。ジュリアは冬休みで自宅に帰っていた。母親は台所で夕食の準備をしていた。ジュリアは電話が鳴るのを聞いたが、その直後に、母親の叫び声を耳にした。父親が自転車で帰宅する途中で自動車に轢かれたのだ。父親は病院の集中治療室に収容され、重体だった。ジュリアと母親が病院に着くと、医師たちが必死で治療に当たっていたが、救命することができなかった。ジュリアと母親はひどく驚いた。

「その後のことをあまり覚えていません」とジュリアは私に語り、「ただ泣いてばかりいました」と言った。その後の日々、ジュリアは母親からも引きこもり、多くの時間を自室で過ごした。将来について悩み、家族に何が起きるだろうかと心配し、眠れなくなった。しかし、弟が大学から自宅に戻ってくると、すべてが楽になったとジュリアは感じた。姉弟はとても仲がよくて、父親の死後の数週間ほとんどの時間を一緒に過ごした。静かに過ごすこともあったが、一緒に外出し、ごく短い間ではあったものの、笑い、悩みを忘れた。そして、冬休みが終わり、大学に戻る時が来た。親戚の人々がやってきて母親を手助けし、ジュリアと弟は学業を続けるようにと皆が同意見だった。

大学に戻ると、ジュリアは学業に没頭した。友人との時間も過ごした。父親の死について話したいかと友人に尋ねられると、ジュリアは話したくない、それまでと同じような交友関係を楽しみたいと答えた。その後の数カ月間、事態はきわめてうまく進んでいるように見えた。この期間、彼女はあまり父親の死を考えないようにしていたと語った。しかし、悲しくなって、混乱することが時折あり、泣いたりしたが、このような時でも、「母親や弟のことを心配していました。弟は大学で苦労していたのです」と彼女は話した。

夏になって帰宅すると、ジュリアは地元の新聞社でインターンシップを始めた。何か新しいことを試みるのにわくわくしていた。「すべてがうまくいくと思いました」と彼女は語った。そして、ある晩、ジュリアが父親のことをすっかり忘れてしまったように見えると、母親が言った。娘は死別を否認しているのではないだろうかと、母親は心配したのだ。

「悲嘆の専門家を受診するとよいかもしれない」と、母親は娘に恐る恐る話しかけた。「最初は、母が真剣にそんなことを言っているとは思いませんでした。でも、そう言い続けるのです。これは困ったと私は思いました。母は何かを考え出すと、とても頑固なところがあります」とジュリアは語った。母親と言い争うことはしないで、ジュリアはカウンセラーのもとを受診することを同意した。セラピストとの面接は八週間にわたったが、ジュリアは面接にほとほと嫌気がさした。「父親についてとか、父親との関係についてとかといったことをカウンセラーから延々と質問されました。私も大学で心理学を少し勉強しました。私は馬鹿ではありません。カウンセラーが何を言おうとしているのか私にはよくわかりました」。ジュリアは何とかカウンセラーに「合わせよう」としたが、多くの時間ひどく退屈に感じ、イライラしていた。ジュリアが父親を愛していたことに何の疑いもなかったのだが、父親との関係を検討しようとするセラピストには抵抗したのだ。面接に対して健康保険で支払われる期間が過ぎたため、母親も面接の終了に同意した。

おそらくジュリアが自分には心理療法が必要ではないと疑問を感じたのは賢明だったし、母親も娘の主張を認めたのはよかった。正しい種類の問題に対しては心理療法が役立つが、私の経験では、「十分に」悲嘆を呈していない人が心理療法を必要だととらえることは稀で、問題であることさえある。

ジュリア・マルティネスのように、困難な喪失体験のある多くの人々が自然なリジリエンスを呈する。彼らは深く傷つくが、傷は徐々に癒えていき、喪失から比較的早期に以前の機能を回復し、人生を楽しむことができる。もちろん、これがすべての人に当てはまるわけではない。遺されたすべての人がこれほど適応がよいわけでもない。この深刻な問題ついては後の章で取り上げる。ここではひとまず、専門家の助けを借りなくても、遺された人のほとんどが自力で回復していくという経験的な事実に焦点を当てておくことにしよう。彼らはひどく悲しみ、一時的に我を忘れてしまうこともあるだろうが、自分自身の人生を取り戻し、それは予想していたよりもしばしば容易であったりする。これが悲嘆の性質であり、人間の特質でもある。

第3章　悲しみと笑い

悲嘆に効果がないとしたら、悲嘆とは一体何なのだろうか？

ロバート・ユーイングは自分は悲嘆が何であるか知っていると思った。私がロバートに会った時に、彼は五〇歳代後半だった。彼は広告業界で成功した重役で、身なりも立派だったが、やや肥満気味で、頭髪は少し乱れていた。こういった風貌だったので、ざっくばらんな印象を与えた。それはロバートに似合っているように思われた。人懐っこく、話しやすく、余暇も楽しんでいるように私は感じた。

私がロバートを面接した数年前に、彼は両親を亡くしていた。まず父親が亡くなった。父親は懸命に働いてきたのだが、とうとう心臓が悲鳴を上げたのだ。その日が来ることをロバートも予想してはいたものの、初めての大きな喪失体験であった。悲しみに襲われ、将来どのようなことが起きるのかと少し脅えた。しかし、悲嘆は長くは続かなかった。他にもしなければならないことがあまりにも多かったのだ。まず、母親は八〇歳代で、ひとり暮らしだった。母親はそのうち援助が必要になるだろう。妻は可能な時は姑の面倒を見たが、その重荷のほとんどはロバートが背負った。三人の子どもたちのことも考えなければならなかった。皆、大学を卒業し、独居していた。子どもたちは皆うまくやっているように見えたが、責任感あふれる父親のロバートは子どもたちと緊密に連絡を取りあう必要を感じていた。彼は妹のケイトとも仲がよくて、幼い二人の甥たちをとくに可愛がっていた。

三年後、母親が亡くなった。両親とも他界し、ロバートは自分自身の死について以前よりもよく考えるようになった。それでも、悲嘆が彼の生活を圧倒することはなかった。「いつか両親が亡くなると誰でもわかっています。皆いつかはそれが起きることを知っています」と彼は私に語った。「時々、とても悲しく感じました。でも、両親が亡くなっていたので、自分自身の死の方が切実に感じたように思えます。私はこの感じを乗り越えられると思いました。いや、乗り越えなければならないと思ったのです」とロバートは説明した。「私には妻がいましたし、子どもたちはしっかりやっているように思えました。そして、妹のケイト、その家族、甥たちもいました。私たちは皆仲がよく、家族が集って、多くの時間を一緒に過ごしました。皆が健康でした。その意味でとても幸運でした」。

そして、幸運が尽きた。母親の死から約一年後、ケイトが悪性の脳腫瘍と診断された。この報せはショックだったが、ロバートはできる限りの援助をしようと考えた。ロバートはこの戦いに身を投じ、電話をかけまくり、代替治療について調べ上げた。癌を克服する方法があるならば、彼はそれを見つけ出そうとした。しかし、何もうまくはいかなかった。六カ月後、ケイトは亡くなった。

最初、ロバートは驚いた。「どうしてこんなことが起きたのか理解できませんでした。ケイトは素晴らしい存在でした。彼女は本当にエネルギッシュでした。彼女が部屋に入ってくると、すべてが変わったのです。それくらい魅力的でした。ケイトが衰弱していき、生命が枯れ果てていくのを見ていると、何の意味も見つけられませんでした。私はとても信じられなかったのです」。

ケイトの死後数日経つと、気分が沈み始めた。ケイトは逝ってしまったのだ。真夜中に電話をかけてきて、ロバートを悩ませるようなことはもうなくなった。家族の集いを素晴らしく守り立てる妹を心の中で褒め称えることも、妹をからかうことも、一緒に笑うことももはやできない。こういった経験は今では記憶の中にしかなく、すでにはるかかなたの出来事になっているように感じた。

ロバート・ユーイングが感じたのは、悲嘆の重要な要素のひとつであり、強烈な悲哀感であった。もちろん、悲嘆を経験しているときに悲しみを感じることを私たちのほとんどは知っている。しかし、抽象的な事実、断片的な情報として知っているに過ぎない。いかに強烈な悲しさが襲い、それが多くを覆い隠し、底なしの悲しみであるかは、重度の喪失を実際に経験しないと理解できない。ロバートはこの種の悲しみを経験したことがなかった。父親が死亡した時も、母親が死亡した時も、このような強烈な悲しさは経験しなかった。両親の死亡は悲しかったものの、いつかはその日が来ることがわかっていたし、その苦しみを受けとめることができていた。しかし、妹が亡くなった時には、ロバートはダムが決壊したように感じた。思いつくことができるのは、「ケイトの優しい顔」と「優しい目の輝き」だけだった。彼は「悲しみの中に溺れてしまう」ように感じた。最初はとても耐えられなかった。「心臓が張り裂けるかと思いました。これほど深い傷をもたらすものは他に何も思いつきませんでした」と彼は語った。

神学者は死別の悲しみを「内的荒廃」と関連づけてきた[1]。カレン・エヴァリーの娘が9・11で亡くなった時、カレンの悲しみは不思議と静かなものであり、心臓は音もなくふたつに割れてしまったようであったという。夫を亡くした後、ヒーサー・リンキストの悲しみは重苦しく感じられた。彼女はあえて忙しく働いていたのだが、悲しみに浸りすぎると、すっかり我を忘れてしまいそうだった。ジュリア・マルティネスは父親が亡くなった時に経験した苦悩にどうやって立ち向かうべきか言葉を失っていた。私が彼女に詳しく表現するように強く働きかけると、彼女は首を振って、「悲しかったのです。ただただ悲しかったのです」と答えた。

＊＊＊

死別には多くの悲しみが伴うことは誰もが同意すると思われるが、その理由は何だろうか？　どうして悲しくなるのだろうか？　どうしてこのような反応が得られたのだろうか？　それにはどんな効果があるのだろうか？　サンフランシスコに赴任して、悲嘆についての研究を始めた私の頭の中には、こういった疑問が次から次へと湧きあがってきた。思いもよらない幸運な出逢いに恵まれなかったならば、今でもこのような疑問が湧いてきたことだろう。私がサンフランシスコに発つ際に、同僚がその地に住んでいる友人ダッカー・ケルトナー（Dacher Keltner）を紹介してくれた。同僚はダッカーと私には共通点があるかもしれないという。私と同様に、ダッカーは心理学の研究者としてのキャリアを歩み出していた。私は早速電話をして、会うことになった。その結果、私の人生でもっとも重要な出逢いとなった。

ダッカーは科学者のようには見えなかった。私が彼に会った時、彼は金髪の長髪で、ざっくばらんで親しげな雰囲気だった。教室や実験室よりも、サーフボードで海に出ているほうが気楽だといった感じだった。しかし、彼がきわめて魅力的であるばかりか、これまでに出会った中でももっとも研究心と思索力に富む人のひとりであることに、私はすぐに気づいた。

当時、ダッカーは情動に関する近代的研究の先駆者であるポール・エクマン（Paul Ekman）とともに研究していた。エクマンの研究は、情動に関する心理学者の思考法を大きく変えた。心理学の短い歴史のほとんどの期間、心理学者は情動にそれほど重きを置いてこなかった。情動とは、原初的で、古代の動物としての脳の痕跡と見なされ、コントロールする必要があると考えられていた。エクマンの研究はこういった視点をすべて変えてしまった。情動は、単なる原初的で厄介なもの以上であることをエクマンは示した。情動は多様で、複雑で、有用なものである。エクマンによれば、情動的なニュアンスを理解し、伝える能力は、生来のものであり、異なる情動反応は人間の行動のほとんどの領域で重要な役割を果たしているという。[2]

ダッカーと私が親しくなると、私たちには共通の関心があることがわかり、共同研究についても話しあうようになった。結局、私たちの会話の焦点は、悲嘆の話題へと移っていった。死別に直面した際にさまざまな段階についての理論と、死別の苦痛に満ちた感情を克服していくことについての有力な理論を、私は説明した。私はこれらの理論に疑いを持っているとも述べた。私にはどうしても理にかなったものには思えなかったのだ。次に、ダッカーが情動について私に解説を始めた。どのようにして情動が作用し、情動を研究するためにどのような方法を用いるか、研究がどの方向に向かっているかといった点について私が理解するのを助けてくれた。私たちにできることは非常に多くて、さまざまな視点について検討できるように思われた。悲嘆の最中に情動はどのように機能しているのかについてほとんど何も明らかにされていなかったし、あまりにも多くの疑問があって、そもそもどこから手を付けたらよいかわからないほどだった。そこで、まず基本的なことから始めることにした。

＊＊＊

情動はすべての文化のすべての人間に認められる。情動は進化の過程とともに広がっていったように思われる。動物にその感情について質問することはできないが、一五〇年以上前にダーウィンが指摘したように、動物も少なくとも表面的には、人間の情動反応と同じように見える行動をしばしば呈する。[3] 動物が情動を有しているのかおそらく確認できないだろうが、進化の過程でこれらの同様の基本的な動物の性質が発展していき、人間が例外的に豊かで、複雑な情動反応を呈するようになったと、ある程度の確信を持って断言できる。

情動的行動を研究している心理学者は、情動の進化が人間の生存に不可欠であったと確信している。[4] 今日の生活が困難なように思われるものの、私たちの先祖が直面していた世界に比べれば、現代の世界は確実に容易《たやす》いものである。数万年前は、毎日が生命の危険をはらんだ試練の連続であった可能性がある。食物は乏しく、病気が大きな問題ではなかったとしても、猛獣に襲われる危険があった。当時の人間が困難な状況に対処するのを助けるために、情動は発達していったのであろう。

私たちは今日でも同じような試練に立ち向かい続けている。社会で他者とうまくやっていく、資源を確保する、身体的危険を避ける、攻撃から身を守る、愛する人の世話をする、そして、もちろん死別に向きあうといったことなどである。

情動はこれらの状況に対処するのに二つの方法で助力する。第一に、私たちは情動を「感じる」。これは自明のことに思われるかもしれないが、ほとんどの人はこの単純な事実をごく当たり前のものとして受けとめている。情動は湧き上がったり、消え去ったりする。快適な情動もあれば、不快な情動もあり、ほとんどの場合、その正確な理由はわからない。しかし、自分の情動反応に注意を払うと、周囲の世界の何に対して反応しているかがわかり、どのようにしてそれに反応しているのかを理解する手助けとなる。怒りを例にとってみよう。怒りは人間が有するもっとも強力な情動のひとつである。誰かが自分を騙そうとしたり、正当な所有物を奪おうとしたり、あるいは脅かされたり、要求されたと感じると、有用な反応としておそらく怒りが湧き上がる。しかし、怒りを引き起こす重要な要素とは、他者が意図的に自分に害をもたらそうとしているという認識である。怒りを感じると、その脅威に責任があるのは誰かあるいは何であるかを自分自身に伝えられる。怒りの感情とともに、人間の身体には自分自身を守る準備をするための一連の生理的反応が生じる。その結果、思考を集中させ、援助源を強化させる。心拍は高まり、筋肉は緊張し、鼻孔は膨らむ。呼吸も荒くなり、より多くの酸素を吸いこむ。要するに、行動を起こす準備をしている。

しかし、自分の感情が有用であるのと同じように、人間の中で起きていること以上が情動には存在している。他者に対して情動を示すという事実もまた非常に有用である。さまざまな方法で情動を表すのだが、もっとも強力でよく発達した表現法は表情である。人間は実際に数百もの個々の筋肉の活動からなる驚くほど複雑な一連の表情を発達させてきた。進化によってこれほどの複雑なシステムへと発展していくには、表情による情動の表出は生存のために大きな価値があったに違いない。しかし、それはどんな価値なのだろうか？

怒りについては、情動表出の機能は明らかであると思われる。怒りの表現は直ちに、効果的に伝えられ、他者は脅威を感じ、より重要な点は、その脅威に反応しようとすることである。怒りを覚えると、普通は口を硬く閉じて、しばしば歯を食いしばることで、その感情がとくに伝わる。この感情表出の要素はおそらく犬や人間にもっとも近い類人猿などの動物でしばしば認められる行動が修飾されたものである。すなわち、犬や類人猿は怒りを表すために歯をむき出しにする。怒りの表現は挑発的かもしれないが、それが刺激する多くの争いを予防しているのかもしれない。時には相手の行為に怒りを覚えていることを示すことによって、その行動は問題解決の方向に向けられている。[6]

他の顕著な例は、嫌悪感の表情である。不快な味や悪臭といった実に胸が悪くなるような何かに接すると、不快感を覚える。そして、いかにも不快そうな顔つきになる。表情は捻じ曲がり、ほとんど誰もがすぐに不快感に気づく。文字通り、何かを追い払おうとしているかのように見える。鼻の皮膚に皺が寄り、眉毛は下がり、口角は上がる。普通は、口が開き、まるで「おぇっ」といった声が聞こえてくるように、舌も突き出される。状況とは関連なく、不快感を示すしかめ面はほとんど滑稽ですらあるのだが、実際には、生きるか死ぬかといったほどの重要な情報を伝えているのかもしれない。たとえば、人間の先祖が周囲の世界を探索し、何を触ったり食べたりしても安全か、何か奇妙な物を見つけて、それが害毒をもたらすものかどうかを判断しようとしている場面を想像してみてほしい。不快感の表現は他者の注意を直ちに引き、害毒の可能性を警告する。現代社会ではそういった危険は比較的少ないのだが、それでも多くの危険な物質がある。ニューヨーク市営バスに清潔な座席を見つけようとしてみるとよい。不快感の表情は今でも注意を引くことを実験的な研究が明らかにしている。[7]

悲しみの機能

大切な誰かや何かを失ったのに、それに対して何もできない時に、悲しみの感情が湧き上がる。[8] 時には、喪失に対して誰かや何かを非難することもある。そのような場合には、悲しみと怒りを覚えるのだが、純粋な形での哀しみは本質的には諦めである。

悲しみは注意を内向させ、それを心に募らせ、適応していく。[9] たとえば、悲しい映画を見せられたり、悲痛な歌を聞かされたりして、一時的に悲しくなると、さらに詳しく探ろうとするようになる。[10] グスタフ・マーラーの荘厳な管弦楽曲を聞いた人は、他の曲に比べて、記憶の間違いをする可能性が低かったことをある研究が明らかにした。そういった間違いはよくあることで、ほとんどの場合、間違いをしたことにも気づかない。たとえば、一般的に言って、ベッド、枕、休息、起床、夢、といった一連の関連した単語を聞かされて、後に思い出そうとすると、提示されてはいなかった、睡眠、といったカテゴリーの一致した単語を誤って思い出しがちである。悲しく感じている人はこの種の間違いをする可能性が低いのだが、それは「悲しく感じているとより正確に認知する」からであると研究者は結論を下した。[11] 悲しく感じさせられている人は、自己の能力や能率をより正確に判断し、他者について深く考え、先入観もより少ない。たとえば、悲しく感じている人は怒っている人よりも、他者について判断するうえで先入観に抵抗を示す。[12] 一般的に、悲しみはより深く効果的な思考をするのを助力する。

悲嘆の最中にあって、愛する人の死に適応しようとしていると、悲しみの機能は喪失を受け入れ、それに適応していくことを助力する重要な手段となる。ロバート・ユーイングが妹の死を悲しく感じ始めた時に、これまでの人生で妹が彼の人生の一部であったことをさまざまな形で思い出そうとしたのだが、こんな経験を二度とするとは思わなかった。これに気づいた心の痛みのために、妹がいなければ自分の人生はまるで違ったものになるということを受け入れていった。悲しみは強制的に「タイム」を取らせることによってこのような適応を図る助けとなる。[13] このように、悲しみは怒りとはほとんど正反対である。怒りは闘いの準備をさせるのに対して、悲しみは生物学的な態勢に抑制をかけて、撤退させようとする。悲しみには抑制の作用があり、そうすることによって、世界にブレーキをかける。悲嘆に暮れる人が、喪失の悲しみとともに生きていることは、生活がスローモーションになってしまったようだと言うことがある。周囲の世界に注意を払う必要が少なくなり、日常の心配事を脇に置き、注意を内向させることができるようになる。[14]

悲しみにはさらに付け加えるべき点がある。悲しみを感じると、思考の方向性を失ってしまうことがあり、喪ったものに対する打ちひしがれた現実感に囚われきってしまうあまりに、現実の自己の欲求や責任、あるいは周囲の人々の欲求を一時的に忘れてしまうかもしれない。気づかれないままだと、この種の囚われは危険でさえあるのだが、悲しみには固有の安全機序が備わっている。悲しく感じると、とくに悲嘆の最中では周囲からは悲しく見えることが多い。[15] 顔は文字通りたるみ、眉間には皺が寄り、眉毛は上がり、目は細くなり、顎は下がり、下唇は突き出し、口がとがる。本人がそれに気づいていようがいまいが、この表情は援助が必要なことを他者に伝える重要なサインとなる。悲しみに満ちた表情は、同情や理解を効果的に引き起こし、しばしば他者からの援助を得られることになる。[16]

人間は互いにこのように反応するように関連づけられている。他者が悲しそうにしていると、たとえば、悲惨な状況にある人の写真を目にするとか、映画で悲しいシーンを見るとかすると、自分も悲しくなることが多い。映画の陰鬱な場面は聴衆に悲哀感をしばしば効果的に引き起こすので、情動について調査している研究者はこれを標準的な技法としてしばしば用いる。[17] 悲嘆のシーンをはじめとして、悲惨な状況に置かれた人の写真や映画を見ると、情動経験に本質的に関連する脳の構造である扁桃体の活動が上昇することを最近の脳科学は確認した。[18]

新生児でさえも、自分が泣いているテープと他の子が泣いているテープを識別でき、他の子の泣き声は明らかに観察可能な苦悩の兆候をしばしば引き起こす。[19] 子どもが悲しい映画を観ると、心拍数が下がる。[20] 大人では、他者の苦悩に反応して、心拍数の低下や眉が上がるといった他の同情の兆候は愛他的行為の可能性を予測する。[21]

こういった観察について私は常に楽観的な視点の余地があることを見出してきた。人間が互いに引き起こすことができる多くの悲惨な出来事がある。たとえば、戦争、大虐殺、拷問などである。たしかに悲惨な出来事が多い。しかし、揺り籠から墓場まで、人間同士に絆があって、他者が苦しんでいる時に、同情でもって反応するように思われるという希望に満ちた兆候もある。他者に危害を及ぼし傷つける能力と同様に、同情や他者への配慮でこういった衝動を抑えることも可能であるのだ。

悲しみばかりではない

フロイトが述べたように、喪の作業には多くの時間が必要である。その過程は容赦のないものであり、「対象に対するリビドーに関連した記憶や希望のひとつひとつ」と関連する。悲しく感じている時には、まるでそれが永遠に続くように思えるかもしれないが、実際には、その定義によれば、すべての情動は一過性である。すなわち、自分に対する即座の欲求への短時間の反応であり、数秒か長くても数時間しか続かない。それからしばらくすると、ほとんど永遠に続くと感じられた情動の興味深い現象に慣れていくのだが、情動が短時間続くという性質は重要であり、悲嘆の過程に重要な意味合いがあることに焦点を当てる。

第一に、悲嘆は複雑な経験であり、悲しみが一過性であるならば、それはおそらく悲嘆を経験している人が抱く唯一の情動ではないだろう。誰かが亡くなると、多くのことが起こり得る。個人的な状況が変化するかもしれない。経済状況も変化するかもしれない。対人関係も変化するだろう。社会生活の優先順位も変化する。よい方向への変化かもしれないし、悪い方向への変化かもしれないが、どちらにしてもさまざまな情動反応を引き起こす傾向がある。

ロバート・ユーイングの妹は常に家族の相互関係に配慮してきた。彼女が必死で努力していたようだが、他の誰もがそれを当然のことと受け止めていた。彼女が亡くなると、家族はすっかり変わってしまったように思われた。「奇妙に響くかもしれませんが、葬式で一番悲しかったことは、葬式を取り仕切るケイトがそこにいないということでした。葬儀、ケイト自身の葬儀を取り仕切る彼女を皆が探しているように思えました」とロバートは話した。
これはロバートの家族が変化するだろうという点を示す多くの指標のひとつであった。家族関係はしばしばひとつのシステムとして現される。システムのある部分に変化をもたらすと、他のすべてが変化する可能性がある。[22] 人は新たな役割を得て、古い役割を捨て、家族関係の新たな面を見つけ、古い面を再活性化させていく。変化は素晴らしいものかもしれないが、同時にきわめて難しいかもしれない。摩擦や誤解を生じたり、強烈な感情を引き起こしたりする可能性もある。

悲嘆の最中にある人は、悲しみとともに怒りを覚えていることがある。ダッカー・ケルトナーと私が実施した初期の研究のひとつで、ダッカーは、ごく最近配偶者を亡くしたことを話した悲嘆の最中にある人を録画し、表情に現れた情動をコード化した。悲しみがもっともしばしば、そして長時間にわたって表出された感情であったが、他の情動表出とともに、怒りと侮蔑に関連した情動も優勢だった。[23]

一般的に、どのような情動の有用性も、いつ、どこでそれが起きるかといった状況に大きく依存している。そもそもその情動が作用されるべきとされた状況で、それはもっとも効果を現す。たとえば、他者からの不当で不公正な攻撃と思われるものに直面すると、怒りが効果的に用いられることを、社会心理学者は多くの事例で提示してきた。[24] ある研究では、被験者はいくつかの単純ではあるが、難しい課題をこなすように指示された。それは、研究でストレスを引き起こすために心理学者がしばしば用いる標準的な課題で、たとえば、九〇九五から七を順に引き算していくといったものである。ほとんどの人はこの課題をこなすことができるが、注意を集中させなければならない。怒りの反応を引き起こす状況を生じるために、事実ではないのだが、被験者の速度と正確さが知的レベルを測る鍵であると、研究者が被験者に伝えた。さらに、得点を相互に比較し、最高点と最低点の人を決定するとも伝えた。これだけでは十分ではないかのように、さらに、被験者が間違えるたびに、さらに速く計算するようにと叱咤する研究者を用意した。

予想通りであったが、課題を与えられる前に比べると、ストレスに満ちた課題の最中は、被験者の表情には、怒りと嫌悪がまじりあった、より強い憤怒が現れることが確認された。表情は普通ごく短時間生じるのだが、課題の最中に、恐怖の表情を浮かべる被験者もいた。これはこういった過度のストレスが引き起こす一連の情動反応でもある。しかし、重要な結果は、被験者が現した憤怒がその状況のストレスの中でどれほど減少したかという点であった。この減少は被験者の言葉ばかりでなく、身体の反応にも現れていた。ストレスに満ちた課題をこなしている間に怒りを呈していた被験者は、他の被験者よりも、ストレスホルモンのレベルが低く、循環器系の反応が弱かった。対照的に、恐怖が強いほど（表情が乏しくなるほど）、ストレスホルモンの値が上昇し、循環器系の反応が強くなるといった、反対の反応を呈した。

これらの情動反応の異なる結果について論理的に説明するのは有用である。というのも、それは他者からの脅威に対処するのに役立つからである。第4章でより詳しく解説するが、恐怖とは、不確実で恐怖が強い状況で発展してきたと考えられている。大きな危険が迫っているかもしれないが、何が起きるかわからないととらえられるような状況で、恐怖を感じる。先に挙げたストレスに満ちた実験といった状況では、脅威の源は限局的で、対処することが可能である。ストレスを与える研究者が被験者に実際の危害を与えることはなく、単にしばらくの間やっかいなことを仕向けてくるだけだとわかっている。この場合、恐怖は実際には適切な反応ではなく、ストレスを緩和する役には立たない。

悲嘆の最中では、他者が何らかの形で脅威を与えるとか、無神経で不当なことを言ったり、したりしてくると考えると、怒りが普通は湧き上がる。この場合、怒りは、死別後の対人関係を変化させるように交渉したり、現在進行形の融通の利かない医療体制との戦いに対処したり、無神経な友人に向き合ったり、友人や家族との関係の変化に耐えたりするのに役立つかもしれない。怒りは時に、常に祈っていたのにそれに応えず、死をもたらした神に向けられることさえある。怒りが亡くなった愛する人に向けられることすらある。生きているうちに十分に愛情を注いでくれなかったといって、愛する故人に怒りを感じる遺族も稀ではない。死によって愛する人に見捨てられたと感じる遺族もある。怒りに満ちた遺族が次のようなことを言うのを私はしばしば耳にした。「あの人はこんなことが起きることを承知していなければならなかったのです。自分の健康にまるで注意していなかったように思えます。『人生は短すぎる。心配には及ばない』などといつも言っていました。でもあの人が死んだら私がどんなになるか少しも考えていませんでした。私がひとりきりになってしまってどんなにつらいかあの人はまるで考えていなかったのです」。

このような反応は、個々人で異なり、生々しいものであるが、ある程度の量であるならば、有用でさえある。怒りの主な機能は自分自身を守るのを助けることにあるのだから、死別がもたらした感情の変動に圧倒されている遺された人が、迫りつつある人生の戦いに備えるために怒りを用いることもできるだろう。この場合には怒りは、自力で生き延びることができるという感覚を打ち立てるのに役立つかもしれない。

死の際の笑い

おそらく、情動と悲嘆に関する最大の洞察とは、肯定的な情動であるだろう。肯定的な情動と悲嘆を同列に扱うというのは、直感に反するかもしれない。たしかに、歴史的に見ると、肯定的な情動は悲嘆に関する論文でほとんど注目を浴びてこなかったし、それが取り上げられるとしても、ほとんど常に否認という状況においてであった。悲嘆の際に喜びに満ちた情動を経験するというのは、喪失を克服する正常の課程を干渉したり、抑制したりすると考えられていた。[25] しかし、これは科学というよりは民衆の知恵といったものに過ぎないことが明らかになってきた。肯定的な情動は単に気分がよいといったこと以上の働きをし、ほとんどすべての状況でも、たとえ悲嘆のように困難な状況においてすら、肯定的な情動は生じる。[26]

肯定的な情動を認識する鍵となるのが表情である。心から幸せだと、眼輪筋という目の周囲の筋肉の動きによる表情で、それが外部に伝えられる。この筋肉は瞬目に関連し、よく発達し、自動的に収縮する。美容に関心のある人が常に気にしている、いわゆる烏の足跡という目尻の皺もこの筋肉のためにできる。一九世紀半ばに、フランスの解剖学者ギヨーム・ベンヤミン・デュシェンヌ（Gulaume-Benjamin Duchenne）は眼輪筋に関して素晴らしい発見をした。快適な感情を抱くと、眼輪筋が収縮する傾向があるというのだ。この筋肉は目元が笑うのを助けている。

しかし、他の種類の笑顔もある。笑っていても、現実には幸せに感じていないことがほとんどである。[27] もっともよくある笑顔とは、意図的な笑顔である。礼儀正しい素振り、誠実な同意、カメラに向けて笑顔などが要求される場合には、意図的に笑顔を作るものである。たとえば、笑顔は、他者から隠しておきたい感情を覆い隠すという働きもあるだろう。内的な幸福感を覚えずに笑顔を作ると、口では笑っていても、目の周囲の筋肉が明らかに収縮していないのが普通である。実際に、眼輪筋を意図的に収縮させるのはきわめて難しい。自発的に真に幸せを感じ、心からの笑顔や笑いが出ると、眼輪筋は不随意的に明らかに収縮する。この反応は迅速で、ほとんどの場合、気づくことができないのだが、眼輪筋が関与している時と、そうでない時では、反応が異なることを研究は明らかにしている。自発的に笑顔を作ったり笑ったりした時と、意図的に笑顔を作った時を比べると、異なる脳の経路が関与していることを示すエヴィデンスがある。[28]

発見者の名誉のために述べておくと、情動の研究が純粋な笑顔や笑いについて明らかにしたのだが、それにはデュシェンヌが述べたように、眼輪筋の収縮が関連している。目元が笑うというデュシェンヌ型の笑顔はさまざまな目的に応用されたことを研究は示している。[29] 幸福感は周囲の人々に伝わる。真の笑いや笑顔は伝染していく[30]（テレビドラマなどで後に付け加えられた笑い声を考えてみてほしい。その笑い声はテレビスタジオの現場で起きているのではない。それが人工的に後に付け加えられたものとわかっていても、それでも効果があり、視聴者の笑いを誘う）。目元も笑うデュシェンヌ型の笑顔は、周囲の人々の価値を高めるように感じさせ、仲間の一員であると感じさせ、より役立ち、協力的なものにする。[31] たとえば、ある研究では、披験者は実際に金銭のやり取りのある経済学のゲームに参加するように指示された。ゲームが始まる前に、笑顔のパートナーの写真を見せられた披験者のほうが、ゲーム中にパートナーとより協力的であった。[32]

この伝染性の幸福感を考えると、デュシェンヌ型の笑顔の表出をする人はより健康で適応力が高いことは当然である。ダッカー・ケルトナーの研究にも印象的な例がある。大学の卒業アルバムで純粋な笑顔を呈していた女性は、デュシェンヌ型の笑顔ではなかった女性と比べて、それから三〇年以上経って、他者との関係がより良好で、結婚に満足していて、人生に成功していたことをダッカー・ケルトナーらは明らかにした。[33]

関連の研究で、自分の人生について語るように指示した際にデュシェンヌ型の笑顔で答えた大学生は、自発的に笑顔が出なかった大学生に比べて、大学でのその後の数年間の適応がよく、友人とのネットワークも広いことを、アンソニー・パパ（Anthony Papa）と私は発見した。[34] それだけではない。私たちはこれを少し変更して、実験をした。笑顔を測定する前に、ひどく悲しい映画を見せて、披験者の学生を悲しい気持ちにさせた。他の学生にはおかしなコメディを見せた。コメディを見せた後に、笑ったか笑わなかったかが問題であったのではなく、悲しい映画を見せた後でも笑顔と長期的な健康の関連が明らかであることがわかった。換言すると、何かおかしなことに笑えるというのは健康で素晴らしいことだが、その人がどれくらい健康であるかはわからない。本当に重要なのは、些細なことが起きてもにこりとできる能力が長期的な健康と関わっているという点であった。

気分が沈んだような時に、純粋な笑いや笑顔が日常的な状況に適応するのに効果的であるとするならば、悲嘆の際にも同じような効果があるはずだ。実際に、デュシェンヌ型の笑いや笑顔は悲嘆の最中にもよく認められる。[35] 喪失について話している時に、たとえそれが喪失からあまり時間が経っていない時でも、ほとんどの人は少なくとも何らかの笑いや笑顔を浮かべるものである。実際に喪失を呈している人に相対している時に、こういった喜びに満ちた表情を認めると驚く。典型的な例を挙げてみよう。悲嘆を呈している人が陰鬱な表情で過去や喪失がどのようなものであったかについて話しているとする。涙を流していたかと思うと、突然、心からの笑顔になることがある。快活な笑い声のこともしばしばだ。私の経験では、こういった感情表現は不自然でも、場にそぐわないものでもない。むしろ、その正反対である。これによって会話に緩急が現れ、より自然な感じになる。

しかし、こういった感情表出は適切ではないもののように思われてしまう。しかし、これは適応を助ける効果がある。ダッカー・ケルトナーとの共同研究で、配偶者を亡くして間もない時期に喪失について話している際に笑ったり、笑顔を浮かべたりした人のほうが、悲嘆の二年後の精神保健はよいことが明らかにされた[36]。換言すると、喪失について話している際に純粋な笑いや笑顔を浮かべられる人のほうが長期的な適応度が高い。笑いや笑顔が休息の時をもたらし、喪失の苦痛から一時的な避難所を提供し、いわば水面に顔を上げて息つぎをするのを助けているというのが部分的な理由と言える[37]。もうひとつの理由として、こういった喜びの表現が他者に慰めの効果を及ぼす。悲嘆にくれている人の傍にいるのは苦痛である。しかし、純粋に肯定的情動を経験したり、表出できたりすれば、それほど苦痛は強くはない。

再び悲しさの話題に戻ろう。非常に悲しい思いをしている人の傍にいると、他の人も悲しくなってしまうものである。ある人の心が痛むと、この痛みは部屋中を満たし、他の人の心の中にも入りこんでいく。その人がたとえごく短い間であったとしても、その痛みを棚上げにしておくことができれば、その人と一緒にいることがけっして苦痛ではなく、本人に対してなにか多くをしてあげることができる。実際に、悲嘆について話しあっているときに笑いや笑顔を浮かべられる人は、そうでない人に比べて、他者がより多くの肯定的な感情を呈し、欲求不満になることが少ないことを、私たちの研究は明らかにした[38]。

動揺

悲嘆が故人に対する悲しみと撞着に圧倒されるとともに、しばしば笑いや笑顔を引き起こすということをどう考えたらよいのだろうか？　もしも喪を単なる作業ととらえるならば、行ったり来たりといったパターンは思いもよらないだろう。実際に、悲嘆に暮れている多くの人が、強烈な死別経験が重くなったり、軽くなったりするので、ひどく混乱してしまう。

ロバート・ユーイングは妹の死について強い苦悩を感じて驚いたのだが、その苦痛がしばしば突然消えてしまうことに同じように驚いた。「ある時には、ひどく悲しくて、それに押しつぶされてしまうのではないかと考えたのですが、その直後に、私は誰かと何とも馬鹿げたことを話していて、まるで何事も起きなかったかのように笑い出したのです。本当に変な感じでした」と彼は語った。

ロバートは稀な事例ではない。悲嘆は本質的にはストレス反応であり、心身が自己の安全への脅威を認識したことに対処しようという試みである。いかなるストレス反応と同様に、それは一様ではないし、静的なものでもない。容赦のない悲嘆はすべてを圧倒するような強烈なものかもしれない。悲嘆は実際には強まったり、弱まったりするので、耐えることが可能である。人間の感情も強まったり、弱まったりする。喪失の苦痛、その意味あい、現実の意味に焦点を当てたかと思うと、今度は、現実の世界、他者、現に起きていることへと心は揺れ動いていく。一時的に心が晴れ、周囲の人々との絆が回復する。そしてまた、悲嘆の過程へと揺り戻される。

死別反応がこのように進んでいくのは驚くべきことではない。このように正反対の方向に動揺を示すのは、私たちが知っている他のすべての心身の機能でも明らかである。人間の内界のすべてが文字通り動揺している。息を吸い、そして、息を吐く。筋線維が収縮し、そして、弛緩する。眠りに就き、そして、目が覚める。体温は上がり、そして、下がる。対照的な活動に参加するので、この動揺は適応力が高い。息を吸うことと、吐くことを同時にはできないので、呼吸は周期的に起きる。休息と緊張を同時にできないので、睡眠は周期的に起きる。睡眠の最中でも、深い睡眠と浅い睡眠が周期的に生じる。悲嘆についても同様である。喪失という現実に直面するのと、周囲の世界に参加するのを同時にはできないので、これらも周期的に行うことになる。

喪失が動揺するということが示すもっとも重要な意味あいとは、おそらく、喪失が予測されるような段階を経ていくという従来の概念にほとんど類似点がないということである。段階モデルに固有な点とは、悲嘆のある段階を終了して、はじめて次の段階へと進んでいくということであった。キューブラー・ロスによると、悲嘆を呈している人は最初、ほぼ完全な否認を呈する。そして、否認がもはや可能ではなくなると、次の怒りの段階へと進んでいく。その段階を完全に過ぎると、次の取り引きの段階へ、そして、抑うつ、最後に受容の段階へと進んでいくという。

もちろん、すべての人がまったく同じようにこれらの段階を進んでいく必要などはない。しかし、ほとんどの人にとってはこのパターンは一様と考えられる。したがって、ほとんどの場合、こういった一様の進み方をするので、笑いや笑顔が生じると、それが当たり前のこととして受け止めるのが難しくなってしまう。キューブラー・ロスは、患者に記念すべき笑いのエピソードを認めたと時折書いている。しかし、これは稀

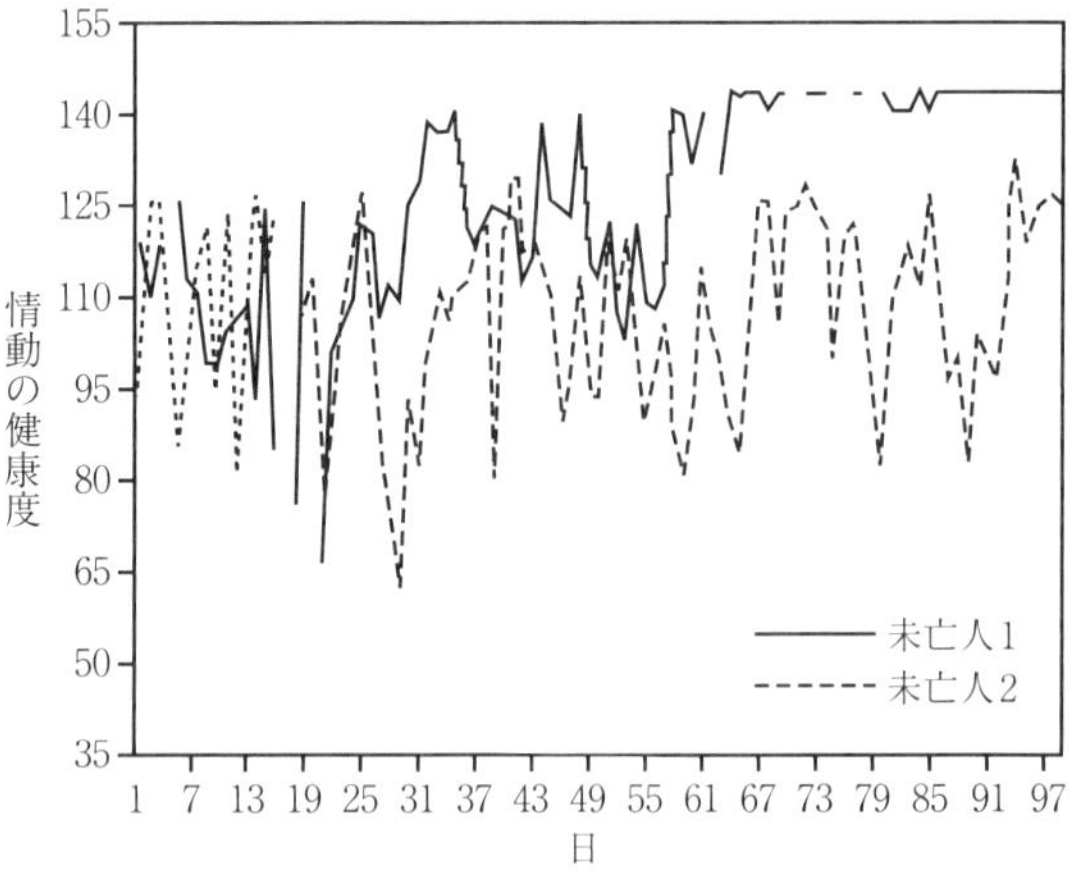

図２―― 死別後の数カ月間にわたり２人の未亡人が毎日情動の健康度を自己採点した。評点が高いほど健康度が高い。

（図は，Toni L. Bisconti, Cindy S. Bergman, and Steven M. Boker: Social Support as Predictor of Variability: An Examination of the Adjustment Trajectories of Recent Widows. Psychology and Aging, 21 (3) : 590-599, 2006. より転載）

だからこそ、目立ったのだ。肯定的な情動の段階はなく、おそらくそのために従来は肯定的な情動が否認と同様に見なされてきたのだろう。しかし、私たちの研究では、否認が起こると考えられてきた初期ばかりではなく、悲嘆のすべての段階で肯定的な情動を認めた。

　悲嘆が連続した段階としてではなく、波状的に出現したと観察した他の理論がある。人間が死と喪失に対してどのように適応していくかを考察した初期の社会科学者のひとりであるロバート・カステンバウム（Robert Kastenbaum）は、一九七七年に「苦悩はショックと悲嘆という第一波では終わらない。愛する者が死んだと認識すると、生き続けなければならないという認識がしばしば生じる」と述べた。[39] 最近になって、悲嘆の波状的性質について研究者は理論化を始めた。悲嘆に対処するための二重過程と適切に命名されたある理論によると、喪失に効果的に対処している時には、ふたつの別個の過程の間を行きつ戻りつしていると主張している。[40] 悲しみで観察されたのと同様に、これらの過程のひとつは、「喪失に向けられ、とくにそのほとんどが故人に向かっている。[41] しかし、もうひとつの過程は「回復に向けられたもの」であって、死別を超えて、故人がいなくても人生の課題や要求に取り組み、正常の機能を回復する必要性に向けられている。ここでもやはり重要な点は、悲嘆は静的なものではなく、規則的に動揺するものであるというのだ。

しかし、これらの波状様モデルも、悲嘆における動揺の程度を十分に評価しているようには思われない。実際に、悲嘆を呈している人の情動経験を長期にわたって詳しく観察すると、動揺の程度はきわめて大きい。ある研究では、配偶者が死亡した後の数週間にわたって遺された人が自分の情動の健康度を自己報告した。[42] 長期にわたり毎日自己採点されたことによって、多くの情報が産み出され、研究者は個々の披験者の評点を図示した。悲嘆が明白な段階として起きるとするならば、その結果を示したグラフはある時点では同じような直線を描き、点が連続した一連のプラトーのようになるはずである。個々のプラトーが悲嘆のひとつひとつの異なる段階を示すことになるだろう。図2に示されたように、実際には、評点は大きなばらつきがあり、急激に行きつ戻りつして、まるで脳波か地震波のように見える。線は高くなったり低くなったりして、数カ月後にようやく平坦になる。このパターンはリジリエンスの高い人でも同様であり（図2の未亡人1）、動揺は悲嘆の正常な部分であることをやはり示している。

＊＊＊

有名な回想記『悲しみを見つめて』（*A Grief Observed*）の中でC・S・ルイス（C. S. Lewis）は「心には何らかの脱出の能力がある。最悪でも、耐え難い思考が繰り返し襲ってくるだけである」と書いている。[43] 癌のために妻に死が近づいてくると、「すべての希望が失われた後でも、これまで妻とともに信じられないほどの幸せや喜びをどれほど味わってきたか」に気づかされたという。妻が亡くなると、ルイスの悲嘆は情け容赦のないものとなった。しかし、これがいつまでも続くわけではない、妻が味わった身体的苦痛に比べればまだ耐えることができると、自分自身に言い聞かせた。「身体的苦痛は常に続く。それはまるで、第一次世界大戦の壕の中でひと時も止まぬ砲弾を浴びているようなものだ。しかし、悲嘆は爆撃機が頭上を飛び交い、時折、爆弾を落としていくようなものだ」と書いた。あふれる悲しみから一時的に避難することによって、悲嘆は耐えられるものにできる。ごく短時間でも幸せや喜びをつかみ取り、もう一度、前進できるようにするのは人間の素晴らしい能力である。

第4章 リジリエンス

ダニエル・レヴィの妻は予想よりも早く亡くなってしまった。ダニエルとジャネットは八年間一緒に暮らした。ダニエルの言葉によれば、ふたりは「気楽な関係」で、残りの人生もともに歩んでいくだろうと考えていた。家庭用品をデザインする小さな会社で働いている時にふたりは出会った。ダニエルは設計部門で、ジャネットは営業部門で働いていた。ふたりはともに四〇歳代で、どちらもこれまでは恋愛がうまくいっていなかった。

ダニエルは一本筋の通ったような男だった。服装はきちんとしていたが、ごくプレーンなもので、雑踏の中にいても目立ちたくないと考えているかのようだった。私がはじめて彼を面接した時には、どことなくぎこちなかったのだが、話していくうちに打ち解けてきた。ダニエルは思慮深く、話題も豊富であると私は気づいたが、ほとんどの場合、大切なことを自分の胸にしまっておくことに満足しているようだった。

ダニエルとジャネットが出会った時、すべてが突然うまくいったように思えた。「ジャネットと一緒にいるのが、私にとって世界で一番気楽なことでした」と彼は私に話した。「私はこれまでの人生を通じていつもジャネットを知っていたみたいな感じでした」。最初はダニエルは恋愛感情を胸に秘めておくほうがよいと考えて、彼女との仲をあくまでも仕事上の関係に留めようとした。

しかし、この目論みは長くは続かなかった。

数週間後、ダニエルとジャネットはデートを始めた。間もなく、自由な時間はすべてともに過ごすようになり、やがて、同棲を始めた。そして、ふたりで将来新たなビジネスを始めることも計画した。ジャネットが経営面を、ダニエルが美術部門と専門領域を担当した。ふたりは計画を進め、会社を辞め、新たな会社を設立した。

当初は、困難な場面や停滞する時期がいくつかあった。しかし、ほとんどの場合、ダニエルとジャネットの共同作業はうまくいった。ふたりの関係も同様にうまくいった。すべてが順調であるように思われた。

最初ふたりは結婚について話さなかった。すると、友人たちがその話題を取り上げた。近所の人たちも結婚について尋ねるようになった。ある日、郵便配達人がこの話題に触れた。「そうですね。『結婚もいいかもしれない』と思いました」とダニエルは私に語った。ある日、ふたりがドライブをしている時に、ダニエルが「結婚を考えてみようか」と言った。ジャネットはしばらくの間ダニエルをじっと見つめて、そして、同意した。それほど簡単なものであった。

その後の七年間、彼らの生活はほぼ同じようなものであった。一緒にいて幸せで、仕事も順調だった。そして、ジャネットがダニエルの人生にすばやく入ってきたのと同じように、またあっという間に彼女は亡くなってしまった。

ジャネットは仕事で出張していた。飛行機を利用するほうがよほど便利なのだが、彼女は道路が混雑していないような早朝の時間帯にひとりで自動車を長距離運転するのが好きだった。夜明け頃に出張先から自動車を運転して帰ることにした。雨が降り出した。対向車がコントロールを失い、ジャネットの自動車に正面衝突した。彼女は即死だった。

ジャネットの死から数カ月後に、私はダニエルを面接した。ダニエルがジャネットを心から愛していたことや、彼女が亡くなってしまい、苦痛と孤独の時期を耐えていることは明らかだった。しかし、私が面接をした時に、彼が明らかに悲嘆を呈しているという兆候はほとんど何も見出せなかった。妻の死の前とほとんど同様の生活を送り続けているように見えた。ダニエルとジャネットには多くの友人や知人がいた。ダニエルは彼らとの関係を以前同様に楽しんでいた。ふたりで始めたビジネスもそのまま続けていた。

「基本的には、亡くなってしまって起きた唯一のこと、変化してしまった唯一のこととは、ジャネットがもうこの世にいないということです。私はジャネットが死ぬ前と同じ人間です。他は何も変わっていません。喪失とはどういう意味か今の私にはわかります」と彼は語った。さらに、「私がひどく孤独に感じたことが時々ありました。こういった孤独感が今も時々湧いてきますが、徐々に薄らいでいっています」と話した。私たちの研究チームの全員が、ダニエルが健康なリジリエンスを呈していることに同意した。彼は妻を愛していたし、その死を悲しんでいた。しかし、本書の他の人々と同様に、ダニエルは生きていく方法を見出したのだ。

リジリエンスはよく認められるが、リジリエンスの高い人というのはけっして均一の集団ではない。彼らの話は悲嘆の多くの経験にさらに情報を与えてくれて、喪失に効率的に取り組んでいたとしても、さまざまな反応があり、喪失を克服していくさまざまに異なる方法を見出していくことができる。

しかし、事例は十分な数はない。個々人の話では、リジリエンスがいかに広く認められるかを明らかにできない。たとえ数百の話を集めたとしても、それは特定の数百の人々が高いリジリエンスを呈したことを示しているに過ぎない。リジリエンスは悲嘆の時期に限らず、例外というよりはむしろごく一般的に存在することを本章では明らかにする。[1]

おそらくリジリエンスに関してもっとも興味深い点は、いかにリジリエンスが効果を上げるかという点ではなく、むしろ、私たちが常にリジリエンスに驚かされているという点であるだろう。時には私自身も人間というのはいかにリジリエンスが高いかという点に驚きながら、長年にわたって喪失やトラウマを克服してきた人々に働きかけてきたと認めざるを得ない。どこからその驚きが生じたのかという点についても私は述べるべきである。しかし、私はいくつかの知的な推量をすることもできる。

まず、少なくとも説明の一部は、文化的なものと言える。換言すれば、リジリエンスについての懐疑はほとんどの北米やヨーロッパのような先進工業国の主要な産物であると明言できる。このような西洋諸国、とくにアメリカ人は、個人主義に大きな価値を置いている。自律と個人の自由を尊重する。自律と個人の自由を尊重するあまりに、人の頭の中で起きていることに多くの関心を抱く。そして、他者が何を考えているのか知りたがる。感情にも注意を払う。そして、他者がどう感じているのか知りたがる。他者にも自分がどう感じているのか知ってほしいと思う。感情を重視するというのは、愛する人を亡くしたら、遺族がどのような感情を抱き、どのような喪失体験をしているのかという点に詳しい注意を払うことを意味する。そして、悲嘆には苦痛が伴うことを知っているので、遺された人は持続的な悲しみを味わうはずだと考える。そこで、遺された人が悲しまない場合には、周囲の人々は驚いてしまうことになる。

ひとりひとりを大切に思い、その感情を尊重することや、人々がいかに高いリジリエンスを示すかということに驚いたとしても、もちろんけっして奇妙ではない。ここで重要なのは、これらの反応が世界のどこでもいつも同じではないという点である。他の文化では異なる悲嘆の経験があり、悲嘆を呈している人のリジリエンスに対する反応もさまざまである。ここで一時、西洋の工業国以外の、「非西洋文化」という大きな範疇に目をやると、人々が人生をけっして同じように経験していないことが明らかになる。もっとも大きな違いは、非西洋文化では、個人やその感情にそれほど注意を払わないという点である。他者の心の中で何が起きているかということよりも、人々との間の相互関係を重視する。この差のために、非西洋文化では、悲嘆は悲しみや死別に向けられることはより少なく、他者がどう振舞っているか、悲嘆を呈している人がどう振舞うべきかという点をより重視する。個人のリジリエンスという概念は非西洋文化では価値が低い。というのも、非西洋文化では、人が何を感じるかではなく、儀式を適切に行っているかが重要であるからだ。西洋の先進工業国で人々がリジリエンスに驚く他の理由とは、感情について多くの文化的な知識を有しているからである。喪失に圧倒されることを知っているし、もしも何らかの理由でこの事実に気づかないとしたら、そういった考え方をすべきであるという厳しい文化的な制裁があるからである。

数年前のことだが、『魔術的思考の年』（*The Year of Magical Thinking*）がそのような考え方をあらためて思い出させてくれた。この伝記の中で、ジョアン・ディディオン（Joan Didion）は、夫が亡くなった時にどれほど動揺し、その経験に圧倒されてしまったかをありありと表現した。その数年後に本が劇化されると、彼女が感じた悲嘆のショックと、それが他の私たちに意味することがさらに明らかにされた。劇が始まると、ディディオン役の俳優が、観客の前にひとりでしょんぼりと舞台に立ち、悲嘆の前兆がひしひしと伝わってきた。彼女は静かな口調で、観客に向かって陰惨な情報を伝えた。夫が二〇〇三年一二月三〇日に亡くなったと。そして、「これはずっと昔に起きたように思えるかもしれません。でも、それがあなた自身にも起きるとは思えないでしょう」と続けた。さらに追い討ちをかけるように、「そして、これはあなたにも起きるのです。細かい点は異なるでしょうが、かならず起きます。私はここでそのことをお話しします」。

しかし、ジョアン・ディディオンの警告を受け入れるにしても、悲嘆を呈している人のほとんどが悲嘆に圧倒されてしまっているわけではないというのは事実である。次章で、この理由を検証していく。しかし、その前にもっと多くの時間を費やして、悲嘆の最中だけではなく、潜在的に心の傷となり得るような人生の出来事に対する反応においても、リジリエンスはしばしば認められるという考え方に慣れ親しんでおくべきである。

耐えられる子ども

小児期の特性とは、まさに脆弱性と依存とされている。主に、脳が十分に発達していないために人間はまったく無力なまま生まれてくる。時間とともに人間の知能が進化していくと、人間の脳の大きさは驚くべき率で発達してきたので、頭が産道を通過するのがますます難しくなった。人間の脳が「骨盤の大きさにとって物理的に窮屈になるほどに達すると」[2]、脳の発達は子宮の外で起きるようになった。長期にわたって人間の知能が進化してくると、脳の発達には出産後に多くの時間がかかるようになってきた。

発達と脳の成長のためには、栄養のある食物と適切な睡眠が必要である。安くてすぐに手に入るとか、子どもが何を食べているのか心配する人がそばにいないという理由で、空腹な子どもがジャンクフードでやっと生きているといった状況を想像してほしい。子どもが衣食住以上のものを必要としていることは言うまでもない。子どもは適切な養育と指導を受けて、正邪を判断する道徳的感覚や、複雑で競争に満ちた周囲の世界で交渉ができるようになる精神的能力を発展させていく必要がある。自分の意見を言おうとするたびに、「黙れ」とか「静かにしろ」と言われる子どもを想像してほしい。問題について一緒に話しあったり、うまくいくような解決策を探すのを手伝ってくれる親や大人がそばにいないために、いつも独力で情緒的な混乱や傷ついた感情に対処するしかない子どもを想像してほしい。

子どもには適切な養育と忍耐力が必要であり、それが後の人生で友情や結婚生活の要求に対処しなければならなくなった時に必要になる信頼感と同情心を育む。自分自身の子どもたちに伝えていくことのできる献身と愛情も必要である。たとえ最善の状況にあったとしても、他者とうまくやっていくのは難しい。恐怖を覚え、保護者からの敵意や怒りに常に曝され、保護を与えてくれるはずの人から殴られるような環境で育っていくことがどのようなものか想像してほしい。

貧困や不適切な養育が子どもの発達にどれほどの悪影響をもたらすかを示す証拠が無数にある。二〇世紀前半から、米国における階級と収入の差について系統的な報告があり、それらがもたらしたと思われる周期的かつ自己増殖的な惨状が明らかかされてきた。[3] 貧困と低栄養は、学校からの早期のドロップアウトや薬物の使用と関連している。そして、こういったことのために、職業の機会も制限され、貧困の悪循環がさらに強まってしまう。不適切な養育や虐待は、幼い子どもの自尊感情や他者に対する信頼感をひどく傷つけ、子どもは引きこもったり、暴力や無謀な行動にしばしば及んだり、後の人生でさらに犠牲になったり、自傷行為を呈したりする。[4]

このようなサイクルは悪影響をもたらすだろうが、恵まれない子どもがすべて深刻な傷を負うというわけではない。むしろ驚くほど、ハイリスクの子どもの多くがなんとか生き延びていく。シンデレラ、白雪姫、ヘンゼルとグレーテルといった童話の主人公を想像してみるとよい。こういった童話のどれでも、主人公は重労働や虐待といったつらい時期を何とか乗り越え、そして、最後には豊かになり自分の希望をかなえる。これらの主人公は最初は口伝えで語られていたのだが、その後何百年もの間、繰り返し話されているうちにその内容が洗練されていき、圧倒されるような人間の状況の要素を描き出していった。[5] このような登場人物が現在でも関連があり、今を生きる私たちの想像力の中にも生き生きとしているのはおそらく当然のことであろう。

一九世紀に、ホレイショ・アルジャー（Horatio Alger）は貧困から成り上がることがテーマの本を出版し、多くの読者を魅了した。彼の小説はいわばアメリカンドリームを体現したものだったが、アンドリュー・カーネギー、コルネリウス・ヴァンダービルト、ジョン・D・ロックフェラーといったほとんど無一文から大富豪へと成り上がっていった産業界の大立者たちの現実の生活からヒントを得ていた。フォーブズ誌の最近の記事によれば、世界中の億万長者の約三分の二は「不屈の精神と決意をもって、無一文から現在の資産を築いた」という。[6]

こういった話に勇気づけられるかもしれないが、誤解を招きかねない点もある。逆境を乗り越えてトップに立った英雄を描き出しているからというのではなく、悲嘆に関する論文の中にも同じ誤謬を作り上げる恐れがあるからである。すなわち、これらの話は真にすぐれた者だけが成功することを示している。恵まれない環境に置かれている子どものリジリエンスについての報告が一九七〇年代から一九八〇年代にかけて最初に発表されたところ、メディアはこのような子どもたちを「不屈」とか「不死身」、あるいは貧民窟のごく稀な「スーパーキッド」などと描写しがちだった。[7] 私にはこういった子どもたちを貶めようなどという意図はない。貧しくて、虐待されるような環境に育ちながらも、逆境を克服したこともたちはもちろん賞賛されるべきである。しかし、その数を見ると、ほんの数人のスーパーキッドだけではなく、それよりもはるかに多くの子どもが逆境を克服したことはきわめて明らかであるのだ。貧困、混乱した家庭生活、慢性的に不適切な養育といった、どのような逆境にあろうとも、多くの子どもたちがそれに耐え、健康な適応を示し正常の発達を遂げている。[8]

悲嘆の専門家は、愛する人の死に耐えた人のリジリエンスについて長いこと疑いを抱いてきた。恵まれない環境に置かれた子どものリジリエンスについて疑念を抱くのも同じ理由からかもしれない。発達が複雑で、あまりにも困難な小児期を送っていると、これまで見てきたように、そういった子どもたちは高いリジリエンスを実際に示すことができるのだろうか？　恵まれない環境に置かれている子どもたちが示す不撓不屈の態度について私たちが知っているほとんどのことは、厳しくて不利な環境についての研究から得られた。関連するすべての異なる要因について解析するのはしばしば困難である。厳しい環境はさまざまな異なるレベルで、発達段階にある子どもに影響を及ぼす。リジリエンスがどのように見えるか定義するのは容易くない。たとえば学業といった、人生のある側面では、子どもは健康に見えるかもしれないが、親密な友情を保つといった他の領域ではうまくいっていないかもしれない。[9]

こういったさまざまな差があるものの、多くの子どもたちが逆境にきわめて巧みに対処していることを、研究は一貫して示してきた。リジリエンスの定義を狭くして、重要なすべての領域の適応を遂げて、健康であることが明らかになった、ハイリスクの子どもだけに限ったとしても、それでも予想外に多くの数となる。[10] どのようにデータを検討したとしても、予想値をはるかに上回る非常に多くの子どもたちがリジリエンスを呈する。

個々の事例を見ると、子どもの示す耐久性がより明白になる。親が予期せぬ形で亡くなった場合に、子どもはすっかり圧倒されてしまうと、多くの人々は考える。たしかに、そのような子どももいるのだが、遺された子どもは、悲嘆にくれている大人と同様のリジリエンスを示す。[11] 天災、大事故、虐待、暴力、愛する人が殺害されるといった心理的トラウマを引き起こす可能性の高い経験をした子どもについても同様である。[12] トラウマの研究者はこれらを潜在的トラウマ的出来事（potentially traumatic event：ＰＴＥと略）と呼んでいる。ＰＴＥに対するリジリエンスの最適な例のひとつとしては、一、四〇〇名以上の子どもについての野心的な研究から得られた。約九歳から一一歳という小児期中期にこの研究に参加した子どもたちが面接され、その後、一六歳に達するまで毎年面接が繰り返された。子どもたちの三分の二以上が少なくとも一回のＰＴＥを経験していたが、重度の影響を被っていた者はいなかった。本研究ではきわめてわずかの子どもが心的外傷後反応と診断された。大多数の子どもにはまったく心的外傷後反応の兆候は認められなかった。[13] 予想外に、ほとんどの子どもは巧みに人生を歩んでいたのだ。

耐えられる大人

大人も子どもと同様のリジリエンスを呈する。大人がさらに高いリジリエンスを示すこともある。ところが、大人の多くはこの単純な事実を信じ難く感じる。おそらくその理由は、悲劇的な出来事と思われることをごく平静な気持ちで耐えられるのは、自分が考えているほど事態が深刻ではないととらえられてしまうためかもしれない。そして、それについて考えるのをやめてしまい、とくに深く傷つくことがなければ、出来事はあっという間に過去へと追いやられてしまう。長年にわたって、私はこのような現象を数多く見てきた。面接の通常の過程で、これまでの人生でトラウマ体験になり得るような出来事があったか、私はかならず質問することにしている。強盗にあう、危険な武器で襲われる、生命の危険を伴う病気になるといった出来事のリストを挙げながら、私はこの質問をする。多くの人は、このリストを眺めて、こういった経験はまったくなかったと断言する。「いいえ、いいえ、いいえ、いいえ、一度も起きたことがありません。いいえ、いいえ、こんなことは何も起きていません。絶対に、『いいえ』です」。しかし、面接が進んでいき、彼らが過去について話していると、記憶が蘇り、突然、「ちょっと待ってください。思い出しました。私は強盗に襲われたことがありました。思い出しました。銃を突きつけられたのです。ガソリンスタンドで男に撃たれたことがありました」などと言う。

数年前、同僚と私はこの興味深い忘却の傾向について調べることに決めた。一週間に一度、インターネットのウェブサイトをチェックして、人生の重大な出来事について、数人の大学生に調査を指示した。そのリストに含まれていたのは、経済的問題、恋人との別離、その他の大人が人生で遭遇するような潜在的にトラウマとなり得る出来事であり、大学生にもよく起こるような多くの事柄だった。次に、大学生たちが以前にインターネットに接続した時から今回までに自分自身が経験した出来事だけを挙げるように指示した。もっとも重要であった点は、大学の四年間にわたってこれを続けるように指示したので、本研究の終了までには、こういった出来事が実際にどの程度の頻度で起きるのか比較的正確に実態を把握できた。

毎週のインターネット検索によって、一般に記憶している以上に、潜在的にトラウマとなるような出来事を多く見つけられるだろうと期待していたのだが、実際にどれくらい把握できるかは私も予想していなかった。個々の大学生が四年間に報告した、そのような出来事の平均の数は、年に一件から二件であった。もしも、彼らがニューヨークの学生だったならば、大都市という環境ではトラウマとなり得る出来事はより高い頻度で生じる傾向があったかもしれない。しかし、年に一件から二件というのは、他の調査から私たちが期待していた数よりも、明らかに多かった。

この差を説明する妥当な理由とは、人生の出来事の調査は、披験者に過去を振り返って、一年に経験した出来事の数を思い出すように指示した点であるだろう。人はひどい打撃となる人生の出来事を易々と忘れてしまうことができ、一度限りの調査では、実際に直面した出来事の多くをおそらく把握できないのだろう。それとは対照的に、私たちが実施した「オンライン」の調査では、大学生はこれまでの一～二週間について質問したため、より多くの出来事を記録したのかもしれない。

混乱するような人生の出来事を忘れがちであるというこの考え方をさらに検証するために、四年間の調査の最後に、調査中の個々の出来事をどれほどの頻度で経験したか思い出してみるようにと大学生に指示した。ほとんどの披験者は、自分がこれまでに経験した潜在的にトラウマとなりかねない出来事の数を実際より少なく報告した。どうしてこのようなことが起きるのか明らかではないが、この結果は、ほとんどの人が潜在的にトラウマとなり得る出来事に効果的に対処しているので、そういった出来事について考えるのを単にやめているのではないかという考え方に合致しているように思われる。

しかし、潜在的にトラウマとなり得る出来事のすべてが容易く忘れられるものではない。あまりにも恐ろしくて、人生に重大な影響を与え、記憶を消し去ることができなくなるものもあるかもしれない。人生をすっかり変化させてしまい、共有する文化的アイデンティティを変化させてしまうほど周囲の世界に影響を及ぼすような出来事もあるだろう。

考えられないこと、忘れられないこと

第二次世界大戦のほとんどの期間、ロンドンはドイツによる直接攻撃は免れていた。しかし、戦争が長引いていき、深刻な不安が生じてきた。それは、ドイツが情け容赦のない空爆を計画し、ロンドンがその主な目標になるのではないかといった不安であった。それは漠然とした不安であり、長期にわたって続くと誰もが承知していた。こういった予感は神経を逆なでされるものではあったが、英国政府はドイツからの攻撃に準備した。迫りくる猛攻撃に備え、子どもたちは地方の親戚や、あるいは見知らぬ人のもとへと疎開させられた。英国政府の精神保健担当局は、広く蔓延するパニックに対する備えを始めた。当時、心的外傷についてほとんど知られていなかったが、ロンドンの病院やクリニックは、予想される心理的被害に対する準備を

した。そして、空襲警報が鳴り響き、その直後に、飛行機の恐ろしい爆音が響き渡った。

数年後、地球の半周も離れた日本の広島の住民が不安を募らせていた。米国のB29爆撃機、またの名を日本人が呼んでいたBさんは、ほとんどの大都市をすでに爆撃していた。しかし、まだ広島は攻撃されていなかった。なぜだろうか？　広島だけが攻撃されないということはあり得なかった。そのうち攻撃目標になるのは明らかであり、広島市は必死で攻撃に備えた。多くの住民が疎開させられた。緊急救援所や避難所が建てられ、消火栓も整備された。敵の飛行機が接近していることを知らせる空襲警報が毎日鳴り響き、神経を参らせる当たり前の出来事になっていった。

一九四五年八月六日朝、広島の空には太陽がまぶしく輝いていた。午前七時に空襲警報が鳴り、人々はいつものように防空壕に向って駆け出した。[14] しかし、その朝、日本のレーダーは三機の米軍機をとらえただけだった。単なる偵察の一環であって現実の脅威はないと判断されて、午前八時には空襲警報は解除された。そして、天地が動転する前の不思議と静かな時が訪れた。

それから半世紀あまり後、やはりよく晴れた日だったが、ニューヨーカーたちは職場に急いでいた。地下鉄に向かっている者もいれば、すでに仕事場の机に着いて、コーヒーを飲んだり、その日の準備をしている者もいた。ニューヨークでもっとも高い建物であるロワーマンハッタンの世界貿易センターのツインタワーは市のシンボルであった。そこでは毎日およそ五、〇〇〇人が働いていた。

ツインタワーの最上階からの景色は素晴しいものだったが、同時に少々恐ろしい感じもした。タワーが攻撃に弱いのではないかと心配する人もいた。数年前に、タワーワンの地下駐車場にテロリストが仕掛けた自動車爆弾が爆発したことがあった。攻撃は失敗したが、またいつかタワーが攻撃されて、今度はそれが成功してしまうのではないかと多くの人々が心配していた。

＊＊＊

心的外傷にもっとも密接に関連する情動は、恐怖である。危険や害が自分に緊急に迫る可能性を感じると、恐怖感を覚える。危険な状況は、怒り、嫌悪、そしておそらく悲しみといった、さまざまな感情を引き起こすが、恐怖感を生じさせるのは、現実に危険が迫っているというばかりでなく、どのような害が起きて、それを止めるのに何をすればよいのかがまったくわからないという不確実性から生じる。[15] このような状況で恐怖感を覚えるのは当然であるし、また、適応的でもある。恐怖は闘争か逃走かの反応を引き起こす。目は見開かれ、筋肉は緊張し、息は荒くなり、心拍数は高まる。そして、新たに濃度が高まった酸素が臓器から引き出され、四肢の主要な筋肉群に運びこまれ、より効率的に闘うか、あるいは逃げ出すかができるようになる。

空爆が始まった時のロンドンで恐怖が募っていったことには多くの理由があった。短期間に徹底的に攻撃することで、英国を意気消沈させて、一挙に降伏に追いこむことを、ドイツは明らかに意図していた。その攻撃はブリッツクリーク（Blizkrieg）と呼ばれ、これはドイツ語で「電撃戦」という意味である。ドイツの目的は達成されなかったものの、死と破壊は募っていった。一年もしないうちに、数万人のロンドン市民が死亡し、多くの民家や歴史的な建物が被害を受けたり、破壊されたりした。

広島に原爆が投下されると、閃光が市を覆いつくし、その直後にただちに四万人が死亡した*。爆発の雷鳴は二〇マイル先でも聞こえたのだが、爆心近くで生き残った人々はそれを「音もなく目をくらますような閃光」だったと表現した。[16] 人々はその場に凍りついた。そしてごく短時間の不思議な時が過ぎた後、爆発は信じられないほどの衝撃をもたらした。爆心近くにいた人々は激烈な熱で即死した。原形をとどめないほどの火傷を負った者も多かった。爆心から遠くにいた人でも、衣服が皮膚から引き剥がされた。眼鏡、道具、家庭用品は溶けてしまった。人々、物、建物、何もかもすべてが破壊しつくされたように感じられた。多くの人々が瓦礫の下に埋められた。

その直後、途方に暮れた広島市民が何とか立ち上がろうとすると、町中に火が広まっていった。最初は数カ所に火の手が上がっていたのだが、熱と空気の流れが爆発を引き起こし、瞬く間に市のほとんどを飲みこんだ。爆発を生き延びた人で、何とか歩けたり、搬送されたりした人は、安全な場所へと必死に移動した。多くの人が火の中に取り残されて、死亡した。

死者数は驚くべき数に上った。爆心から半マイル以内では九五パーセントの人が亡くなった。その後も、数千人が死亡した。最初の爆発を生き延びた人でも、火傷、出血、潰瘍、内臓出血といった重傷を負った者が多かった。ごく単純な医療が開始されるまで何日もかかったのだが、多くの場合、生き残った人々は、重症者に対してただ手をこまねいて、その死を見守ることしかできなかった。直後に影響のなかった多くの人

*訳者注……「約四万人」というのは原爆投下直後の直接の死亡者数を示していると思われる。中長期的な被害者数はこれをはるかに上回る。広島市の正式発表によれば、二〇一一年八月六日時点での原爆による犠牲者数は二七五、二三〇名に上る。

も結局は恐ろしい放射線障害に倒れ、その苦悩は長く続いた。[17]

惨状に輪をかけたのは、原爆がまったく未知の兵器であったということである。広島市民は街に何が起きたのか理解できなかった。生き延びた多くの人々は、最初は通常の爆弾で直接攻撃されたと考えた。しかし、被害の大きさが確認されると、通常兵器をはるかに超えた破壊力が働いたことは明らかであった。噂は瞬時に広まっていった。クラスター爆弾だったのだろうか？　おそらくガソリンや他の高度に引火性の化学物質が街中にまき散らされて、それが引火したのだろうか？　最初はこういった噂はたいして重要ではなかった。ともかく何とか生き延びることだけが問題だった。爆撃から数週間後に、放射線の長期的影響が現れ始めると、爆弾に関する不安と不確実性が広まり始めた。

二〇〇一年九月一一日の恐怖は異なった。被害の規模はより抑えこまれた。しかし、9・11同時多発テロの要素は広島に対する原爆投下と同様であった。このようなことはこれまで起きたことがなかったし、不確実性と恐怖は何カ月も続いた。めまいを起こさせるような超高層建築物は近代都市には当たり前の光景になっていて、さらに高層化していた。新しいビルを建てるために古い建物を撤去しなければならないこともあり、それは一般に巧みに計画された方法で撤去された。世界貿易センタービルのような高層建築を取り壊す方法など誰も考えつかなかった。ところが、数人のテロリストはいとも容易くそれをやってのけてしまった。

飛行機がビルに衝突したのは、比較的早い時間であったため、建物の中にはまだ人があふれてはいなかった。多くの人が安全に避難できた。ビルが実際に崩壊すると考えた人はほとんどいなかったが、実際に崩壊してしまい、ビルの内部やその近辺にいた人が死亡した。テロ攻撃の結果、合計すると約三、〇〇〇人が死亡した。ニューヨークの病院は重症患者であふれ、その後も、瓦礫の中を捜索し、生存者を発見する大規模な救援活動が続けられた。しかし、悲しいことに救出された者は多くはなかった。

＊＊＊

爆弾、放射線、テロといった、多くの無辜の市民に対して計画的に実行される残虐な行為にどうやって耐えることができるのだろうか？

歴史にはそのような行為が数多く認められるというのは明らかな事実である。形態は変わり、技術は進歩したかもしれないが、多数の人々を対象にした暴力行為は常に人間の行為の一部であった。

人類はなんとかそれに耐えている。恐怖が襲ってきても、何とかそれをやり過ごす。必死の闘いは数時間から、数日間、数週間、あるいはさらに長期にわたる場合もあるが、平衡を取り戻し、自分の生活を続けていく。

ロンドン市民は電撃戦の当初は恐怖にかられたが、絶え間ない恐怖感にすぐに慣れていった。[18] 心理的問題は驚くほど少なく、さらに精神障害や心理的問題のために病院で治療を求める率は低かった。空爆がもっとも激烈だった地区では、「一過性情動ショック」や急性の不安の率が他の地区よりも高かった。しかし、これらのほとんどの事例は「自然に回復したか、もっとも簡便な精神科救急処置に反応し」、典型的には休養と同情だけで十分であった。[19] 結局、空爆に対する市民の反応についての公式報告では、予想外のリジリエンスが認められたという点が単に強調されていた。[20]

広島でも多数の死傷者が出た悲惨な状況であったが、入手された情報はやはり多くのリジリエンスの明らかな証拠が認められた。[21] もちろん、原爆が投下された直後には急性の恐怖感や不安感が生じた。そういった反応が出現しないはずがないだろう。爆撃の余波として、強い悲しみの機会もあった。多くの人々にとって惨状と喪失はけっして終わりはなかった。しかし、それでも多くの生存者は不屈の回復力を示した。ヒデコ・タムラ・スナイダーは広島の原爆を生き延びた一〇人兄弟姉妹のひとりだったが、原爆投下後必死で家族を捜し求めていた時の恐ろしさと諦めの気持ちを語った。形が崩れるほどに焼け爛れた死体、重症のまま歩き回る人々、行方不明の愛する人を捜し求める無数の友人や見知らぬ人々といった、子どもが見てはならない光景を彼女は目にした。たったひとりで、孤立無援で、彼女は自分を叱咤激励しながら、歩き回った。「どこからともなく、自分の中から、『おまえは自分の力で立たなければなりません。ヒデコ、立ち上がりなさい。お前にしかできないのです』と聞こえてきました」と彼女は話した。[22]

原爆投下後の日々について述べたジョン・ハーシー（John Hersey）は「興味深いことに地域の連帯感が高まった。それは電撃戦後にロンドン市民の間に生じた感覚とどこか似ていた。生き残った者たちは悲惨な試練に立ち向かっていくという誇りに満ちていた」と報告した。[23] 冷静で、むしろ平穏な驚くべき感覚を味わった者もいれば、多くの人々が意気消沈せずに、いつもの通りユーモアを忘れず、気楽に冗談さえ言っていた。

ほとんどいつものように子どもたちはすべてを遊びにしようとした。中村家には子どもがふたりいたが、どちらも放射線中毒と考えられる症状を呈していた。それでも、子どもたちは周囲に起きているすべてのことに魅入られて、「ガスタンクが華々しい火に包まれて爆発するのに大喜びでした。トシオは火に包まれたガスタンクが川に反射するのを見て、他の子どもたちに向かって大声で叫んでいました」[24]。それからしばらくの間、トシオは「あれこれとおしゃべりをして、そのことについてむしろ喜んで話していました」。何カ月も経って、彼はその惨事がまるで「とてつもない冒険」のようだったと思い返していた。[25]

大人も救済の瞬間を目の当たりにした。当時広島に在住していたドイツ人のクラインゾルゲ神父は、原爆のために負傷していたが、他の人々を助けるために広島市内を歩き回ることができた。避難場所に指定されていた公園で、重症の火傷を負った人々の長い列に神父は何度も水を運んだ。悲惨な光景の最中に、「神父は若い女性がほんの少し着物がほつれたところを針と糸で直しているのを見た。『おや、あなたはなんてお洒落なのでしょう』と神父が話しかけたところ、その女性は笑った」[26]。

原爆は長崎にも一九四五年八月九日に投下された。その回顧録で、永井隆博士は負傷者の治療のために数人の同僚とともに村から村へと訪ね歩いた厳しい往診について記録している。「疲弊し、苦痛に圧倒され、今にも息絶えそうなのに」、負傷者たちの態度にはユーモアが感じられ、「笑いさえあり、苦痛をものともせず」必死で生きていたという。永井博士は、原爆投下後、負傷者を安全な場所に繰り返し搬送していた看護師の話も記録している。その仕事に「これまでに味わったことのない深い喜びを感じていた。深遠な幸福感を伴う気高い喜びであった」。負傷者が生き延びたとしても、彼女が助けたことを誰も知らないだろうと承知していたが、「それを考えると、彼女の頬は笑顔で輝いていた」[27]。

広島と長崎の人々がいかに早く再建に向かい始めたかということは、おそらく人間のリジリエンスについてのもっとも顕著な証拠であるだろう。原爆投下から二週間もしないうちに、広島では商業活動を再開するために銀行が再開された。一カ月以内に市内は放射線の問題はないと判断されて、住民が戻り、新たな生活が始まった。あちこちにあばら家が建てられた。生き残った多くの人々が自宅のあった辺りに戻り、瓦礫の中に庭を作った。三カ月もすると、以前の人口の三分の一以上に戻った。

長崎も同様であった。アメリカ人の従軍記者ジョージ・ウェラー（George Weller）は原爆投下の二八日後に第一報告をしている。「本州や南九州から到着する列車は人々であふれかえり、記者は何とか貨車に乗りこむことができた。機関車の排障器に乗っていた被災者もいた。（中略）しかし、彼らは戻ってきた。数百人もの人々が、長崎駅で唯一残っていたコンクリートのホームに降り立った。彼らの荷は大きな風呂敷やリュックサックに一杯だった」[28]。どのような悲劇の状況とも同様に、多くの人々が原爆投下直後には急性の情動ストレスを経験していたが、こういった反応は典型的には数日（最大でも数カ月）以上続かなかった[29]。惨事を経験した人で、うつ状態が持続したり、他のタイプの精神症状が持続したりしていたのはきわめてわずかであった。

広島と長崎に原爆が投下された約三カ月後の広い意味での心理的影響を評価するために、米軍は日本全土の住民を対象とした調査を実施した。大規模な惨事であったにもかかわらず、精神障害が持続しているという例は比較的稀であった。さらに、広島と長崎周辺の生存者の士気の高さは、原爆を投下されなかった日本の他の地区と大きな差はなかった。米国に対する敵意や、将来に対する絶望感も比較的弱かった[30]。

現代において、世界貿易センターに対する9・11攻撃は、世界中とは言えないまでも、アメリカ人に衝撃を与えた。しばらくの間はほとんどすべての人がこの出来事を話題にした。しかし、ニューヨーク市民がきわめて巧みに対処したことがすぐに明らかになった。9・11の六週間後に無作為で抽出された大規模な各戸調査によると、マンハッタン住民でＰＴＳＤ（posttraumatic stress disorder：心的外傷後ストレス障害）の診断基準に該当するほどのトラウマ反応を呈した人はごくわずかな率であった[31]。しかし、さらに驚くべきことに、この低いトラウマの率も速やかに低下した。同時多発テロから四カ月後にはニューヨーク地区のＰＴＳＤの率はわずか数パーセントに落ち、六カ月後までにはほとんど認められないほどになった[32]。

PTSDやその他の精神障害はほとんど認められなかったのだが、ニューヨークの多くの住民が9・11後にどのようにして良好な精神保健の水準を維持できたのだろうか？　この疑問に答えるために、私は他の研究者たちと協力し、独自の調査を実施した。ニューヨーク市の五つの区と周辺のニュージャージー州とコネチカット州を含めた全ニューヨーク市の住民について調査した。大多数の住民は9・11後の六カ月間のどの時点でもトラウマ症状や他のタイプの心理的問題を呈していなかった。テロ攻撃を身近で経験した人、すなわち貿易センター近くのダウンタウン・マンハッタンの住民に焦点を絞っても、リジリエンスの割合はわずかに低下していただけであった。テロ攻撃時に世界貿易センターの内部にいた、テロ攻撃に直接曝された人についても、その大多数は明らかなトラウマの兆候を示さなかった。[33]

友人や身内を9・11で亡くした人はどうだったのだろうか？　おそらくテロ攻撃がもたらしたもっとも悲惨な結果とは、その日に帰宅できなかった愛する人の安否が不明であったことだろう。貿易センタービルが崩壊して、生き延びた人がほとんどいなかったのは明らかだったが、重傷を負っていたり、テロ攻撃の後に自分がどこにいるのかわからなくなってしまっていたりしたものの、まだ生きているという可能性は常に残っていた。多くの人々はわずかな望みにすがりついた。ニューヨークのダウンタウンには行方不明者の写真がありとあらゆる所に貼られていた。しかし、時間が経つにつれて、希望は陰鬱な諦めへと変わっていった。

私たちの研究チームが実施したより集中的な面接調査と同様に、9・11のテロ攻撃で愛する人を失った人々も他の生存者とまったく同じようなリジリエンスを示したことを調査結果が明らかにした。この調査の対象者の半分以上が、研究の他の対象者と比較して、トラウマ反応やうつ病を呈さなかったばかりでなく、他のタイプの心理学的問題の率ももっとも低かった。[34]

しかし、9・11でとくに困難であった悲嘆を呈した少数の人々がいた。それは、愛する人を亡くしたうえに、テロ攻撃の一部を個人的に目撃した人であった。要するに、悲嘆の強度の悲しみに巻きこまれ、トラウマに関連する侵入的なフラッシュバックや不安を経験したために、これらがトラウマ的喪失となったのである。典型的には、この種の反応は、愛する人が暴力的な手段で死亡した場合に起きる。[35] こういった凄惨な出来事が生じると、生き延びた友人や身内は喪失がもたらす正常の空虚感に直面させられるばかりでなく、愛する人の最後の瞬間の悲惨でありありとしたイメージが残される。

9・11テロ攻撃を目撃した多くの人々にとって、愛する人の死はきわめて激烈だった。ある人は、愛する人が貿易センタービル内に取り残されていることを知りながら、あるいは、後に知らされたのだが、煙に満ちた空を見上げていたことを記覚していた。メディアがその光景を繰り返し報道したために、それは集合的な記憶にさえなり、記憶を打ち消そうとしても、ほとんど不可能であった。この種の悲嘆を経験した人は高率に重症のトラウマ反応を呈した。しかし、PTSDの診断に該当したのは三分の一以下に過ぎなかった。これはどのような惨事におけるPTSDの率よりも高い。三人に一人という多くの人々がこの同じ恐怖を経験したのだが、トラウマ反応は皆無であった。

疫病の大流行

戦争やテロ攻撃が困難で過酷なものであろうと、これだけが唯一の極端な惨事というわけではない。たとえば、天災があり、歴史上を通じて、大規模な疫病の潜在的な脅威があった。たとえば、ヨーロッパ中を席捲した腺ペストがあり、中世では測りしれないほどの死者を出した。現代に近づくと、一二世紀初頭にはマラリアや黄熱病の大流行もあった。

歴史上もっとも恐ろしい大流行で、全世界を巻き込む恐れがあった伝染病がほんの数年前に起きた。SARS（severe acute respiratory syndrome：重症急性呼吸器症候群）が最初は二〇〇二年末に中国で発生した。多くの人がSARSとは呼吸器系の問題だと理解していたが、それ以上の知識がある人はほとんどいなかった。どうしてそれが生じ、原因が何で、もっとも重要なことは、それをどうやって止めるのか誰にもわからなかった。

その初期症状は、倦怠感、消化器系の問題、咳、咽頭痛といったインフルエンザ様症状であった。それに続いて、しばしばより重症の呼吸器症状が生じた。SARSの死亡率は、感染した人の約七〜一五パーセントに上った。死亡率は若年者で最低で、高齢者層できわめて高かった。驚くべきことに、六五歳以上の感染者の五〇パーセントが結局この症候群のために死亡した。[36]

SARSがもっとも猛威を振るったのが香港であった。約一、八〇〇人が感染し、およそ三〇〇名が死亡した。その大流行の直後の二年間、私は夏を香港で過ごした。当時、私は香港大学において友人で同僚のサミュエル・ホ（Samuel Ho）と共同研究をしていたが、香港大学行動健康センター長のセシリア・チャン（Cecelia Chan）とも長期にわたり議論した。サミュエル、セシリア、そして私はSARSが香港に引き起こしたパニックについて他の同僚たちからも多くを学んだ。

治療法がなかったために、SARSはとくに恐れられた。唯一の治療法は解熱剤くらいしかなかった。典型的には、感染者は流行の拡大を予防するために隔離された。しかし、重症の病気や死の危険に直面している当人にとっては、隔離は慰めにならなかった。隔離によって治療するという考えは、小さな島に街が築かれている香港ではとくに恐ろしかった。新界と呼ばれる香港の一部は中国本土につながっている。しかし、香港が英国から中国に返還された一九九七年までは新界は政治的には中華人民共和国とは分離されていて、香港と中国の国境は厳しい管理下にあった。SARSが流行した時期には、香港と中国の行き来はまだ制限されていて、香港の住民はその境界をまた閉じるのは簡単にできると考えていた。

SARSの流行が拡大していくと、香港の住民は香港全体が封じこまれて、ただ死を待つばかりとなるといった恐怖感を抱くようになった。SARSで入院した人々は、街のパニックを知った。友人や身内の面会は禁止され、病院の近くからしばしば手を振って患者を見舞った。患者が病院の窓から外を眺めると、多くの人々がマスクをして、激励のプラカードを振っているのを目にした。そこには「あなたを愛しています」「けっして見捨てません」と書かれていた。

サミュエル・ホと私は香港で生存者がどのようにSARSの流行と向きあったのかを調べることにした。[37]香港の病院システムは中央政府によって管理されているために、SARSに感染し、入院し、退院できた香港住民一、〇〇〇名の精神保健について調べることが可能であった。退院後一年半の間に数回、生存者の全般的な精神保健について調査した。

ＳＡＲＳはストレスに満ちた病気であったために、生存者が高い比率で慢性の心理的問題を抱えていると私たちは予測した。調査の結果、私たちの予期した率よりもはるかに悪いことが明らかになった。生存者の四〇パーセント以上が各評価期で心理的機能がきわめて低かった。最初、私はこの率に戸惑った。

しかし、面接を重ねていくと、やはりリジリエンスを示す無数の例があった。ある期間は流行に圧倒されたものの、同じく多くの生存者がほとんど完璧な心理的健康を呈していた。生命の危険をもたらす不思議な呼吸器系の病気で入院し、たしかな治療法がないと知っていて、見捨てられるという噂が街中に広まっていたように思えたにもかかわらず、生存者は自分を見失わないでいた。都市として香港は変化し、ＳＡＲＳのために入院となった人もその経験の結果として変化したことは間違いない。しかし、多くの人々は以前より慎重にすぐに自分の日常を取り戻し、健康で生産的な生活を続けたのだ。

＊＊＊

同じような出来事、同じようなタイプの喪失、同じような範疇の潜在的に悲惨な出来事を経験していながら、すっかり圧倒されてしまう者もいれば、強い意志や目的を持って傷つかずに立ち上がる者がいるのはなぜなのだろうか？　これはたしかに難しい疑問で、単純な答えが見つかりそうもない。しかし、科学的研究の結果、少しずつ全体像が明らかになってきている。

第5章 真夜中を突っ走れ

自分にとって大切な誰かを亡くすと、残るのは記憶だけである。心は必死でその人を取り戻そうとする。その人が亡くなったことを承知していても、記憶は残る。亡くなった愛する人の記憶はあまりにも強くて、遺された者につきまとう。時には、故人の思い出に囚われきってしまい、その人が現実に亡くなったということを一時的に忘れてしまうことさえある。

　ヒーサー・リンキストが家の外で隣人と話をしていた時に、家の中で電話が鳴った。「電話を取らなくては」と彼女は隣人に言った。「ジョンからだわ。いつもこの時間に電話をしてくるの」。隣人は驚いてヒーサーを見つめた。ヒーサーは自分の言葉がどれほど奇妙に響いたかに気づいた。ジョンが亡くなってすでに四カ月経っていたのだ。

　今は亡き愛する人の記憶にすがるということは、失われた関係の質を探ることがリジリエンスの鍵を探す絶好の出発点となると示唆している。従来の悲嘆に関する理論によると、故人が生きていた時にその人とどのように関わっていたかが、その人が亡くなった後、悲嘆とどのように対処するかを決めるという。したがって、悲嘆に圧倒されていない人にはそれほど問題にならないが、苦痛に満ちた喪の作業とは、故人との間に表面的あるいは葛藤に満ちた関係があったことを示しているというのである。[1]これは単純すぎる考えだが、私たちはむしろその逆であると考える。要するに、リジリエンスの高い人は、きわめて健康であり、例外的に健康な関係を有していたはずであるととらえる。

現実に、最重要の関係は複雑で特異的であって、変化に富んでいる。カレン・エヴァリーと娘のクレアの関係はまさにこの意味で完璧な一例である。カレンは娘を心から愛していたが、クレアが幼い時、母子はしばしば口論したと話した。激しい口論となることもあった。「クレアは幼い時でさえも、いつも癇癪もちでした。七歳か八歳の時でさえ、ひどく怒り出したことを覚えています」とカレンは思い出した。「カレンの声があまりにも大きかったので、私は窓を閉めなければなりませんでした。今は笑うことができますが、その時はそうは感じなかったのです。近所の人が一体何が起きているのかと考えるに違いないと思ったほどです」。そのうちクレアは落ち着きを取り戻し、口論はやんだ。しかし、クレアが癇癪もちであることは変わりがなかった。カレンにとっては、これは絶対的な長所であった。「クレアは心の優しい少女でした。でも、娘の芯がしっかりしているところも私は好きでした。むしろ私はそうあるように励ましたくらいです。私はビジネスの世界で働いてきましたが、女性がこの世界で自力で何かを成し遂げるというのはどういうことか承知していたからです」。

成長するにつれ、クレアは母親とよい関係になっていったようである。大学に進学し、はじめて家を離れる前に、クレアは母親に一緒に散歩しようと言った。最初は黙って歩いていた。クレアは物思いに沈んだように見えた。そしてクレアは口を開いた。「母親と娘について考えているの」とあの子は言ったのです」とカレンは話した。クレアは友人とその母親を観察し、母子関係について考えていた。自分がどのような人間になりたいか考えていた。クレアは慎重に言葉を選んだ。とうとう話し始めると、カレンは泣き出してしまった。「娘は基本的には私がやってきたことが正しかった、私はクレアにとってよい母親だったと言ってくれたのです。だから、将来についても期待しているとも言いました。それが私にどんな影響をもたらしたのか、どう説明してよいかわかりません」。

ヒーサー・リンキストと夫のジョンの関係もけっして単純ではなかった。ヒーサーはジョンを尊敬していて、「彼は立派な人でした。私はそれが事実だったと考えています。ジョンは寛大な心を持ち、善良で、しっかりした夫であり、子どもたちを愛していました」と述べた。ふたりの意見が異なることはなかったかと私が質問すると、ヒーサーはその例を挙げるのが難しそうだった。「問題がまったくなかったとは言いませんが、ふたりの生活は素晴しかったのです。それほど口論したこともありませんでした。激しい喧嘩などまったくなかったのです」。

しかし、ヒーサーは時々疑念を抱くこともあった。ふたりがあまりにも相互に依存していたのではないかと思った。「私たちは一緒に暮らしていたけれども、それぞれに独立していたとしばしば思ったのですが、私の言っていることはわかっていただけるでしょう、同じ関係のまま時間を過ごしてきたように感じるのです」。ヒーサーは少しの間考えて、物思いにふけっていた。そして、「互いに成長していけるので、独立はよい考えです。私たちはそれぞれ別の人間になるのです。これは私たちがうまくやっていた大きな理由のひとつだと考えていました。でも、何かが欠けていたのではないかと今は考えます。それが何であるかよくわかりません。おそらく何かの閃きかもしれません。私と夫はあまりにも多くの時間を一緒に過ごしたので、ひとりでいたことがどんなことだったか思い出せないのです」と彼女は説明した。「そんなことを心配しても意味がありません。でも、私は『本当に私たちの関係はよかったのだろうか？　互いに愛し合っていたのだろうか?』と自問自答せざるを得ないのです。互いに相手を大切に思っていました。とてもよい、しっかりと結びついた夫婦だと思っていました。でも、他の人が期待していたように、この関係から抜け出していくのではないかと私は時々考えていました。わかってくれますか、とても幸せな夫婦だったのです。過去がどうだったかもうわかりません。ジョンの顔をもう一度見たい。私が彼にこう話したら、どんな反応を示すのか見たいです」。

私は悲嘆の最中にある人を数えきれないほど面接してきた。ほとんどの人は喪失の苦痛にきわめてうまく向きあっていた。しかし、彼らのリジリエンスを説明できる、彼らが過去を語る明らかなパターンや緊急のテーマは存在しなかった。従来の理論から期待されるようには、表面的で浅薄な関係などはほとんどなかったが、同様に、一様の健康な関係というのも記述できないように思われた。

何か一定のものがあるとするならば、ほとんどの遺された人は亡くなってしまった愛する人を理想化するということである。これはごく自然である。死別の苦しみは、亡くなった愛する人が自分にとってどれほどの意味があったかを思い起こさせ、どれほどの価値があったかあらためて痛感させられることになる。もはやその人がこの世にいないために、それがどのようなものであれ、故人に対する想いは遺された人の人生でますます大きくなっていく。さまざまな研究が故人に対するこの種の崇拝の念を常に記録してきたし、これはリジリエンスに特有であるというわけではない。ほとんどの人は、少しでも肯定的な影響を受けた人を喪うと、その人を思い出すものである。

それでは、失われてしまった関係の質が、喪失とうまく対処していくことにどのような影響を及ぼすのだろうか? 数年前、私はたまたま発見した。ミシガン大学のカミール・ウァートマンらから、ある種の長期研究計画の結果についてどのように分析したらよいかとの依頼があった。それは高齢夫婦の生活の変化に関する研究（Changing Lives of Older Couples）で、頭文字をとってCLOCと呼ばれていた。ウァートマンらは結婚している約一、五〇〇人に面接し、一〇年近くフォローアップした。[2]フォローアップ中に配偶者を亡くした人がいたが、ウァートマンらはその後定期的に死別した人に面接した。これらの面接によって、喪失の前後の複数の時点における個人の生活が明らかにされた。

私がCLOCの研究チームに加わった時に、最初の目標は、死別を経験したにもかかわらず、高いリジリエンスを示している人を同定することであった。すなわち、配偶者の死亡の前後のいかなる時点でもうつ病の症状がなく、死別の過程でまったく悲嘆を認めなかった人を同定しようとした。今ではそれほど驚くべきことではないのだが、この研究の多くの被験者うちの半数近くがそれに該当した。彼らの結婚はどのようなものだったのだろうか？　結婚生活はどのようなものだったのだろうか？　私が他の遺された人々と面接してきた際に発見したのと同様に、高いリジリエンスを示した人々の結婚の質は、他の人々と大きく変わるものではなかった。換言すると、夫婦関係の質自体が、喪失後の適応を決定する要素ではなかった。結婚の質が問題であったのではなかったのである。ただし、より深刻な死別反応を予測したという結婚が有する、ある否定的な特徴はあった。しかし、これは第7章で解説する別の話題である。ここで重要な点は、生前の特定の夫婦関係が、死別に際してより健康な形をもたらすという一般的な法則はないということである。

高いリジリエンスを示す人についても法則は認められなかった。研究開始の時点で、被験者全員が面接され、それはどの配偶者が亡くなる何年も前のことであった。配偶者を亡くしたが高い適応を示している人、すなわち高いリジリエンスを示している群が、他の被験者と同様に、面接者によって評価された。悲嘆に関する従来の研究が予測したのとは反して、彼らは冷淡な人でもなければ、無情な人でもなかったし、逆に極端に温かかったり、社交的であるというのでもなかった。

これは重要な知見であった。他者との関係は、その人が亡くなったことにうまく適応できるかどうかをかならずしも決定するものではなく、喪失に巧みに対処するのに例外的な人である必要もないということが明らかにされたのである。[3]

記憶の中に慰めを得る

事実について嘆くわけではないので、関係の質は予想される死別反応よりも重要ではない。対人関係の実際の詳細な点について嘆き哀しむのではない。関係について記憶していることについて哀しむのだ。そして、記憶の正確さが悲嘆の質を決定するのではない。記憶とどのように対処するのか、それをどうとらえるのか、悲嘆の際にそれから何を得るのかによって、悲嘆の質が決定される。

ジャネットの死後、ダニエル・レヴィは精神的な安定を得るのに妻がいかに助けてくれていたかをよく理解できるようになった。このように気づくことで、妻を失った悲しみを受け入れることができた。「とくにジャネットが亡くなってからの一年間は、しばしば妻を思い出して、一緒にいることで、平穏な時を求めました。彼女の記憶で私を覆い尽くしたのです。彼女が私に与えてくれた温かさと愛情を思い出しました」とダニエルは語った。

カレン・エヴァリーはしばしばクレアのことを考え、娘がまだ自分とともにいると多くの意味で感じた。

カレンは穏やかで心静まる記憶を蘇らすことができた。クレアの子どもの頃、彼女が達成したことの思い出、食卓、公園の散歩、飼い犬を可愛がるといった一緒に過ごした日常の単純な記憶などであった。尽くさぬ思い出があり、それを想起することで、娘は今でも一緒にいるという感じを持つことができた。

ジュリア・マルティネスは写真を見て、亡き父を思い出そうとした。あえてそのようにしているのであって、やや子どもじみてさえいた。一生懸命父親を思い出そうとし、その時を邪魔されないようにした。部屋のドアを閉めて、大切に写真を取り出し、それに目をやった。「まるで父親に会いに行ったようでした。父を思い出すと、悲しくなることもありました。でも、普通はそうすることで気分がよくなったのです。父が生きている間、私はなんて幸せだったのだろうかと思い出すことができました。父がまだそこにいるような感じも少ししました」。

ヒーサー・リンキストは亡き夫ジョンのよい思い出を必死になって保とうとした。息子たちのためにそうしなければならないと感じていたのだ。ヒーサーは息子たちが父親のイメージを強く持ってほしいと考えた。そこで、家中の目立つ場所にジョンの写真を飾った。彼女は夫をしばしば話題にし、夫の友人たちにも家族に関わってもらうようにした。よい思い出がひとりでいる時も蘇ってきたが、とくに努力しなくてもそうなった。「何年も一緒に素晴らしい時を過ごしてきました。それを忘れることはできません。そういった思い出が消え去ることなどないのです」と彼女は語った。

ロバート・ユーイングは何の苦労もせずに、ごく自然に亡き妹ケイトとの楽しかった記憶を蘇らせていることに気づいた。実際に、妹はロバートの人生と彼の家庭生活の大きな部分を占めていて、その思い出は至るところにあった。そして、妹を思い出すと、彼女がいた時の温かな愛情がしばしば蘇ってくるのだった。

私たちは、死別が慰めを探す過程であるなどと考えることに慣れていない。そういった考えはどこか奇妙であるが、これはまさにリジリエンスの高い人が行っていることである。実際の関係がどのようなものであったとしても、リジリエンスの高い人は、悲嘆の過程において、喪われた関係について思い出すことによって慰めを得られる。彼らはまた、故人について話したり、考えたりすることによって、幸せで、平穏な感じを得ることができると報告している。[4]

死別の苦しみに直面している人には、慰めが必要である。これと同じ必要性は、逆境に置かれたすべての人に求められる。たとえば、貧困や虐待を受けたものの、それに耐えている子どもには、話すことができて、頼ることができて、他のすべてが崩れ去ろうとも一緒にいてくれる誰かが必要である。その人は、親友、あるいはおそらく信頼できる大人かもしれない。[5]恵まれない環境に置かれた子どもにとって、愛情あふれ、サポートしてくれる人がいるということは、うつ病の遺伝的な危険を除いてくれる健康な影響を及ぼすかもしれない。[6]戦争、暴行、自然災害といった悲惨な出来事を経験した大人にも同じことが言える。誰か頼りにできる人がいると、そういった人の適応力も高まる。[7]

このような状況で、愛する人の死に向きあい、最終の喪失を受け入れることのできる遺された人は、故人の思い出に慰めを見出すこともできる。彼らは愛する人が亡くなってしまったと承知しているが、故人について考えたり、話したりする時には、自分がすべてを失ってしまった訳ではないとわかる。故人との関係のすべてが失われてしまったのではない。ともに過ごした素晴らしい出来事を今でも心に描き、その中に喜びを見出すことができる。故人との関係の一部が今でも残っているかのようである。

対照的に、喪失により深刻な影響を受けてしまい、まるで亡くなった人を見つけることができないようだとか、思い出が隠されてしまったように思われて、よい思い出にすがるのが難しいと感じる遺された人もいる。死別の苦痛がすべてのよい思い出を阻止してしまっているかのようである。

C・S・ルイスは『悲しみを見つめて』の中でこの種の欲求不満の悲惨な例を挙げた。ルイスはその回想記の中で「H」と呼んでいる妻の死後、強烈な悲嘆に襲われた。悲嘆の最中、妻の記憶をなくしてしまうのではないかと心配した。妻の思い出が薄れていってしまい、生前に妻とともに経験したことの記憶が失われてしまうのではないかと恐れた。しかし、ルイスの悲嘆が和らぎ、妻の死から回復していくにつれて、「まったく予期していなかった」何かが生じた。「Hについて嘆き悲しまなくなると、彼女についてよく思い出すようになった。実際のところ、それは思い出よりもよいものであり、直感的で、答えることができない印象であった。それは会議があまりにも長引いたもののようでもあった。しかし、そういった言葉を使いたい誘惑に駆られるものであった。悲しみが和らいでいき、障壁が除かれたようであった。（中略）そして、驚くべきことだが、私が心配しないようになったら、彼女はどこでも私に会いに現れたように思えたのである」[8]。

こういった記憶には不思議な力がある。誰かを永遠に失ったように思われたとしても、それでも何かすがるものがあり、それは私たちを慰め、C・S・ルイスが発見したように、記憶よりもよいものであることがわかる。

従来の悲嘆に関する理論はこの種の記憶に疑念を抱いてきた傾向がある。死別は苦痛に満ちていると、こういった理論は主張する。リジリエンスは幻想であって、亡くなった愛する人の思い出の中に慰めを得られるといったことは、喪失という現実に対処していく障壁になるとした。こういった従来の理論の視点からは、慰めを与えてくれる記憶はおそらく、愛する人の死という苦痛に満ちた事実を隠蔽する一種の代理の空想に過ぎないとなってしまうだろう。短期的には役立つが、長期的には不健康であるとされるだろう。

悲嘆の科学はこの考え方に真っ向から反論する。高いリジリエンスを示す人というのは、他の人々に比べて、対処戦略として回避や注意を他に向けるといったスキルを用いることが少ない。喪失について考えることを回避したり、苦痛に直面するのを意図的に避けたりする傾向は低い。[9]喪失にもっとも効果的に対処している人であっても、時には少なくとも何らかの苦痛や混乱を経験し、つらい思いで亡くなった愛する人を恋焦がれることもあるという点を忘れないことが重要である。したがって、心地よい記憶が否認として働くのであるならば、それはあまり効果的な否認ではない。

悲嘆の最中に、よい思い出に頼るというのは人間の脳の柔軟性を示していると私は考えたい。肯定的な記憶や感情を用いて心の平穏を保つことによって、静かに振り返り、喪失の苦痛に立ち向かう。時が経つにつれて、肯定的な記憶と否定的な記憶の間を行きつ戻りつしながら、徐々に自分を取り戻していく。この種の柔軟性は、第3章で解説したように、喪失後に自然に生じてくる変動する過程である。[10]喪失直後から、ほとんどの遺された人は強烈な悲しみを経験するが、周期的に肯定的な感情もあふれてくる。こういった短期的な感情の揺れ動きは苦痛を一時的に解放し、遺された人が周りの人々との絆を保つのに有用であり、そうすることによって、徐々に喪失に適応していくのに役立つ。

時間が過ぎていくと、悲嘆はさらに和らいでいき、遺された人は元の生活にほとんど戻っていく。苦痛に満ちた感情や亡くなってしまった愛する人への思慕が減じていくにつれて、変動するパターンはさらなる柔軟性や安定した平衡状態になっていく。苦痛や思慕はまだ残っているかもしれないが、遺された人は悲嘆に対してある程度自力で対処することが可能になり、いつ嘆き悲しんだらよいのか、いつ家族や友人と亡き人について話したらよいのか自分で選べるようになる。同じように、肯定的な感情への変動も増してきて、それがもたらす慰さめと平穏が日常生活の大部分を占めるようになる。

カレン・エヴァリーは、この種の平衡状態が発展していくという絶好の一例である。彼女には苦痛に満ちた記憶がたくさんあった。娘の命を奪った9・11についてマスメディアがセンセーショナルに報道を繰り返したため、胸が張り裂けんばかりに事件を思い出したり、その映像が蘇ったりした。9・11から数カ月後に、カレンは娘の死について私に語ってくれたが、心の傷はまだ明らかに痛々しかった。しかし、彼女は苦痛から立ち直ることができた。運命の日について語る時には、まだ目が潤んだものの、カレンはより肯定的な記憶を話すことができ、娘が成し遂げてきたことを誇りに感じ、家族の集いの思い出を満足そうに笑顔で話した。

高いリジリエンスのタイプがあるのか?

遺された人のすべてが心地よい記憶を呼び起こすことができるわけではない。遺された人のすべてが喪失の苦痛にうまく対処できるわけでもない。それでは、実際に高いリジリエンスのタイプ、すなわち、生まれつき極度のストレスにとくに巧みに対処できる人がいるのだろうか? CLOC研究ではそのようなタイプは明らかにされなかったが、私が実施した他の研究では、少なくとも部分的には、高いリジリエンスを示すタイプが存在することを確認した。「部分的には」と述べたのは、この問題はそれほど単純ではないからである。対処が巧みな人には、いくつかの他の肯定的要素も認められる。たとえば、そういった人は経済的に恵まれていて、教育程度が高く、現在心配する人生のストレスが少ない。身体面でも健康で、日常生活のさまざまな要求に応えるのを支持してくれる、頼りにできる友人や親戚も多いといった具合である。[11]

しかし、こういった要素を考慮したとしても、他者よりも高いリジリエンスを示す人が現実にいるし、高いリジリエンスを示すタイプを遺伝的に同定できることを示唆するエヴィデンスも増えてきている。ただし、遺伝的な関連を示すエヴィデンスはあくまでも暫定的であるので、私たちは慎重である必要がある。これもまたそれほど単純ではない。遺伝学的研究の進歩によって明らかになったのは、青写真のようには、遺伝子はかならずしも一対一の対応で行動を生じさせるわけではないという点である。むしろ、遺伝子は、ある種の方法で行動するように働きかける、料理のレシピやゲームのプランのように機能するようだ。[12] これらの影響を調査している研究者は「遺伝子・環境の相互作用」と表現している。特定の環境的契機によって刺激を受けた時だけ、すなわち、この場合には極度のストレスに曝された時だけ、遺伝子は作用するというのである。現時点では、この点に関して、ほんのいくつかの遺伝子が研究されただけだが、ある種のいくつかの遺伝子を持つ人は、そうでない人に比べて、重度のストレスに曝された時でも、適応力が高いことを示すエヴィデンスがある。[13] 遺伝子研究では、この同じ遺伝子が悲嘆への対処に役立つかどうかは検証されていない。しかし、役立つ可能性を示す間接的なエヴィデンスがある。[14]

遺伝子のエヴィデンスについては慎重であるべきだが、それでも、心理的知見について語ることはできる。この点でのエヴィデンスは確固としている。悲嘆の最中でもたくみに対処することができる人の特定の心理的特徴が明らかにされている。そういった特徴のひとつとして、さまざまな状況で変化する要求に適応していく能力がある。これはある種の行動面での柔軟性であり、すでに述べた肯定的な記憶を用いた柔軟性についてではない。どのようなストレスや逆境も特定の仕方で影響を及ぼす。突然の暴力的な死によって愛する人を亡くした人が直面するタイプの闘いは、長期にわたる病気のために愛する人を亡くした場合とは異なる。こういった喪失からの欲求も時間とともに変化する傾向がある。そして、当然、死別を克服していくことは、ハリケーンや津波といった他のタイプの暴力的で危険なトラウマに対処していくこととは異なる。一般的に、このようなさまざまな状況をたくみに対処できる人は、その出来事をやり過ごすことができる人である。

この能力は部分的には、ストレスに満ちた状況をどうとらえるかということから生じる。楽天的でいられることには多くの利点があることを研究者は示している。適応の良好な人は、物事はそのうちうまくいくようになるという強い信念を抱いている傾向がある。そのような人は自信に満ちてもいる。もっとも困難な人生の出来事の結果でさえも少なくとも何らかはコントロールする力を持っていると確信している。これは、楽天的な人が過去を変えられたり、ある種のことを止められると信じているという意味ではない。時には、たとえ非常に強い人であっても、悲劇の後に当初は圧倒されることもある。しかし、前に進んで行くことができるし、そうしなければならないと固く信じている人は、持てる力を結集し、仲間と手を組んで、自分の人生のバランスを取り戻そうとするものである。[15]

楽天的で、自信に満ちた考えとともに、適応力の高い人は行動の幅も広い。単純に言えば、自分の道具箱にたくさんの道具があるように見える。ひとつの例を挙げれば、リジリエンスの高い人の感情の表出の仕方がある。一般的に、感情の表現の仕方が多様なほど、適応度も高いと考えられる。これがとくに当てはまるのは、何か悪いことが起きた時であって、これは実際に従来の喪の作業の考えの基礎でもある。

もちろん、感情表出には何らかの利点があるが、感情の抑制、すなわち自分の感情を胸に秘めておくほうが役立つ時がある。請求額が高すぎるので、問題を解決しようとしてすでにいくつかの試みをして、今は請求額を正してくれるかもしれない顧客対応係と話しあっている場面を想像してみてほしい。不満や怒りを一杯にぶつけてしまえば、ただちに結果が出るかもしれないが、怒りをぶちまけると、大きな官僚組織とやり取りしている人が承知しているように、相手の態度を硬化させてしまい、何らかの妥協に出ようとはしなくなってしまうかもしれない。私たちの仮定の状況では、怒りを押し殺して、笑みを浮かべお世辞でも言って顧客対応係に働きかけるほうが、よりよい結果を得られるかもしれない。

悲嘆の最中に、悲しみや他の感情を表出させる仕方にも、同様のことが当てはまるかもしれない。すでに取り上げてきたように、悲しみの表現は他者に同情や愛情を引き起こす。しかし、苦悩にそれほど同情的ではない人々に囲まれているといった状況もあるだろう。他者の世話、仕事、他の義務に集中しなければいけないといったように、悲しみや悲嘆の表出が少なくとも一時的には効果的でない場合もある。ほとんどの人はさまざまな状況に置かれるので、柔軟に悲しみを表したり、抑えたりできることは適応力を増す。実験を通じて、私たちの研究チームはこの種の感情表現の柔軟性が持つ利点を明らかにできた。たとえば、ある研究では9・11同時多発テロを最近経験したばかりのニューヨーク市の大学生の感情の表出と抑制について調べた。感情を表出するかあるいは抑制するかといった具合にどちらかひとつだけの行動しかうまくできない学生は、この研究の他の学生に比べて、テロ攻撃から二年後もほとんど同じであった。しかし、柔軟な態度が取れた学生、すなわち、必要に応じて感情の表出も抑制もできた学生は、二年後には苦悩はより少なかった。[16]

喪失の比較的直後にこの種の同様の感情の柔軟性を示した遺された人は、死別の苦痛により効果的に対処できる。私たちの研究ではより重症のうつ病の人においてもこれが当てはまることが明らかになった。この種の柔軟性を示すことができれば、悲嘆からの回復の可能性も高まる。[17]

見苦しくても生き延びる

さまざまな逆境からさまざまな反応が生じるので、柔軟性は適応力を高める。この種の欲求によりよく適応できるならば、生き延びる可能性も高まる。この考え方が示唆している興味深い点は、普通ならば不適切だとか不健康だとかとらえられるような思考や行動が、ある状況においては適応的であるということである。ハリケーン・カトリーナに襲われている最中に避難所を求めている人々の中に自分がいる場面を想像してほしい。数千人の人々とともにフットボールのドームスタジアムにもう何日も収容されている。屋根の穴からは雨が漏ってくる。ベッドもない。衛生状態は最悪だ。食料もきれいな水もほとんどない。汚物もたまっている。暴力の恐れ、ギャング同士の喧嘩、まったくの混沌とした状態である。[18] このような状態にどうやって対処していけばよいのだろうか？　おそらく必要なことは何でもするだろう。いつもならば思いがけないような行動に出るかもしれない。その行動が試練を乗り越えるのに役立ち、誰かを直接傷つけるようなことがないのならば、おそらくそれは適応的といってよいだろう。私はこの種の行動を「見苦しくても生き延びる」（coping ugly）と呼ぶようになった。[19]

この言葉は野球に起源がある。一九七〇年代半ば、私の故郷のチームであるシカゴ・ホワイトソックスは予想に反して勝ち続けた。何としても勝ちにこだわる闘志、巧みな戦術、相手チームのミスに乗じて、ホワイトソックスは勝っていった。スポーツ記者はこの戦法を「見苦しくても勝ちにいく」（winning ugly）と呼び始めた。それ以来、この言葉はスポーツ、そして、皮肉なことに政治でも、ごく普通の言葉になった。[20]

これは、人生で予期せぬ逆境に立ち向かう時に「どんな手を使ってでも」やり抜くというアプローチと同じである。換言すると、実用的対処（pragmatic coping）と呼んでもよいかもしれない。ジョン・レノンの『真夜中を突っ走れ』（Whatever Gets You Through the Night）という有名な曲も思い浮かべ[21]ぶ。悪いことが起きた時には、もう一度元に戻るのに必要なことを何でもやってのける力を見出すものである。

見苦しくても生き延びるという例として、心理学者の言う**自己奉仕バイアス**（*self-serving bias*）がある。これは、認知を歪曲したり、強調したりすることによって、自己の利益に沿ったものにするということである。自己奉仕バイアスの一般的な例として、ほとんど自分には関係のない人や物を称賛したり、あるいは、実際には関係のある人や物を否定することによって、責任を回避するといったことがある。

どちらかと言えば馬鹿馬鹿しいものなのだが、私には個人的な自己奉仕バイアスの一例がある。一時期、私はヨガに夢中であった。残念ながら、それはかなり昔のことで、当時は私も若くて、体も柔軟だった。数年前に、妻がヨガを始めた。その頃には、私の体は以前ほど柔らかくなかった。しかし、妻は私を含めて誰にとってもヨガが素晴らしいと考えていた。ある日、私はしぶしぶ妻のヨガの練習に加わった。妻と私は踊り子の像（インドではナタラジャサーナと呼ばれている）という立ち姿を試みた。正しい姿勢を取ることができれば、そのポーズをとった人はヒンズー教の像のように見える。片脚を後ろに曲げ片手で握り、それを頭まで上げていく。腕の長さに伸ばす。体幹は前に曲げ、他の腕は前に伸ばす。妻は完璧にこのポーズをとった。ところが、私は腕をぐらぐらさせて、バランスを取ろうとした。私は像というよりは、交通整理をしている警察官のようだった。当然、私は転倒した。

ここで重要なのは、私がなぜ転倒したかではなく、転倒の理由を妻と私自身にどのように説明するかであった。私がヨガの練習を何年もしていなかったからなのか？　私が歳を取って、もう敏捷でないからなのか？　床が滑りやすかったのか？　古いフローリングの年代物のアパートに住んでいても同じようなことが起こるだろう。床が平坦ではなく、あちこち凸凹しているといったことも、完璧な言い訳になる。私は、床が平坦でなかったから、あのような繊細なポーズを取れなかったために、転倒したと説明した。もちろん、その言いわけはいくらか痛々しいものではあったが、私の肉体が年老いてきているという事実に悩まされずに、ヨガのポーズができなかったという明らかな限界を受け入れることができた。

最初は、自己奉仕バイアスが有効であるという考えは、直観とは反するように思われる。健康な人は自分自身の欠点や限界に対して現実的であるべきではないのか？　しかし、平均的に健康な人はかならずしも常に完全に現実的でもなければ、公平無私でもないことが明らかになった。実際に、ほとんどの人は時に自己保身に走ったり、自分自身に対する認識を歪曲したりする傾向がある。さらに、軽度に歪曲されたこのような認識は、幸福感、自信、動機や達成のレベルを保つ能力などといったいくつかの健康促進の要素と関連している。[22]

『今宵、フィッツジェラルド劇場で』(*A Prairie Home Companion*) という有名なラジオ番組で、ギャリソン・ケイラー (Garrison Keillor) は架空の故郷を「すべての女が強く、すべての男はハンサムで、すべての子どもたちが平均以上だ」と描いている。[23] 私たちのほとんどが自分たちは「平均以上だ」と信じていることがわかった。これを「平均以上効果」(better-than-average effect) と心理学者は呼ぶようになったのだが、[24] きわめて容易に明らかにできる。知能、ユーモアのセンス、魅力、職業倫理、愛想のよさ、地域の連帯感といったさまざまな特性について、どのようなグループの人々でも構わないので、質問して、自分自身を評価するように指示してみるとよい。すると、ほとんどの人々が自分自身をわずかばかり平均より上だと評価するのだが、全員が平均以上というのは統計学的に見ると不可能である。

悲嘆に関しては、自己奉仕バイアスは、愛する人の死も含めて、きわめて苦痛に満ちた、困難な出来事に向きあうのに、役立つことが証明されている。[25] たとえば、自分のことがわずかばかり平均以上であると考えることによって、自分はきっとうまくいくと自信を深めることができるだろう。さらに、自己奉仕バイアスは死を防ぐために何かできたはずだといったいつまでも自分を苦しめる考えを抑えるのに役立つだろう。もちろん、人は死ぬし、ほとんどの場合、それを防ぐために多くのことはできない。それにもかかわらず、心が弱っている時には、非合理的な自己批判や自己嫌悪に陥りかねない。批判を自己ができることの外部の要素に向ける自己奉仕バイアスの傾向は、自己非難を一時的に棚上げしているのかもしれない。

よい面を探そうとするといった、他のタイプの自己奉仕バイアスも役立つかもしれない。これを行うのは、黒い雲に銀色に輝く縁を見出すように、悪い出来事をよいことに変えようとする時である。よい面を見つけようとすることは、世界は基本的にはよい場所で、人生は素晴らしいという考えを保つのに役立つ。たとえば、癌のような大病にかかった人は、そうでなければ底知れない現実を和らげようとして、しばしばよい面を見つけ出そうとする。[26] 悲嘆の最中にいる人も、喪失の苦痛に向きあうためにこの機序を活用する。たとえば、「自分自身がこれほど強いとは知りませんでした」「健康を失ったおかげで、優先順位に今まで以上に関心を払うようになりました」「彼女の死後、私にはたくさんの親友がいることに気づきました」といった言葉の中に見て取れる。他のタイプのよい面を見つけようとすることは、喪失経験が今よりももっとひどかったかもしれないということに焦点を当てて安堵しようとすることである。たとえば、「(突然死するのではなく)少なくとも別れの言葉を言うだけの機会があったことに感謝しています」などという言葉に表われている。こういった言葉を述べる人は否認しているのではなく、むしろ喪失という現実を受け入れているのだ。よい面を見つけようとすることによって、そうしなかったならば、耐えられない出来事から、多くの意味で異なる、より耐えられる視点を創り出す。

＊＊＊

悪いことが起きるようにと望んでいる人などいない。愛する人が死んでほしいなどと考える人もいない。しかし、悪いことは起きるし、それについて多くのことはできない。私がリジリエンスについて研究を始めた時に、長期にわたって比較的一貫して健康なパターンを示す人もいるのではないかと考えた。換言すると、愛する人が死ぬ前もごく当たり前に健康で幸せであって、愛する人の死後も、ごく普通に健康で幸せである人がいるのではないかと考えたのだ。非常につらい出来事になんとか耐えていくことについて深く学ぶようになると、人間というのは苦難を生き延びるようにできているのだということが明らかになってきた。すべての人がうまくできるというわけではないが、ほとんどの人がそうできるのだ。そして、ほとんど何でもうまく対処できる人もいる。私たちは変化を受け入れ、ギアを入れ換え、笑い、泣き、必要なことをし、記憶を大切にし、自分が考えているほどひどくはないと自分自身に言い聞かせているうちに、かつては陰鬱で底なしに見えたことも、自分でも気づかないうちに、徐々に薄らいでいく。黒い雲は晴れ、その雲の向こうからまた陽がさし始めるのだ。

第6章 救い

ほとんどの人は喪失を克服していく。そして、多くの人はそれをとても巧みに行う。愛する人が亡くなった後に、人生の質がきわめて改善したと述べる人もいる。[1]

カイル・ウィルキンは三年間、大腸癌と闘い、五四歳で亡くなった。遺された妻アデルは夫が死ぬまでの過程とその後の喪失感を話すために私のもとを訪れたが、最初は話しづらかった。「全体がとてもぼんやりとしています。この三年間に起きたことのすべてが夫の病気で彩られているようです。ある時の特定の出来事をきちんと思い出すことができません。とても混沌とした感じです」と語った。その三年間が彼女の存在を圧倒していたので、自分の人生で起きたことを、夫が病気になる前と後で分けていた。「夫が病気になる前に起きたことはすべて、普通に感じるよりは、はるか昔に起きていたように思えます。夫が病気になる前のすべてのことが、本当に、本当に昔の出来事のように感じます」。

カイルが癌と診断された時には、すでにかなり進行していた。最初は、ふたりとも回復を信じていたし、そのように見えたのだが、徐々に健康状態は悪化していった。カイルの主治医は約一年しか生きられないだろうと考えた。しかし、カイルは何とかそれ以上持ちこたえた。妻は夫が頑張ったのは神の思し召しだと思ったが、それは苦痛に満ちたものでもあった。「私たちは三年間一緒に闘ったのです。それは私にはとても重要でした。夫が病気になって、どんどん私を頼るようになって、すべてがまったく変わってしまい、妻と夫と言うよりは、親と子のような関係になってしまいました。わかっていただけるでしょう、夫は自分では何もできず、すべてを私に頼りきりになってしまったのです。そして、それはすべてに影響を及ぼしました」。

三年間の介護による苦悩と消耗にもかかわらず、アデルはできる限り平静を保とうとした。深い悲しみを感じたこともあった。自分もうつ病になってしまうと感じたことさえあった。しかし、時には緊張感は他の形で現れ、介護の疲れが憤りや葛藤を生んだこともある。夫が病気になって、アデルは仕事を変えようと考えたこともあった。夫が病気になる少し前に、アデルは修士号を取得し、それは新たな仕事を得るのに十分な資格であった。「私は大学で一年間を過ごしたのですが、それが今ではるか昔のように感じます。これは私が変化していたための最大の葛藤でした。私は一個人として変化していたのです。でも、夫はそうとらえることが難しかったのです。わかっていただけるでしょう、病気のために、夫にはそうは考えられなかったのです。夫の病気のせいで、私は疲れ果ててしまい、ふたりの関係は以前と同じではなくなりました。私は新しいことを始めようとしていたのですが、それができませんでした。生活を変化させることは難しく、夫は私にすべてを常に頼っていました。私はその他のことはまったく考えないようにするしかありませんでした」。

変化を起こさなければならなかった。アデルは中年の独身女性として自分の人生について考え直さなければならなかったし、将来がどのようなものになるのかと心配したこともあった。しかし、ほとんどの場合、彼女は穏やかで、運命をあるがままに受け入れようとしていた。彼女は次のように語った。「もしも夫が亡くならなかったとしたら何が起きていたのかと考えるのは難しいです。いずれにしても私は変わっていったでしょう。私たちは幸せな結婚生活を送っていましたし、本当に大切なことについて話しあうことができました。夫が病気になって、夫の亡き後、私が何をするか、何をすべきか、再婚すべきかといったことを話しあいました。それはとてもよかったと思います。夫が亡くなる前にはっきりさせておくべきことを話しあうことができたのです。十分に解決できなかったことはほとんど何も残されてはいませんでした」。

夫の死後、アデルは変化した自分の人生に徐々に慣れていった。時間をとって旅行をし、旧友たちを訪れた。そして、保健師という新たな領域の仕事を見つけ、交際も始めた。彼女は忙しくしていて、何事にも熱心で、楽観的であった。「私の人生がこのようになるとは思いませんでした」と彼女は私に語り、次のように続けた。「でも、とてもよい気分です。夫の死後、数年間はとてもつらかったです。今でも夫が恋しいです。でも、私はそれから抜け出し、今では順調です。今、私には新たな方向性が見つけられました。自分が幸せだと正直に考えています」。

介　護

アデルの話は救済のパターンを示している。介護疲れ、愛する人が苦しんでいることへの苦悩、そして、最終的に苦悩が終ると救済（あるいは平穏）がやってくる。身体疾患との闘いは長期にわたることがしばしばあり、時には何年も続く。近親者や配偶者は、病人の欲求に対して全面的な献身を求められるかもしれないのに、時には誰からの助けも得られない。洗濯、入浴、用便、買い物、雑用、他のさまざまな日常の事柄といったことに手を差し伸べなければならない。一日に二四時間、一週間に七日間が介護に費やされるようになっていき、情け容赦のないものと感じるかもしれない。

身体的な負担以上に、愛する人が苦しんでいるのを目の当たりにするのは心理的苦痛が伴う。時にはこれが最悪のこともある。アデル・ウィルキンのような介護者が人生のすべてを捧げなければならないようになると、葛藤が生じることがある。これは難しい問題であるが、遺された人が、愛する人が亡くなって救済感を覚えることがあり、愛する人が病気であった間、人生は自分にとって不公平に感じていたとしばしば語る。

救済のパターンの興味深い他の特徴として、より直裁にリジリエンスを示す人とは対照的に、死によって救済感を覚える人は、少なくとも最初は故人の思い出から慰めを得られないという傾向がある。しかし、当初の救済感は時間とともに変化していく。穏やかさを取り戻し、亡くなってしまった愛する人についての楽しい思い出の中に慰めを得るのが容易くなっていく。

救済感を覚えた人について私がとくに感銘を受けたのは、そのような人が誰よりも自分自身の良好な適応に驚いていた点である。喪失の後にどのように過ごしてきたかと、私たちの研究の参加者に質問したところ、多くの人が次のように語った。「自分自身の力に驚きました」「うまくやってきた自分自身を誇りに感じています」[2]。

振り返ってみると、このパターンは、それを経験した人にとってさえも驚くべきものではなかった。ある状況では、望ましくないように思われる人生の変化でさえも、最高の変化であり、実際に心の健康に有益であり得ると、一九九〇年に社会学者のブレア・フィートン（Blair Wheaton）は示唆した[3]。フィートンは重大な人生の出来事が生じた状況を考慮することが重要であると強調した。現時点でストレスが存在する状況では、以前のストレスから救済感を覚えることによって、他のよくない出来事の影響を和らげることができるとも述べた[4]。結婚の失敗、子どもの発達の問題、仕事への不満、関係の悪化、経済的な問題、愛する人の病気などといったストレスが次から次へと起きてくる。私たちは最善の適応をし、困難な状況にもすっかり慣れていき、そもそもそのような状況に置かれていたことさえ忘れてしまう。離婚、失業、愛する人の死といった望ましくない出来事にさえも徐々に慣れていき、負担も和らいでいく。

死が新たな扉を開く時

愛する人が亡くなり、介護がもはや必要なくなると、救済感を覚えるかもしれない。愛する人の苦悩を減らすために何もできない時がある。悲惨な状況に終止符を打つという意味で、死が救済となることもあるのだ。愛する人の死は遺された者の人生にも、予想もできなかったような変化をもたらすかもしれない。時には、愛する人の死が新たな扉を開くこともある。

有名な科学者であるエドワード・O・ウイルソン（Edward O. Willson）は自伝の中で大学を卒業したばかりの時期について書いている。科学に対する情熱にあふれ、前途有望であったにもかかわらず、研究を始める前に、それを断念しなければならないような事態が生じるのではないかと恐れていた。ウイルソンの父親はいくつもの慢性疾患にかかっていた。ウイルソン自身にも深刻な飲酒の問題があり、抑うつ的で絶望感が募っていった。ところが、ある朝早くウイルソンの父親が「家族にあてて穏やかな調子の謝罪の手紙を書き、自動車を運転してモービル川の近くのブラッド通りの交通量の少ない場所まで出かけ、愛用のピストルをこめかみに当てて、苦しみを止めた」。

このような悲劇的な出来事がどれほど深刻な影響をもたらすだろうか？　ウイルソン自身にとっても驚く

べきことだったが、「数日間は死別のショックに襲われたものの、その後は、救済感に満たされていった。というのも、父は苦しみから解放され、母のパールも絶望感が和らげられ、私も悲惨な状態の家族を支えなければならないといった最後の義務から解き放たれたからである。迫りつつあった悲劇が最終的な形を取り、実際に起き、そしてすべてが終わった。私は今や自分の新たな人生に完全に集中できる」[5]。

ウイルソンが父親の死に複雑な感情を抱かなかったなどというのは公正でもないし、正確でもないだろう。父に対して悲しみも感じたし、その死に対して救済感も覚えたと、彼は述べた。しかし、彼の悲嘆はそれほど深刻ではなく、長引く感情を抱いていたとしても、そのために自分の夢を実現させる能力が妨げられることはなかった。父親の死後、ウイルソンは素晴らしい業績を上げ、全米科学賞をはじめとする多くの受賞にも輝いた。時間が経つとともに、彼は父親を尊敬するようになり、その人生を失敗ではなく、勇気ある闘いであったと見なすようになった。

私の父も健康上の問題と闘い、晩年は抑うつ的であった。父には心臓の病気があり、徹底的に健康に気を配っていた。その人生はストレスに満ち、欲求不満であり、次第にそれに圧倒されていった。父のストレスは私の人生にも影響を及ぼしたが、大人になってもその意味が十分に理解できなかった。そして、悲しい物語ではあったが、父が亡くなった時に私は救済感を覚えた。

私の父の人生は厳しいものだった。祖父母は一九〇〇年初頭に南イタリアから米国に移民してきた。祖父は肉体労働者であった。器用に自分で物を作ったり、直したりもした。移民として米国に入国し、シカゴの鉄道会社に機械工として職を得た。祖父は働き者で、厳しく、躾にもうるさかったと、父は話した。

私の祖父の道具を見れば、その頑健さがわかるだろう。私は今でもそういった道具のいくつかを持っている。私がもっとも気に入っている道具のひとつが、手製の自在スパナである。それは私の机の上に置いてある。私は祖父がそれを自ら作ったと思いこんできた。持ち手の部分は、鉄が冷える前に数回捻じ曲げてあり、実に微妙な曲がり方をしている。それは美的なまでに繊細であるとともに、大胆でもある。スパナを作った人の鋼鉄のような意志を示していた。

私は祖父と、シカゴ北西鉄道組立部門の同僚たちが一緒に写った広角写真も所有している。その写真は一九三〇年代に撮影されていた。男たちは自分たちの組み立てた巨大な蒸気機関車とともに写真におさまっている。大人しくなった野獣を取り囲む猟師のように、男たちは機関車を取り囲んでいる。祖父以外はほとんど全員が笑みを浮かべている。祖父はどの写真でも笑っていない。

これこそが私の父が育てられた家庭の雰囲気であった。

父は若いころは屈強であった。私は子どもの頃、父の拳の大きさが恐ろしかったのを覚えている。その腕は他の人の脚ほど長いように私には思えた。自分の父と同様に、私の父も体を動かして働くことを楽しく思っていたのだが、ホワイトカラーの職に就いた。しかし、何かというとどこかから梯子を持ち出し、何かを直し、車庫で自動車を修理したりしていた。父は野球も好きで、できる限りワールドシリーズの時期に休暇を取った。そして、午前中は家中を歩き回って、あれこれ仕事をし、午後になると、作業着のまま片手にはビールを、もうひとつの手には葉巻を持って、テレビで野球の試合を眺めていた。

残念ながら、私の父の残りの人生はそれほど快適ではなかった。父は高卒だったが、イーストマンコダック社の中西部販売センターの管理職までに徐々に昇進していった。給料もよくなったし、家族も楽になったが、これは父にとってストレスだった。背広にネクタイといった姿が父には場違いに感じられた。自分で何とかできる以上の責任を負ったと父は感じていたのだと私は思う。

父はそれほど本を読まなかったが、それでも時々読んでいた数冊の本のうちのひとつが**『ピーターの法則』**（*The Peter Principle*）だった。[6] この本は一九六〇年代末のベストセラーで、現代の職場の階層についての基本的な理論を説いていた。すなわち、典型的な従業員は「自分の能力では不適格」なレベルに達するまで昇進していくという理論だった。現在の地位における業績に主に基づいて昇進していくと、著者は主張する。新たな、より高い地位はかならずしもより難しいというわけではないが、昇進した従業員にはしばしば欠けている一連の異なる職業上のスキルを要求してくる。著者はそれほど直接的には述べていないものの、『ピーターの法則』は私の父の職業的な経験と、それが引き起こしたストレスについて完璧に描き出していたようである。

ストレスそれ自体はかならずしも悪いものではない。[7] ストレス反応は感情と密接に関連し、両者は脅威に対して効果的に対処する人間の自然な能力を創り出す。危険を感じると、その脅威に対抗する能力を最大にするための一連の反応を脳は生じる。心拍数や呼吸数が高まる。消化といった、長期的な身体活動を一時的に停止し、そういった活動は脅威が過ぎ去るまで抑制される。人間の心身がストレスに反応する仕方は、敵から襲いかかられるといった、急性の身体的脅威に対処するのに役立つように進化してきたと思われる。ストレス反応をつかさどる人間の脳の部分は、もっとも古い脳の構造であり、それは多くの動物の脳の構造と類似している。しかし、他の動物は典型的には、実際の身体的な危険が迫る時にストレス反応が起きるのだが、人間では、たとえば住宅ローンの心配をするとか、他者が自分のことを好きか嫌いかといった、抽象的な脅威を感じた時にも、ストレス反応が生じる傾向がある。したがって、人間はさまざまな状況でストレスを感じるし、慢性のストレスに脆弱である。

極度のストレスに見舞われると、生活の質が下がるばかりか、重篤な身体的問題が生じることもある。ごく端的に言えば、慢性のストレスは消耗をもたらし、免疫系の機能を落としてしまい、病気や感染を引き起こしやすくなる。骨の維持や体重の管理といった身体の機能を低下させる。[8]

職場で常に父を襲っていたストレスがいよいよ牙をむいた。まだ四三歳の時に父は最初の心臓発作を起こした。昇進していくにつれて、健康状態はさらに悪化していった。体重も増えた。それでも、煙草を吸い、酒も飲んだ。運動をする機会も減っていった。さらに心臓の問題を抱え、晩年には糖尿病にも苦しんだ。徐々に父は抑うつ的になっていった。

成長するとともに、私はますます父に親近感を覚えていった。私は三人兄弟で、それぞれが年子だった。最近では、兄弟たちはそれぞれまったく異なる人生を歩んでいるが、子どもの頃はとても仲がよかった。兄弟は皆、父親が大好きだったが、兄弟たちのうちでも父は私のことを「両親が頼りにできる子だ」と考えていたと、母が打ち明けてくれた。どうして父がそう感じていたのか私にはよくわからないが、当時でも私が薄々父の苦痛に気づいていたこととおそらく何らかの関係があるだろう。私は父の欲求不満や見果てぬ夢を感じていたし、それらのために父は健康を害していることも知っていた。息子たちの中で、私はそういった状況について父に話しかけるただひとりの息子だったのだ。

ある時、父親がひとりで寝室にいた時のことを、私は覚えている。昼間だったが、カーテンは下されていた。当時、私はおそらく一〇歳くらいだったろう。一～二分間、私は廊下から父親を見つめていたが、恐る恐る寝室に入っていった。私はベッドの足元に立った。父は私を見つめた。部屋は暗かったが、私には父親の目が輝いたのがわかった。「お父さん、大丈夫?」と私が話しかけたが、父はすぐには応えなかった。そして、父は「ジョージ、話しかけないでおくれ」と苦しそうにつぶやいた。その声には欲求不満な様子が感じられた。私はどうしたらよいのかわからなかった。そっと部屋を出て、ドアを閉めた。

父親の苦しみを目の当たりにしたことは私に強烈な印象を残した。幼い時にすでに私は、同じことが自分にはけっして起きないようにしようと誓った。自分の人生をできる限り満足できるものにしようと自分自身に誓ったのだ。私は世界中を見に行くし、冒険もしようと誓ったのである。

父はいつも旅行したいと思っていたのだが、その希望を押し殺していた。そうしなければならないと感じていたのだ。父が育った時代の雰囲気では、それがおそらく正しかったのだろう。私はある時、父が徴兵されていた当時の思い出の品が詰まった箱を見つけた。父は第二次世界大戦末期に基礎訓練のために米国南西部に駐屯した。当時は今ほど旅行をしなかったのだが、父にとって自宅から遠く離れる初めての体験だった。私は箱の中に、観光用の絵葉書を見つけた。山や砂漠の中にいる父の写真、女たち、今では忘れられたガールフレンド、多くの戦友たちと一緒に写っている父の写真もあった。私はこういった光景に魅入った。父のこういった光景を、私は一度も見たことがなかった。はるか昔に亡くした兄を発見したような感じだった。父は幸せそうに見え、むしろ暢気そうでもあった。

しかし、このような時期は長く続かなかった。

戦争が終わり、父は除隊したが、祖父の健康が悪化し始めていることがわかった。自分に期待されている最後の義務を果たす時が来た。それに疑問を感じなかった。それ以後、父は家庭中心の男になった。第二次世界大戦前には、父はコダック社で最下層の地位にあった。戦争が終わると、社に戻り、それ以後、転職することはなかった。残りの人生を同じ会社で働き続けた。最初の仕事は小売店に送るカメラを梱包することだった。父は徐々に昇進し、責任が増していった。祖父と同様に、父は一生懸命に働いた。働きづめで、何か他のことに割く時間はほとんどなかった。家族が一緒に休暇を取ることなどまずなかった。父が常に働いていたので、実際のところ、私たちはほとんどどこへも行かなかった。父は朝早く出勤し、しばしば夜遅く帰宅した。自分のすべき仕事をして、家族を養い、できる限りのことをして数ドルでも余分に稼ぐことに忙殺されていた。

私は思春期の頃、放浪旅行をするという考えに取りつかれた。枕を使わずに眠ることさえ始めた。その理由とは、「冒険を始めたら、どこで眠ろうかなどとあらかじめ計画できないだろう。野原で寝なければならないかもしれないし、いつも枕があるわけではないだろう。だからそれに今から慣れておく必要がある」というものだった。

その情熱はますます増していった。一七歳で高校を卒業した時に、私は自宅を出ると両親に宣言した。しかし、私は将来に対する完全な計画を立てておくべきだった。大学への進学についても計画しておくべきだった。私も、そして、父もそれはわかっていたのだが、私は自分の主張を断固として貫くつもりだった。

父は私の計画に賛成せず、自宅を出ることも禁じた。激しい口論となり、父は激しい口調で「もしも今、家を出ていくならば、すべて自力でやっていけ。おめおめとしっぽを巻いて帰ってきたりするな」と言った。その言葉に私は驚いた。まるで私が失敗することを予言しているかのように響いた。まるで砂に線が引かれていて、私は意を決して、その線を越えてしまったかのようだった。私は自宅を出た。そして、けっしておめおめと戻ってきたりはしないと誓った。

＊＊＊

電話が鳴った時、私はぐっすり眠っていた。真夜中だった。私は二三歳で、コロラド州ボウルダーの小さなアパートの一室で暮らしていた。自宅を出て以来七年間、私は放浪生活を送っていた。米国の多くの土地を訪れた。外国へも出かけた。山や野原で眠ったこともあったし、しばしば枕なしで眠った。農場で暮らしたこともあり、見つかればどこでもアルバイトをした。私は一生懸命に働いた。わくわくするような日々だったが、孤独でもあり、ひどく疲れた時もあった。

私は電話に出なかった。

誰が電話をかけてきたにしても、朝になったらかけなおしてくるだろう。しかし、電話は鳴り続けた。よくない知らせであることはわかっていた。受話器を取ると、兄の声がした。「ジョージ、悪い知らせだよ」。

＊＊＊

翌朝、私は葬儀に参列するためにシカゴに行く計画を立てた。父の人生がどれほど厳しいものだったか、父が耐え忍んできた容赦ないストレスや健康上の問題について考えた。そのために父はすっかり疲れ果ててしまったのだ。そして、亡くなった。このようにあれこれと考えていくと、父の死を熟考しないわけにはいかなかった。時には「これがおそらく最善のことだった」などと言う人がいる。こういったことを言う人は、他に何を言ったらよいかわからないから、そう言うことが多い。しかし、自分にとても近い人が亡くなった場合、死がよい出来事だなどと言うのは難しい。私は父の死について考え続けた。地獄の火を思い起こさせるような劫罰を説くといったようなこともなかった。おそらく、それは最善のことだったのだろう。

私はラジオをつけた。ふと、父を追悼するために地方局に曲をかけてほしいとリクエストすることを思いついた。私は局に電話した。どんな曲をリクエストしたか覚えていないが、私が話した人がとても親切だったことを鮮明に記憶している。数分後、その声が次のように伝えた。「次の曲は、お父さんが亡くなったというので、若い男性がリクエストしてくれました」。その人は、父と私にその曲を捧げてくれた。ほんの少しばかりの好意だったかもしれないが、私はそれに包まれた思いがした。どこかで誰かが聞いているだろう。私の名前と父の名前がラジオで同時に告げられた。父に迷惑をかけたことに対するお詫びのように感じた。泣きたくなったが、涙は流れなかった。私は喜びを感じた。救いも感じた。父の苦痛が終わったという救いと、その時に何か正しいことができたという救いであり、私が不安に感じていたほど死別は恐ろしいものではないという救いであったように、今は思う。

一週間後、私はコロラド州に戻り、仕事を再開した。私はいつもの生活に戻って嬉しかった。周囲の人々は私が大丈夫か恐る恐る見つめていた。ある時点で私は参ってしまうのではないかと心配した。しかし、そうはならなかった。

実際に、父の死後、私の人生は開けていった。

自分の人生がまるで舞台劇のように私には感じられた。私は舞台の真ん中で眩しい照明を浴びて父と演技をしてきた。劇場の他の部分は真っ暗だった。私には観衆の顔が見えなかった。父が死ぬと、劇場全体の照明がつけられたような気がした。驚いたことに、劇場は空だった。私だけが舞台に取り残されていただけではなく、劇場にいたのは私だけだった。私はひとりきりで演技していたのだ。いつでもそれを止めることができたのに、それに気づかなかった。

　時が経過するとともに、私は父の人生がいかに複雑なものであったか、父と私の希望や夢がいかに互いに結びついていたかを理解した。あのような厳格な最後通牒を父は発しようとしたのではなかったということも私は理解できるようになった。私が自宅を離れた時に、私が下した決断の結果を理解してほしいと願っていたのだ。私の行動の結果は深刻なものであると私に理解してほしかったのだ。私にははっきりした計画も、自活の術もなかったが、父はそれに気づいていた。すべてを風の吹くままといった私の態度はあまりにも無謀であった。

　しかし、無謀であることは重要な点の一部であり、私が求めていた冒険の一部でもあった。不幸なことに、私の無謀な行為は父を苛立たせた。父は自分自身の人生で何か気儘なことをしたかったのだが、その願望を押し殺してきた。振り返って考えると、私が父の代わりにそれをしようとしていたのだ。私は父の空想のある部分を実現しようとしていた。私は父が生きている間にその点をもっと深く理解できていたらと思った。

　父が亡くなって二年後、私は二六歳で大学に入学した。遅いスタートだと感じた。最初は、どうなることか心配した。どうやって学資を捻出するか、何年ものブランクの後に学業についていけるか自信がなかった。しかし、そういったためらいは徐々に減っていき、新しい進路に興奮した。私はまるでスポンジのように、目の前に現れた新しい考えを吸収していった。私がとても驚き、そして安心したことには、私は新たな環境で成長していくことができると気づいた。

第7章 悲嘆に圧倒される時

私は本書を通じてリジリエンスを強調してきたが、すべての人がそれほど巧みに悲嘆に対処できるわけではないという事実を忘れてはならない。愛する人が亡くなったためにすっかり圧倒されてしまう人もいて、死別からの回復は厳しい闘いとなる。

レイチェル・トマシノが六〇歳代前半の時に、夫のフランクは亡くなった。ふたりは結婚して四〇年以上経っていた。フランクの健康状態はあまりよくなかった。彼は肥満していた。運動もせず、自分の好みの不健康な食物を摂り続けた。それでも、レイチェルは夫が亡くなるとは思っていなかった。少なくともそれほどすぐに亡くなるとは思っていなかった。「私たちは長い間結婚していました。いつものように夫がそこにいて当然だと思っていました。ふたり一緒に歳を取っていくといつも考えていました。夫があんなふうに私を置いていってしまうなんて考えてもみませんでした」。

レイチェルとフランクは若くして結婚した。ふたりの間には子どもはなかった。時とともに、フランクはレイチェルにとってどんどん大きな存在となっていった。時折、友達と釣り旅行に出かける以外は、フランクはほとんどの自由時間を妻と過ごした。レイチェルは自分の人生でフランクこそが親友だと考えていた。

そして、ある日、フランクが職場で倒れた。心臓が停止したのだ。レイチェルが病院に着いて、別れを告げる前に、フランクは死亡した。

レイチェルが何とか食事を摂ろうとするまでに数週間かかった。時には数時間も泣いた。眠れなかった。体重も減少した。顔色は青白くなり、目が窪んだ。レイチェエルはフランクの死後数カ月間も復職しようとすらしなかった。いよいよ復職したものの、仕事に集中していられなかった。彼女は今にも倒れてしまいそうで、無気力で、そっと人のいない部屋に入って泣いた。上司から休暇を取るように助言されたが、事態はかえって悪化してしまったようだった。家ではほとんどの時間を泣いたり、ベッドに横たわったりしていた。それから一年後、彼女はまだ復職できずにいる。

遷延性悲嘆

専門家が重症の遷延性悲嘆について理解するようになったのはごく最近である。皮肉なことではあるが、このような理解が進んだのは、健康な適応に多くの関心が払われるようになったからというのも部分的な理由である。広く網を投げて、成功した対処法や中等度の悲嘆反応の全体をとらえることができたので、苦痛とは何を意味しているのかをより深く理解できるようになったのだ。リジリエンスに焦点を当てることによって、それとは対照的な遷延性悲嘆が明らかになった。

愛する人を亡くした人の約一〇〜一五パーセントが長期にわたる悲嘆反応に苦しむ可能性がある。換言すると、一〇人に一人か二人が、愛する人の死後数年以上にわたって日常の機能を妨げ続ける悲嘆反応を呈する可能性があるのだ。[1] 抽象的にとらえれば、一〇〜一五パーセントというのは比較的小さい。しかし、ほとんどすべての人が喪失の苦痛を何らかの時点で経験すると考えると、その一〇～一五パーセントというのは非常に多くの人々であり、遷延性悲嘆は実際に深刻な問題である。

人間が悲しみを感じるようにできていることをすでに見てきたが、悲しみは「機能的」であり、悲嘆の最中にある人が喪失に向きあい、それをよく考え、もはやできないことを受け入れていくのを手助けする。亡くなった愛する人がいなくても、悲しみは人生に再び向きあうのを助けてくれる。悲しみの表出は他者からの同情や愛情を引き起こす。しかし、悲しみがあまりにも強くなりすぎたり、長期にわたってそれに対応しないままでいたりすると、もはや何らかの利益をもたらすものではなくなってしまう。むしろ、非機能的で、害をもたらすようになる。悲しみに圧倒されている人は自分自身の方向性を見失ってしまう。世界から距離を置いてしまい、果てしない囚われに沈み、故人を取り戻そうと必死に願う。このようなことが起きると、悲嘆に圧倒され始める。

＊＊＊

家族や友人たちがレイチェル・トマシノを心配したのは、ごく当然であった。フランクの死後二年目になっても、彼女はまだ悲しみに打ちひしがれていた。行く末を見失い、目的もなく、絶望的で、悩みはますます強まっていった。「夫が亡くなった時、私は怖かったのです。本当に怖かった。どうしたらよいかまるでわかりませんでした。私に何が起きるのだろうかと怖かったのです。私にはとてもよい仕事がありましたが、仕事に出かけることなどできませんでした。そんなことはもうどうでもよかったのです。どのようにして他のことをしたらよいのかわかりませんでした。本当に、どうやって何かをすればよいのかわからなかったのです。私はフランクの妻でした。そしてそれがほとんどだったのです。そして、夫は亡くなってしまいました。もうここにはいません。あの人は逝ってしまった。そして、今、私は基本的には誰でもないのです」。

たしかに、悲嘆の最中にある人のほとんどは、少なくともある一時期は自己のアイデンティティの混乱を覚える。自分が誰であり、自分の人生が何であるかがわからなくなる。「私の一部を失ってしまったみたいです」といった言葉を聞くのはめずらしくはない。それとは対照的に、遷延性悲嘆に苦しんでいる人は「すべてが失われたようだ」と感じている。遷延性悲嘆では、アイデンティティの喪失はきわめて深刻である。[2]死別以前の人生がどのようなものであろうと、それはもはや何の意味もないと思われる。悲嘆の最中にある遺された人がどのような目標や興味を持っていたとしても、どのような喜びがあったとしても、もはやそれは単になんの重要性もなくなってしまう。ごく単純に言えば、人生の焦点を失ってしまったのである。

悲嘆に圧倒されていくと、レイチェル・トマシノは絶望的になり、完全に行く末を見失った。「私は何をしたらよいのかまるでわかりません。一体、何をすべきなのでしょうか？　私たちが素晴しい人生を送っていたというわけではありませんが、まずまず満足のいく人生でした。私たちは幸せでした。それほどお金はありませんでした。でも、いつでも何とか生活してきました。いつもそれで十分だと思えました。そうやって日々を過ごしていったのです。毎日をまずまず満足できました。いつもたくさんのことをしなければなりませんでした。自分の時間をどう使ったのか覚えていません。必死で働いていました。家にいる時、夜や週末にふたりで過ごしている時、私たちはいつも何かをしていました。今、私は家でただ座っているだけです。毎日が永遠に思えます。朝起きて、目が覚めて、私は生きているのに、フランクは死んでしまったと気づくのは、とても恐ろしい瞬間です。もう一度眠りに戻りたいと神に祈ります。もう泣くこともできません。窓の外を眺めると、私は洞穴の中で暮らしているように感じます。私は部屋の中で座って、世界が動いているのを窓越しに眺めています。外の世界の人は皆、日差しの中にいます。ところが、私は暗闇の中に座りこんでいるのです」。

何がこのような空虚感や苦痛を引き起こしているのだろうか？　何が遷延性悲嘆に苦しむ人を他の世界から引き離して、暗闇の中や、洞穴の中に押し留めているのだろうか？　完全に解き明かしていない謎もあるのだが、幸いなことに、いくつかの答えが見つかりつつある。重要な洞察のひとつとしては、遷延性悲嘆は思慕であり、すなわち亡くなった愛する人を繰り返し、探し求めるのだが、もはやそれが無用の試みであるということである。この状態にある人は、故人のことしか考えられない。望むのは、故人を取り戻すことだけである。故人がまるで永遠の存在であるかのように、恋焦がれる。

この反応は、一般にうつ病の状態で認められるものとは異なる。うつ病の症状では対象がない。うつ病の症状は全般的なものであり、特定されておらず、無価値感、疲労感、集中困難、いつもは楽しんでいる行動に対する興味や関心の減少、体重の減少（時には増加）、正常の睡眠パターンの保持が困難といった問題が生じてくる。それとは対照的に、遷延性悲嘆における思慕はたったひとつのことに完全に焦点が当てられている。すなわち、亡くなった愛する人を見つけ出すことである。

逆説的であるが、愛する故人を必死になって取り戻そうとすることは、何の慰めにもならず、ただ苦痛を深めてしまうだけである。遷延性悲嘆に苦しむ人が何とか世界との関係を絶ち、自分を過去に閉じこめることができたとしても、それでも苦悩だけを感じている。[3] 愛する人は亡くなっていて、探し出すことはできない。幽霊を追いかけるのに似て、探索には終りがなく、絶望的で、無益であり、より深い苦痛をもたらすだけである。

　この経験は、私たちのほとんどの日常の経験と正反対に近い。私たちのほとんどにとって、私たちが日頃身近に感じているこれらの経験についての考えは、安全に、そして心地よく感じるのを普通は助けてくれる。欲求不満や孤独を感じると、こういったイメージを想起して、しばしば気分がよくなる。普通は人間の情緒的愛着はこのように作用する。[4]このパターンは人生のごく初期に始まり、[5]人間の脳が徐々に発達していくとともに持続していく。幼児は世話をしてくれる人、一般には母親との間に絆を築き、この絆のために母親と密接な関係が保たれ、守られていると感じる。この種の絆によって、保護を与えてくれる人に注意を払うようになり、およそ可能なすべての強力な社会学習を経験することができる。すべてがうまくいけば、そして普通はうまくいくのだが、年齢を重ねるとともに、こういった学習経験を内在化させていく。換言すると、人間は一種の心理的代理、あるいは他者を世話するイメージを創りあげていく。これは、写真のような静的イメージではない。むしろ、精神内界のホログラム、あるいは他者との経験の歴史をとらえたテンプレートのようなものである。大人になってほとんどの親密な関係を理解するために、この内在化されたホログラムを用いる傾向がある。大人になって、誰かとの絆を築く時に、この同じ精神内界のテンプレートを用いて、その絆を築き、理解しようとする。安心感を覚えるのにも役立つ。もちろん、大人は子どものように常に世話をしてくれる人や、安全な他者が常に存在することをもはや必要としていない。しかし、脅威を感じたり、事態が思い通りに進まなかったりすると、親しい人々や強い絆のある人々に囲まれていたいと思うものである。しばしばそれが叶わないことがあるが、その場合には次善の策を取る。そういった他者の内在化されたホログラムを呼び起こすのである。

少し考えてみてほしい。読者は自身の人生の中で誰ともっとも親しいだろうか？　ほとんど常に頼りにする人、気分が沈んだり、困惑している時に一緒にいたいという人は誰だろうか？　誰に助言を求めるだろうか？　ほとんどの人にとっては、こういった質問に答えるのは難しくない。親や配偶者を普通は心に浮かべるだろう。時には、兄弟姉妹や身内の人々、しばしば親友なども挙げられる。

私は悲嘆の最中にある多くの人々にこういった質問をしてきた。こういった役割を果たす人を、ほとんど全員が少なくとも一人、時には数人を挙げることができた。ところが、遷延性悲嘆をきたしている人はこれができなかった。遷延性悲嘆が固定化されてしまうと、すべての考えが亡くなった愛する人に戻ってしまう。他の人々は徐々に視界から消え去り、安全や快適の欲求のすべてが故人に向けられるようになってしまう。死別反応が遷延化すればするほど、故人への焦点がますます増していくようだ。故人はもはやこの世には存在しないので、亡くなった愛する人に集中された焦点は苦悩を増すばかりである。

死別の苦悩が長引くと、悲嘆にかられた遺された人は、亡くなった愛する人が帰ってくるようにと懇願するあまりに、故人が夢やイメージの中に現れるようになる。「私は窓に映っている彼を見ました。私をまっすぐに見つめていました。彼は私を見ていたのです。私にはわかりました。でも、私が窓辺に走っていって、覗きこもうとすると、真っ暗でした。ほとんど何も見えませんでした。家具かドアか何かを見間違えたのでしょう。よく見えませんでした。外から何かがガラスに反射したのかもしれません。私は窓を叩き、叫びました。でも、彼を見つけることはできませんでした。私は通りを見回しました。自動車が走っていましたが、通りには人はいませんでした。すると、風が止みました。煉瓦の壁はしっかりしていました」。

リジリエンスの高い人は、亡くなった愛する人についての快い思い出を想起できるので、適応もよいと、

第5章で解説した。こういった思い出は救済や援助をもたらし、喪失を耐えられるものにするのに役立つ。長期にわたる悲嘆では、こういった記憶に頼るのが困難になることも検討してきた。C・S・ルイスは亡くなった妻の記憶を失うのではないかと心配し、もはや彼が思い出すのは妻とともに分かちあった素晴しい出来事を公平に代表していないのではないかと怖れたのだ。苦痛から回復していくと、記憶が蘇り、妻をもう一度見つけ出し、妻の死を嘆いてはいるのだが少なくとも彼女の「最善の部分を思い出している」ことにルイスは驚いた。

悲嘆が長期にわたって続き、数カ月間も時には数年間も続くと、故人のイメージが漠然として、断片的で、混乱したものになっていく。容赦のない苦痛や思慕がすべてを彩っていく。かつては安心感や幸福感をもたらしたものが、不安、恐怖、憂慮が混在したものになっていく。[6] 思い出は爛れ、痛みをもたらす。思い出はまさに付きまとい始める。

＊＊＊

フランク・トマシノが生きていた時には、レイチェルはけっして夫の不倫について心配したりしなかった。「フランクはハンサムな男性だけれど、善良な人でした。そんな形で私を傷つけることなどありません。けっしてありません」と述べた。しかし、フランクの死から約一年後、レイチェルは夫が他の女性と一緒にいるのを見つけるという悪夢を見るようになった。「私が部屋に入っていくと、そこにフランクがいる夢を見ました。彼は腕をその女に回していました。笑いながら、他の人たちと話していました。私はその女が誰か知りません。前に見たことがありません。若くて、美人でした」。

このような夢のもっとも悩ませられる側面は、不倫そのものではなかった。フランクがレイチェルに振舞う仕方こそに悩まされた。「フランクは妙な態度でした。私が見たこともないような振舞いでした。変な笑い方をして、冷淡で傲慢で、私をあざ笑うのです。私はとても恥かしくなり、ぞっとしました。これは私のフランクではありませんでした。でも、フランクでした。いつものあの灰色のシャツを着ていたのです」。

レイチェルは過去についてあれこれと思い悩んだ。ふたりの間に子どもが生まれなかったことを繰り返し思い出しては、自分を責めた。「フランクは子どもがほしかったのです。どうでもいい、気にしていないと言っていました。でもフランクは子どもがほしかったことを私は知っています。私たちは養子を迎えようとさえしました。でも、それが拒否されると、フランクはとても腹を立てました。私も腹が立ちました。でも、フランクの怒りがあまりに強いことに私は驚きました。怒りをもたらしたのは私だったのです。子どもが生まれなかったのは私のせいです。私は何か他のことをすべきでした。何か他のことを試してみる必要がありました。そうすれば、フランクはもっと幸せだったでしょう。もっと長生きできたかもしれません。私は馬鹿でした」。

レイチェルの夢の中に、時々フランクが子どもと一緒に出てきた。レイチェルにとって、最悪の夢だった。それは不倫の夢よりもよほどひどかった。このような夢は彼女の空虚感を擬人化しているようだった。「フランクは私をその子どもに紹介しました。彼はその子を『自分の子ども』と呼んでいましたが、私以外の誰かと、どこかでその子を授かったようでした。フランクは幸せそうに見えました。私がいなくても、その子どもと一緒で幸せそうでした」。フランクは逝ってしまい、自分が産むことのできなかった子どもも逝ってしまった。レイチェルの喪失感が生まれ、彼女抜きでそれらの喪失感は互いに結びついて複雑なものになっていった。夢の中で、フランクとその子どもは一緒だった。しかし、レイチェルはひとりきりだった。

＊＊＊

誰かがこのような孤独に耐えているのを目の当たりにすることは、遺された人の人生の中にいる他の人々にはつらいものである。悲嘆に暮れている人を何とか元の人生に戻す手助けをしようとしている善意に満ちた家族や友人にはとてもつらい。一生懸命に試みるものの、努力はしばしば実を結ばない。遺された人の人生にいる他の人々はすでにしばしば反論され、接近することさえ拒まれ、すっかり距離を置かれてしまっている。

この種の欲求不満は最終的な結果をもたらし、他者はすっかり諦めてしまい、それがまた遺された人の喪失感を増すことになる。下向きの進行は驚くほど短期間のうちに始まるかもしれない。うつ病の人と会話を始めて一五分ほどで不安や抑うつ感、そしてうつ病の人に対する敵意を感じ始めるとの研究もある。同じうつ病の人と将来関わりあいを持ちたいと思う率はより低く、自分の否定的な反応をうつ病の人に伝えたいと、この研究の被験者は述べた[7]。一方、うつ病の人は自分が拒絶されることを予期していて、相手に対する拒絶を表明したがっていた。もちろん、親友や親戚の人はより長期間にわたって、辛抱強く、相手を受け入れるようにするだろう。しかし、彼らの忍耐力でさえも永遠に続くものではない。

依存

故人への思慕、空虚感、孤立、これらが互いに関係しあって、苦痛が満ちてくる。理論的には、個別に扱えば、このような問題のひとつひとつに対処することができる。しかし、これらの問題を分けるのは、言うは易し、行うは難しであって、実際に行なうのはきわめて困難である。これらの問題を硬く結び付けていると思われるのが依存である。悲嘆の過程はきわめて特異的であるので、悲嘆に関して絶対ということはない。しかし、遷延性悲嘆のさまざまな症状が同時に起きるというのは、同定可能なもっとも多くのパターンのひとつである。

依存（*dependency*）という単語には多くの意味がある。他の事柄が起きるのに何かが必要であるならば、ふたつの事柄は依存しているという。ある種の化学物質なしではいられない人のことを薬物依存があるという。嗜癖や乱用と同じく、薬物依存にはしばしば心理的要素がある。ある人が他の人に過度に関与したり、頼りにしたりする関係を描写するのに依存という語を用いることがある。

よくあるタイプの関係の依存として、経済的な依存がある。[8] たとえば、たったひとりの人が家族内で唯一の稼ぎ手といったような、ある関係においてひとりの人が手に入る財政源をほとんど完全にコントロールしている状態を指す。ひとりの人が虐待や強迫を通して、資金源をコントロールしているといった場合もある。また、現実にというよりは、空想上の経済的依存といった場合もある。[9] たとえば、ある人は実際には有能で、仕事の経験も豊富であるのに、自分はけっして自活できないなどと思いこんでいるかもしれない。

それがどこから始まっているにしても、経済的な依存は悲嘆の最中に深刻な問題を起こしかねない。レイチェル・トマシノの場合は幸運にも、経済的な依存は、少なくとも当初は問題ではなかった。レイチェルはほとんど常に働いてきた。莫大な給料を稼いでいたというわけではなかったが、十分な稼ぎがあり、フランクとの生活にある程度貢献できていたと感じていた。住宅ローンもとっくに払い終えていたし、定年後にまずまず快適に過ごせるだけの貯蓄もできていた。フランクの死によって、ある程度の生命保険金も手に入ったので、レイチェルは仕事ができなくなってしまったが、経済的に困窮する心配はなかった。

レイチェルにとってより深刻な問題は情緒的な依存であった。一般的に言って、情緒的依存とは、ごく普通の日常的な問題を自力で解決できる能力があるにもかかわらず、他者からの世話、養育、保護を過度に必要とすることである。男であれ、女であれ、情緒的に依存している人というのは、従属的で、他者にすがるような傾向がある。離別に対して過度の恐怖感も覚える。[10]

このように他者にすがりつき、強い恐怖感を覚えるといった態度は、対人関係に緊張をもたらす。配偶者やパートナーが亡くなった時には、これは苦痛に満ちた、過度の悲嘆反応を呈する下地となり得る。CLOC研究に参加した結婚している人々に配偶者を亡くしたらどのようになるだろうかと質問したところ、情緒的に依存している人は「恐ろしい」「まったく方向性を見失ってしまうだろう」「すっかり絶望してしまうだろう」と答えた。残念なことに、彼らの予想はある程度真実であった。何年か後に、この研究に参加していた人の中で実際に配偶者を失った人もいたのだが、この種の情緒的依存を呈していた人は、実際に、複雑な悲嘆反応を呈した。[11]

レイチェル・トマシノは、フランクが傍にいないと、無事であることがわかっていても、いつも不安を感じた。「心配しなければならないことが実際には何もなくても、そのような不安な感情を払いのけられないのです。何か悪いことが起きるのではないかといった、妙な感情がいつもあります。フランクの身に起きる可能性のあることを私はすべて考えてしまうのです。とても恐ろしいイメージが湧いてきます。もしもフランクが帰ってこなかったらどうしようか？　電話が鳴って、何か恐ろしいことがフランクに起きたと知らせてくるのではないかなどとも想像してしまったのです。そんなことを考えると、今でも鳥肌が立ちます。妙なことですが、ある日、実際にそんな電話を受けたのです」。

不安を感じて、フランクにしがみついていたために、彼が煩わしく感じていたことをレイチェルは知っていた。レイチェルなりにフランクの安全を保とうと全力を尽くしていたのだが、フランクが亡くなると、彼女のもっとも深刻な恐怖が現実のものとなってしまい、こういった感情をもはやコントロールできなくなってしまった。いわばダムが決壊したのだ。再適応も再出発もなかった。フランクは亡くなり、レイチェルは恐怖感に圧倒されてしまった。いわばレイチェルはもはやこの世にいない人との関係の中に凍りついてしまった。その関係から自分を解放できず、元の生活にも戻れなかった。「すべてのことが私にのしかかってきました。私が考えられることは、フランクのことだけでした。どこに助けを求めたらよいかわかりません。私に何ができるでしょうか？　フランクを取り戻すことさえできれば、それで満足です。私も大丈夫になるでしょう。ほんの数分間フランクが生き返ってくれさえすれば、私はまた皆と同じようになって、以前と同じような生活を送れるようになります。私のフランクをほんの数分間取り戻すことができれば。ほんの数分間でよいのです」。

援助希求

レイチェルの苦悩は癒す術がないように思われたが、状況は絶望的ではなかった。遷延性死別反応に苦しんでいる人を助力する方法に関して、近年多くの進歩があった。すでに述べたように、悲嘆の最中にある人を助けるのに治療が常に最善の方法というわけではない。それは、ごく簡潔に言うと、極度の悲嘆にある人は治療を必要としていないという理由からである。しかし、悲嘆が緩和しない時や、レイチェル・トマシノと同じようなうつ病の苦悩に圧倒されている時には、治療的介入が適切であり、効果的である。

一般的に、現在進行中の精神保健上の問題に対処するのを助けるうえで、心理療法は有効な技法であることが証明されてきた[12]。理由のひとつとしては、経験的に妥当な治療と心理学者が呼ぶ治療法を用いるような方向へ進んでいったということである[13]。誰かが十分に機能していないような場合に、その人を助力する最善の方法とは、まずどういった特定の問題を抱えているかをできるだけ正確に判断し、その問題を解決するのに有効であると証明された心理学的治療や介入を応用することである。もちろん、判断を曇らすような問題が生じているような場合もあり、そのような時には、適切な治療を決定するのが複雑になる。そのうえ、明らかな心理的な問題が存在するのに、その問題に対する十分に確立された治療法がないといった場合もある。しかし、一般的に、最初に中心にある問題を同定し、十分に妥当な治療を応用するというのが、心理学的介入に対する有用な原則である。

少し時間的には後になったが、同じ論理が悲嘆を理解することにも影響を及ぼすようになった。従来は愛する人を亡くした人はほとんど常に心理療法が適応されると考えられ、必要であろうとなかろうと、しばしば治療へと紹介された。第2章のジュリア・マルティネスがこの好例であった。ジュリアの例は、悲嘆カウンセリングが今でもある程度は必要以上に過度に実施されていることを示している。

それがどのような効果をもたらすのだろうか？　悲嘆カウンセリングが効果的であるのならば、もしもそれが必要以上に実施された場合にどのような差が生じるのだろうか？　治療を必要としない人はいずれにしてもおそらく大丈夫だろう。では、できる限り多くの悲嘆にある人々を対象に治療を実施することは、真に心理療法を必要としている人を助ける機会を増すだろうか？　これは多かれ少なかれほとんどの精神保健の専門家の態度であった。残念ながら、このように一律に幅広い人々を対象とした悲嘆カウンセリングのアプローチは単に効果がないばかりか、害をもたらす場合すらある。[14] 経験的に妥当とされた治療法という言葉では、問題については適切に定義されてこなかった。ジュリアの例のように、おそらく治療が効果的かどうかとか、自力で改善しそうな人にも心理療法を実施する必要があるかといったことは大きな問題ではなかった。そして、介入が妥当なものでなかったり、自然な回復の過程を妨げたりするような場合には、心理学的介入が実際にかえって状態を悪化させることもある。[15]

このような誤った治療の実施が、残念ながら、大規模のトラウマ的出来事の後では、ごく当たり前に行われるようになった。誰かが群衆の中とか公の建物の中で無辜の人々に発砲するとか、悲惨なテロ攻撃が生じるとかいった惨事がコミュニティを襲い、多くの人々が犠牲になり、その時に現場にいた人ばかりでなく、犠牲者の友人や家族、近くに住んでいた人、その建物やコミュニティとなんらかの関係がある人も傷つくと考えられた。過去数十年間、たとえ緊急事態に何らかの影響を受けた人はほとんど誰もが短期間の治療であっても何らかの利益を得られると固く信じられてきた。おそらくもっとも広く用いられたのは、惨事ストレスディブリーフィング（critical incident stress debriefing）、あるいは単にディブリーフィングと呼ばれた技法である[16]。

ディブリーフィングが最初に開発された時には、とてもよい考えであるように思われた。当初は救急医療要員といった緊急事態に高度に暴露される人々に対する予防的介入とされた。このような専門職の人々は常に悲惨な出来事に曝される。彼らはこういった状況に対処するように訓練され、一般的には、普通の人々よりは効率的に対処できるようになる。しかし、もっとも高度に訓練された人であっても、限界を超えてしまい、圧倒されてしまう状況もある。このような状況に対して、一歩下がって、新たな視点を獲得することを目的として、ディブリーフィングが開発された。この考えは一見すると妥当であるように思われるが、それは少なくとも救急医療要員に対してだけである[17]。

トラウマとなるような出来事を経験した一般の人々すべてを対象として、精神保健の専門家が予防的手段としてより広くディブリーフィングを実施するようになると、問題が生じた。それを実施した理由ははっきりしていると思われた。要するに、ディブリーフィングがトラウマの第一線にいる人に有効ならば、他の誰にとっても有効なはずであるというものだった。

不幸なことに、この論理にはいくつかの深刻な誤りがあった。第一に、平均的な人にとってトラウマの経験がどのようなものであるのか検討していなかった。救急医療要員は高度の訓練を受けていて、すでにトラウマ的出来事にある程度慣れている。彼らは何が起きるだろうかということを知っている。基本的なトラウマ反応がどのようなものであるかも承知している。どのような感じかも知っている。しかし、一般の人々のほとんどは知らない。実際に、ほとんどの人はトラウマがどんなものであり、どのような感じであるのか知らない。はじめてトラウマを経験した直後にトラウマについて人々に教育することが一体適切なアプローチなのかどうかも明らかではない。

見逃されているもうひとつの重要な要素とは、精神保健の専門家だけがすべてを知っていて、一般の人々に対して権威的な地位を保っているという点である。ある程度、救急医療要員はすでにトラウマの専門家であるので、この群を対象としたディブリーフィングは、ある専門家が他の専門家たちに彼らの経験したことを克服していくのを助けることになる。訓練を受けていない一般の人々はトラウマにまったく慣れていない。彼らはしばしば脅え、不確かで、おそらくやや神経質になっているかもしれない。たった今耐えた出来事の意味を見出そうとしたり、おそらく大丈夫だと思いこもうとしたりしている。彼らには治療が必要だというセラピストの考えが、一連の新たな危惧を生んでしまいかねない。

そして、結果はどうだっただろうか？　心理学的ディブリーフィングは、一般の人々に対する全般的な介入として効果があるとは証明されていない。実際に、悲嘆カウンセリングが悲嘆の最中にあるすべての人々に無差別に行われた時にも、ほとんど同様の結果が生じた。心理学的ディブリーフィングが潜在的にトラウマとなり得る出来事を経験した人に一律に実施されると、単に効果がないばかりでなく、しばしば有害でさえあった。[18]

ある有名な研究では、自動車事故で重傷を負い入院となった患者を対象としてディブリーフィングを行った。[19]事故は実際にトラウマとなり得ることに疑問はないので、これはよい研究であった。自動車事故は極度の恐怖感を呼び覚まし、この研究の被験者の全員が重傷を負い、直ちに入院が必要であった。さらに、この研究を実施した者はディブリーフィングが有効であると思いこんでいたので、この研究をできる限り正直に実施した。

この研究に参加した患者のひとりひとりが可能な限り入院直後に研究者から面接を受けた。事故後二四時間以内にほとんどの面接が実施された。そして、無作為抽出された半数の患者が一回のディブリーフィングを受けて、他の半数は「対照」群とされて単なる面接を受けただけで、他の介入は実施されなかった。

表面的にはディブリーフィングはとくに害はないように思われるので、私はこの例が気に入っている。ディブリーフィングは一時間だけ続いた。患者は事故について述べ、自分に起きたことをどう受け止めていったかを話した。患者が抱いたいかなる情緒的反応も表出するように患者は研究者から指示された。各セッションの最後には、研究者が患者に「トラウマ体験に対する一般的な情緒反応についての情報」と「思考や感情を抑制するのではなく、経験について語り合うことの意義」を強調した。最後に、研究の原則をまとめたパンフレットが手渡され、家族や友人からサポートを得ることが強調された。すなわち、これがディブリーフィングのすべてであった。

ディブリーフィングはあまり害がないように思われたのだが、そうではなかった。実際のところ、この研究の結果は衝撃的であった。事故の三年後、単に一時間のディブリーフィングを受けた患者は対照群と比較して、人生の多くの領域で低い適応度を示した。苦悩は強く、身体的苦痛は重症で、経済的な問題は深刻で、他の人が自動車を運転している時に同乗者として楽しい感じが少ないとさえ報告していた。

このような単純な介入が実際に患者に害を及ぼすのだろうか？　苦悩がもっとも強かった患者ではどうだったのだろうか？　彼らは少なくともこの介入から何らかの利益を得られたのだろうか？　実際のとこ

ろ、彼らの反応はさらに決定的に否定的なものであった。ほとんどの場合、最初は極端な苦悩を呈していたものの、ディブリーフィングを受けなかった者は、事故から四カ月以内に自然回復していた。対照的に、当初は苦悩を呈していた患者で、ディブリーフィングを受けていた者は、三年後にも苦悩の症状を呈していた。実際のところ、このような患者は、最初に病院に搬送された時と同じような苦悩を三年後にも呈していたのである。ディブリーフィングは患者の自然な回復の過程を妨げていた。

こういった知見の結果から、精神保健の専門家はディブリーフィングについての方針を画期的なほどに改訂した。たとえば、二〇〇四年に津波の悲劇が起きたが、ボランティアのセラピストやその補助者たちが多くの被災者の支援のためにディブリーフィングを行おうと南西アジアに大挙して押しかけた。彼らは善意の人々だったが、誤り導かれていた。そこで、世界保健機関（World Health Organization：ＷＨＯと略）は彼らの行動が制御できなくなる前に警告を発することにした。ＷＨＯはウェブサイトに「一回のセッションの心理学的ディブリーフィングは推奨しない」と明白な警告を出した。添付された報告書によれば、一回だけの心理学的ディブリーフィングは戦争や災害の余波に対して世界中で応用されている「もっとも広く用いられているアプローチのひとつ」であることを認めた。しかし、報告書はさらに「入手可能なエヴィデンスに基づくＷＨＯの精神保健および物質乱用局の意見によれば、一回限りのディブリーフィングはトラウマに暴露された後の初期介入法として一般人口に応用するのは勧められない」とした。その理由として、初期介入としてのディブリーフィングは「効果が認められず、ある種のディブリーフィングは自然回復の過程を妨げるという意味で有害であるかもしれない」と報告書は結論を下した。[20]

遷延性悲嘆の治療

初期の一律な介入が効果的でないばかりか、有害ですらあるならば、悲嘆に対する有効な治療とはどのようなものであるだろうか？　ここでも、その答えは基本的な常識に立ち返る。うつ病や恐怖症といった他のすべての心理的問題を治療するのと同じ方法を用いて、悲嘆反応を治療できるし、またそうすべきである。まず、実際にある人が援助を必要としていること、すなわち特定の、同定可能な心理学的問題があり、おそらく自然に回復することはないといった点を確認しなければならない。そのうえで、その問題に有効であると証明されている治療を実施する。

より一般的な心理的トラウマの事例に限定しよう。たとえば、大規模の交通事故、身体的・性的暴行、テロ攻撃といったきわめて深刻な影響を及ぼしかねない出来事に遭遇すると、その人が心理的トラウマを抱えるかもしれないと考えるのは妥当である。しかし、第4章で解説したように、多くの人々は専門家の介入を受けなくても、とくに長期的な悪影響も生じずに、そのような悲惨な出来事から回復していく。一方で、重症のトラウマ反応を呈した人は専門的な介入から利益を得る可能性が高い。そこで、重症のトラウマ反応を呈している人と自力で回復できる人を識別するために、妥当な基準や合意が得られた指標が必要になるだろう。PTSDに関してはすでにそのような診断基準がある。また、PTSDに対して経験的に検証された治療法も存在する。[21]

悲嘆に対しても同様の単純な論理を当てはまるとするならば、遷延性悲嘆に苦しんでいる人を助けることができるはずである。実際のところ、悲嘆カウンセリングが十分な効果を示せなかった理由のひとつは、正常の悲嘆反応と重症の悲嘆反応の差についてほとんど理解できていなかったからである。そこで、やはりリジリエンスについて最近増えてきた研究が、事態を明確にとらえるのに役立つ。喪失体験や潜在的にトラウマとなるような出来事の後であってもほとんどの人々がいかに高いリジリエンスを示すという理解が広まってくるとともに、誰かが援助を求めてきても、あまり肩肘を張って対応しなくてもよくなってきた。そして、今では、遷延性悲嘆障害（prolonged grief disorder：ＰＧＤと略）と呼ばれる極度の悲嘆反応について比較的確立された診断カテゴリーがある。[22]

ある人がＰＧＤであるかを決定する重要な鍵のひとつは、その人の反応の重篤度である。症状は十分に重篤で、死別前の機能を保つことができなくなっていなければならない。もうひとつの重要な要素は時間である。今も明確な合意に達していないのだが、ＰＧＤと診断するには六カ月以上というのが一般に考えられている最低の持続期間である。[23]そこで、ある人に対して死別後に治療を求めるべきだと働きかけたいと考えても、少なくとも六カ月間が経過していなければ、喪失の後に真の心理的問題を抱えていると合理的には判断できない。

決定的な時間が経過し、妥当な診断が下されたならば、治療の問題はより明確になる。遷延性悲嘆に対して唯一有効な治療法はまだ確立されていないものの、いくつかの治療法が望ましい結果をもたらし、[24]これらの治療法は一連の要素を共有している。このような要素のひとつは、**暴露**（*exposure*）と一般には知られている技法で、ＰＴＳＤに対する一般的な治療の中心的要素でもある。暴露では、患者がもっとも恐れている出来事のある側面に直面させるようにする。セラピストの診察室という安全な環境で、セラピストの指導の下で、患者はトラウマ体験を徐々に想起するように働きかけられる。時間とともに、患者はトラウマの記憶に耐えられるようになっていき、このような記憶に対する恐怖に満ちた反応をコントロールすることを学習していく。

重症の悲嘆反応に対する暴露療法は少々異なる。最初は、喪失という特定の出来事にそれほど明確な焦点を置かない。一般的に、悲嘆の治療における暴露は、喪失という側面全体や遺された人がもっとも悩んでいる失われた関係に焦点を当てていく。

悲嘆において苦痛な点を明らかにするために、患者が喪失や、愛する人が亡くなって何が起きたか、死をどのように受け止めたかとセラピストが質問していくアプローチを、オランダの研究者ポール・ベーレン（Paul Boelen）が開発した。[25] 患者が話していくと、もっとも苦痛であった領域が普通は明らかになる。治療では徐々にその領域を取り上げていく。困難の程度に沿って死別体験のさまざまに異なる側面を患者が受け止めていくようにセラピストは患者を手助けし、患者を悩ませていた事柄との和解が進んでいく。最初は苦痛の少ないものから始めていき、徐々に死別のもっとも困難な領域を取り上げていく。たとえば、レイチェル・トマシノの場合、夫婦に子どもがいなかったという点は、取り上げるべき領域のかなり上位に位置するだろう。

死別がもたらすもっとも困難で苦痛な側面の背後に何があるか、セラピストは遷延性悲嘆の患者が理解するように助力できる。この過程はしばしば患者の確信のいくつかがいかに非合理的なものであるかを理解するように助力することにもなる。重度の悲嘆に伴う苦痛は現実のものであり、その点について疑いはないのだが、レイチェルの例で見てきたように、一連の非合理的な解釈のためにしばしば一層苦痛が増してしまう。フランクが亡くなると、レイチェルは悲嘆に圧倒され、彼女は不安と焦燥感に駆られた。彼女は子どもが産めなかったという自責感に苛まれ、夫の人生を台無しにしたという考えに囚われていった。レイチェルは自分が子どもを産むことができなかったために、夫を不幸せにし、健康も損ねてしまい、とうとう夫を死に追いやってしまったと思いこむようになった。

レイチェルの話の中には核心的な真実もあるかもしれないが、多くの非合理的で誇張された面もあった。セラピストの役割は現実と非現実を識別するのを手助けすることである。レイチェルの場合、子どもを産めなかったこととフランクがそれを残念に思っていたことは事実であった。しかし、フランクが純粋にレイチェルを愛していて、彼の感じていた不満足感を妻には隠しておこうと全力を尽くしていたこともまた事実であった。他の話のほとんどはレイチェルが作り上げたものであった。子どもができないからフランクが不幸せだったということはなかった。そのために夫の人生が台無しになったわけでもなければ、彼を死に追いやったわけでもけっしてなかった。

PGDに対するもうひとつの有効な治療的要素は、患者と協力して正常の生活に戻っていく具体的な目標を立てることである。悲嘆に圧倒されてしまっている人は簡単に諦めてしまう。彼らは人生に参画するのを止めてしまい、過去にますます拘泥していく。そこで自分自身の人生により積極的に関わっていくために援助が必要である。他者と関わり、古くからの関係を取り戻し、新たな関係を築き始める方法を見出すために援助が必要である。もちろん、依存と必死になって闘っている人には新たな、積極的なアプローチは難しい。そのような人はこれまでの人生を通して自立を達成してこなかった。したがって、悲嘆の最中にあってこのような新しい試みを始めるのはきわめて難しいのだ。

しかし、依存が実際のところ治療を前進させるのに役立つことがある。依存をひどく否定的な意味で考える傾向があるが、実際には、それにはある単純な適応的側面がある。[26] たとえば、依存的な人は従順で、権威に応じる傾向があるので、長期的な治療において、患者はセラピストを信頼し、その指示によく従う。依存的な患者は、自身の苦痛に満ちた考えがある意味で非合理的であるというセラピストの示唆に、素直に耳を傾ける傾向もあるだろう。

さらに重要な点は、依存的な人は一般的に対人的なコミュニケーションのニュアンスに敏感である。他の人々が見落としがちな対人関係のやり取りの中の鍵に敏感に気づく。セラピストはこの能力に働きかけていって、依存的な患者のこの能力を生かすように助力することができる。

第8章 恐怖と好奇心

ジョン・リンキストが亡くなった日の朝、彼は幸せそうで、元気もよかったように見えた。「ジョンはいつもこんな感じでした」とヒーサー・リンキストは思い出していた。「その朝はとくにそうでした。朝起きて、気分もよかったのです。今でもジョンの笑顔が浮かんできます。何を話したのか覚えていません。ジョンは着替えて、何か冗談を言っていました。私たちはふたりとも大笑いしました」。ジョンはヒーサーの肩に腕を回して、抱きしめた。「とても愛情のあふれたハグでした。男の人が愛情を表現する時の抱きしめ方でした」とヒーサーは言った。「ジョンはそんな人でした。ちょっとばかりきつくハグしてくれました。強く抱きしめられて、私の口から変な音が出ました。そして、ふたりはまた笑ったのです」。

その日の何時間か後に、ジョンは病院のストレッチャーの上に横たわった硬い物体、命のない肉体になっていた。「私はそこに立ち尽くして、『ジョンはどこに行ってしまったの?』と自問していました」とヒーサーは私に語った。「ジョンは病院にいました。私は彼が生き返ってほしいと思いました。私は何でもするから、ジョンを取り戻したかったのです。でも、私は『ジョンはおそらくもうここにはいない』と思いました。肉体はまだジョンのように見えました。でも、彼は逝ってしまったのです。奇妙でした。ジョンはその肉体の中にはもういなかったのです」。

＊＊＊

愛する人の死は、つらく、悲しい。そして、混乱ももたらす。

愛する人の死は、ごく普通の日常的な出来事ではないし、その死に伴う混乱もごく普通の日常的な出来事ではない。それは奇妙なものである。混乱をもたらし、これまでに経験したことのないものである。死は、ごく普通の生活に幕を下ろし、少なくとも一時的には、さまざまな疑問を生じ、その多くははっきりとした答えが得られない。

悲嘆を意味の危機と呼ぶのは正確ではないだろう。悲嘆の最中にあるほとんどの人は、どのようにして、なぜ死が起きたのかといったごくあたりまえの意味を捜し求めようとはしない。[1] ここに神秘が存在するわけではない。しばしば、なぜそしていかに死が生じたのかはあまりにも明らかである。「彼の心臓が止まったのです」「彼女は倒れてしまって、回復しませんでした」「感染が腎臓にまで広がり、免疫系がやられてしまったのです」「あまりにも衝撃が突然で、彼女は即死しました」。

もちろん、「なぜ」がそれほど単純でないこともある。「いろいろなことのひとつがたまたま起きてしまったのです。彼女はたまたま間違った時間に、間違った場所にいたのです。でも、なぜ彼女でなければならなかったのでしょうか?」しかし、ほとんどの人は死を受け入れる方法を何とか見つけるものである。彼らは死を受け入れたくない、それが真実であってほしくないと考えるのだが、結局、死について考えるのを止める。

しかし、ほとんどの人が巧みに対処し、愛する人の死についてあれこれ疑問を感じることに悩まされなかったとしても、しばしば困惑する。難しい問題をあれこれ考え、生と死や魂の存在の可能性について疑問を感じたりする。

恐怖

私が大学に入学した頃、ニューイングランドの小さな町に住んでいたが、そこでたまたま年老いた女性と親しくなった。アリスは九〇歳近くで、私の家の隣の小さな赤い家に独りで住んでいた。とても魅力的な人であった。素晴しい出会いであった。

私はある暑い夏の日にアリスに出会った。私は上半身裸で小さな菜園を耕していた。すると、口笛を耳にした。それは美人がそばを通った時に、男が鳴らす類の口笛だった。私は辺りを見回したが、誰もいなかった。空耳かと思い、仕事に戻った。そして、もう一度、その口笛を耳にした。顔を上げると、今度は、隣の家のドアのところに年老いた女性が立っているのに気づいた。それがアリスだった。私が彼女を見つめると、彼女も私を見た。そして、彼女はもう一度口笛を鳴らした。私は信じられなかった。私は彼女が立っていたドアのところまで行き、話し始めた。それは長くて、とても面白い会話だった。こうしてふたりはその後の数年間しばしば話しあった。

私はアリスのような人に会ったことがなかった。年老いて、弱々しげで、動作は遅かったが、いつも何か面白いことを話し、彼女の目元にはいつもお茶目な笑いがあった。

アリスはその町のカルチャーセンターの役割を果たしていた小さな書店で一生のほとんどを働いてきた。彼女はいわば素人の歴史家のようなもので、地方紙にその町の過去の出来事をコラムとして書いていた。自分の最晩年に至るまで好奇心旺盛で、思慮深かった。

アリスは死期が近いことを承知していて、死についてあけすけに語った。「もうすぐよ」と彼女は私に言った。「私には生きている人にはわからないことがわかるの。もうすぐよ」。前屈みになって、笑いながら「死んだら何が起きるかわかっているの」と言った。

アリスはまったく死に煩わされていなかったのだろうか？　彼女独特のお茶目な策略、あるいはおそらく自己欺瞞や明白な否認だったのだろうか？　私はアリスを信じていて、彼女の好奇心は純粋なものだったと考えている。おそらく、これは私の側の自己欺瞞だった。おそらく私自身の死へ不安への向きあい方を彼女に押しつけたかったのだろう。

これは重要な疑問である。人生が終わることに対する恐怖心や不安感はよくあることだ。そういった恐怖感は比較的浅い部分に存在し、実際に、人間の文化の多くを占め、誰もがいつかは死ぬという事実に対する巧妙で象徴的な防衛に過ぎないと、多くの社会学者が信じている。この基本的な理論としては、哲学者アーネスト・ベッカー（Earnest Becker）が『死の拒絶』（*The Denial of Death*）を出版し、一九七三年に高い評価を得た。[2] 出版の一年後に、この本はピュリッツァー賞を受賞した。それから数十年後、社会心理学者のグループがその理論をさらに発展させて、恐怖マネジメント理論（terror management theory：TMTと略）と呼ぶ、より詳細で検証可能な理論へと発展させていった。

この理論は次のようなものである。人間の進化の過程において、脳が徐々に発達し、より複雑な認知能力と知能を獲得するようになると、自分自身の脆弱性や死についての認識も発展していった。このようにして、人間は自然を操作し、支配する最初の動物になった。こういった認識は、自分が傷ついたり殺されたりする可能性を無数の仕方で想像できる高い能力と結びついて、命が終わることに対する身を凍らすような恐怖感も生んだ。

現代社会においてはこの恐怖感に対処するのがますます難しくなってきた。まず、現代では冷徹な科学の視点がある。生命を支え、そして、終える生物学的な課程について驚異的なほどの素早い進歩があり、多くの自然の微妙な秘密が明らかになってきた。多くの人々が信じている確かな意味合いとしては、意識は単に脳の活動の副産物でしかなく、人間が死ぬ時、生物学的課程が終わるだけではなく、すべての意識も途絶える。

現代社会に生きる私たちはこの知見とどう向きあって生きていくのか？ TMTによる答えとは、人間の複雑な脳が死に対する恐怖感を引き起こしているのだから、固有の知能は恐怖感を寄せつけないようにする賢明な方法が備わっているというのである[3]。ひとつの方法としてごく単純なよくある否認が挙げられる。TMTによれば、死に関する否認も、自己に対する潜在的な打撃に対抗して自分を守るための他の種類の防衛と同様である。たとえば、大切な試験に落第した場合、その試験が適切でも公正でもなかったなどと言うことで苦痛に満ちた感情を否認するかもしれない。もちろん、とくに悲嘆の最中では、死という現実を否認するのはさらに難しいかもしれないが、人間の能力によって望んでいない思考を抑制しようとすることができる。

抑圧が効果を現さないとすると、自分の遺伝子を子孫に伝えるという考えは常に慰めをもたらす。この考えは、一種の疑似の不死幻想をもたらす。自分の子どもたち、そのまた子どもたちと、文字通り、遺伝子は引き継がれていく。私たちから子孫は生まれてくる。子孫は私たちによく似ていて、ある程度同じように行動する。もちろん、この次代へと受け継がれていくという過程には、私たちが避けたいと思うような要素も含まれている。たとえば、自分の最悪の癖を子どもも驚くほど同じように身につけてしまうことがある。それでも、自分の一部を子孫に伝えるという考えから得られる慰めを思うと、これは耐えることのできる対価である。

より大きな問題は、この種の不死にはそれ自体に限界があるという点である。自分の子どもはそれぞれが、自分のおよそ半分の遺伝的要素を受け継ぎ、代が下るほど、その率は減少していく。孫は自分のおよそ四分の一の遺伝子を受け継ぎ、そのまた孫は同じ遺伝子を受け継ぐ率がさらに低くなっていく。たとえ数学にそれほど強くない人であっても、数百年もすると、私たちと子孫の間の遺伝子の類似性はきわめて低くなってしまうことがわかるだろう。

脳が有している想像力のお陰で、他の象徴的な過程についても検討できる。たとえば、永遠の達成、指導性、名声などによって、歴史に足跡を残そうと努力することができる。こうして、自分の死後も他の人々に覚えておいてもらうことができる。しかし、この方法にも明らかな限界がある。市の公園に出かけると、偉大な業績や市民への奉仕のために一時期には広く知られていた人物の肖像を目にすることができる。しかし、今、誰がその人のことを覚えているだろうか？　たとえ過去の英雄が何を心に抱いていたか正確に知らないまでも、かつては栄光に輝いていた英雄の像は、今では鳩の止まり木ほどの意味くらいしかなくなってしまっている。

ＴＭＴによれば、死に対する恐怖を鎮めるためのもっとも簡単で効果的な方法とは、共有された文化的世界観を受け入れることである。ＴＭＴの理論家は、世界観とは「一群の人々によって共有された現実の性質に関して人間が創りあげ、伝承してきた信念」であると定義する。[4] たとえば、人権は他のいかなる倫理的関心事よりも重要であるとか、わが国とその政治体制は他の国や他の政治体制よりも重要であるなどといった信念である。[5]「世界に秩序、意味、価値、現実的・象徴的な不死の可能性を与えるので」、こういった共有された信念を抱くようになると、ＴＭＴの理論家は主張する。[6]共有された世界観によって私たちはより大きな全体、自分自身よりも大きくて永続する群や文化の一部になったと感じられるようになる。そして、この感情によって、不死の感覚が得られる。

世界観に拘泥する傾向の持つ力は、普通は世界観をまるで把握することができないからこそ、その意味がある。むしろ、私たちは世界観をまるで現実のように、客観的にとらえて、それが全員に共有されていると思いこんでいる。実際に、他の人々が自分の信念を同じようにとらえているかといった点についてほとんどの人々が過大評価していることを研究が明らかにしている。

この現象は「偽の合意」(false consensus) 効果と呼ばれている。この効果を同定した最初の実験では、大学生が「後悔」と大きく書かれた看板をサンドイッチマンのように身にまとって、キャンパスを歩き回るように指示された。その看板を身にまとうことに同意した学生は、キャンパスの多数の学生もそうしたいと考えたのに対して、看板を身にまとってキャンパス内を歩くことを拒否した学生は、他の多くの学生も拒否するだろうと考えた。他にも多くの例がある。選挙では、選挙民は自分の指示する候補者が実際よりも有名だと考えるし、性的に活発な学生は同級生の性的活動も同様に活発であると過大評価する。[7]

自分自身の死の意味

人が自分自身の死に直面させられると、一般に共有されている世界観に一層しがみつき、死の恐怖を払いのけようとすると、TMTの研究者がもっとも強く主張している。この主張を示すために研究者が用いてきた手法は驚くほど単純である。たとえば、「自分が死んでしまったら何が起きると思うかできるだけ詳しく書き上げなさい」とか「自分自身の死について考える時に浮かび上がってくる感情を短く書きなさい」といったいくつかの基本的な質問をただ発することによって「死の意味」(mortality salience)について取り上げることができる。[8] この研究に参加する人が研究者の意図に影響されないようにするために、自分自身の死についての質問は普通は他の主題についての質問の中に混ぜてある。

死についてのこういった単純な質問はいくつかの注目すべき効果を生んだ。たとえば、もっとも顕著な実験のひとつとして、市の判事に死についての質問をした後に、起訴された売春婦に保釈金を命ずるというものだった。死の意味に関する典型的な質問を用いて、死に関する上記の二つの質問が判事の半数に質問された。他の半数の判事はとくに関連のない質問をされた。その結果は驚くべきものであった。死に関する質問に答えた判事は、そうでない判事よりも、高額の保釈金を設定した。判事は法の解釈に関して客観的であり、安易に影響されるべきではないと、私たちは考えている。しかし、二群間の唯一の差は、一方の群の判事は自分自身の死についてのこれらの二つの単純な質問に答えたという点である。TMTによれば、売春はアメリカ的道徳に触れると一般的には考えられるので、判事はこの考えを支持し、自己の死について考えさせられると、この道徳をより強く守ろうとするのだと説明できる。同じ結果が大学生を対象とした追試でさらに明らかに示された。この研究では、調査者はまず売春に対する学生の態度を確認し、それから同じように保釈金について質問した。死に関する質問のために、やはり学生が高額の保釈金を設定したが、この傾向は売春が不道徳であると述べていた学生で最高であった。

自分自身の死の意味がより明らかにされると、共有された世界観に一致すると考える他の人々とともに反応すべきだと判断する傾向が高いことも、TMTは予測する。ほとんどの人は犯罪に対して正面から立ち向かうのは道徳的に正しいという信念を共有している。自分自身の死の意味を思い起こす場合には、この態度により高い価値を置く。この考えを検証するために、近所の人を襲った危険な強盗についての重要な情報を警察に通報しようとしている女性の例を用いた実験があった。その女性は勇気ある人と描写されている。強盗に知られたら、自分自身に危害が及ぶ可能性をひどく恐れながらも、警察に通報した。この女性の行動についての記載を読んだ後に、彼女はその英雄的行為に対して報奨金が与えられるので、その額を設定するようにと被験者は指示された。予測通り、自分自身の死について質問された被験者は、そうでない被験者に比べて、報奨金の額が高かった[9]。

しかし、自分自身の死に対する恐怖を支配する他の方法として、人間の中の動物の性質を否定するということもTMTの理論家は主張する。人間も動物であることを認めると、すべての動物が死ぬという事実に直面しなければならない。この恐怖に直面するために、人間の存在は単なる動物の存在をはるかに超えた意味があると確信する。TMTの視点が正しいならば、自分自身の死について思い起こさせられると、この防衛はより強調されるはずである。これはまさにTMTの研究者が発見した結果であった。自分自身の死について考えさせられた群の被験者は、人間と他の動物の差を過大に評価し、人間の汚物や動物に対して強い嫌悪感を抱き、人間と他の動物の差を強調する随筆を好む傾向があった。すでに述べたように、子孫を通じて象徴的な不死を保つために、自分自身の死についての質問が、子どもをほしいと強く願う気持ちを引き起こすのである。[10]

＊＊＊

ほとんどの人は意識的な認識のどこかごく浅い部分で自己の脆弱性や死について漠然とした変化しやすい恐怖感を抱いているというのが、ＴＭＴ研究の大きな発見である。自分自身の死についてほんの少しでも思い起こさせられると、態度が劇的に変えられて、より大きな共有された考えの一部に合致するようになる。

しかし、多くの心理学者は、ＴＭＴの主張の圧倒的な性質を受け入れるのが難しいと考える。そのひとつとして、世界観の主要な機能は死の恐怖を消し去るものであるとＴＭＴはとらえる。ＴＭＴの実験結果はこの仮説に一致しているが、これらの実験のどのような結果も死の恐怖や、ましては世界観の主要な機能も和らげてはいない。さらに、ＴＭＴの手法を批判する者が指摘するように、ごく平凡な目的を達成するために、脳がおそらく全般的な確信体系を進化させたのだろうという点がある。確信体系が自己の周囲の世界を認識し、分類しているのであり、たとえば、ある状況で何が起きる可能性があるのか、ごく妥当に予測するのに役立つ。共有された確信によって、あるグループや文化に自分が所属しているという感覚も強まる。自分がより大きな集団に所属していると感じると、協力し、互いに分けあい、共通の問題を解決するためにともに働く傾向が強まる。[11] このような機能によって生存の可能性を増し、死の不安に対処するというよりは、より基本的な目的のために、世界観は進化してきたと示唆される。

ＴＭＴのパラダイムにはさらに興味深い限界がある。死の意味は完全な意識的注意を向けられた時ではなく、意識の辺縁に載せられた時に、その効力が発する。[12] たとえば、ある研究では、「自分自身の死が頭に浮かんだ時に生じる感情を簡潔に述べよ」といった死の意味についての標準的な質問をアメリカ人の大学生にしたうえで、政治に関するある随筆を評価するように指示したところ、親米的な偏りが認められた。しかし、自分の死についてより深く、そして長期的に考えてみるようにと指示されると、死の意味に関する質問の効果は劇的に減じた。[13]

なぜより深くそして長時間、死について考えると、これらの学生で普通の死の意味の効果が減じるのだろうか？　ＴＭＴの研究者の説明はどことなく循環論法のようなところがある。この結果は、世界観がすでに死の恐怖を減じていることによってもたらされる。[14] しかし、おそらく別の説明もできるだろう。死という考えについてより深く、そして慎重に向き合う場合には、その意味について考える時間があるので、苦痛をそれほど感じないで反応するのだろう。ほとんどの人は忙しくて、慌しい毎日を送っている。どこかに行く、予定を守る、子どもの世話をする、締め切りを守る、支払いを済ます、食事を作るといった具合だ。こういったことをしている最中に自分自身の死についてふと思い出されると、急に心配や恐怖感が襲ってくるのだが、どれほど忙しい人であってもそのうち少しばかりペースを落とし、そうすると、しばしば人生のより大きな疑問をじっくりと考えられるようになる。真剣に死に向きあうと、その意味を深く考えざるを得なくなるのだ。

死について熟慮する

日常の瞑想の一部として、人体の脆弱性について考えてみるのは健康なことであると仏教の僧はとらえている。アジアでは、仏教徒が墓地で瞑想することすらある。腐敗しつつある死体を前にしながら、彼らは人生のはかなさについてより深く考えることができると信じている。西洋の仏教徒も同様の信念を抱いているが、ともに瞑想する死体を見つけるのはそれほど容易くはない。西洋では、埋葬は厳しく規制されていて、死体とともに時間を過ごすなどという行為は嫌悪の目が向けられる。しかし、敬虔な仏教徒であり、ニューヨーク市仏教協会会長のランデ・ブラウン（Rande Brown）にはある考えがあった。[15]

当時、ニューヨークでは「人体の不思議展」が開かれていた。この展覧会は全世界で有名になったが、死体から水分を抜き、ゴム状のポリマーを注入して保存された実際の人間の死体が数体展示された。それぞれの死体は皮膚を剥がされていて、独特なポーズを取り、観客は解剖学の神秘に目をやることができた。このような展示は気の弱い人には勧められないことはたしかだったが、観客はしばしばこの光景が快適で、鎮静効果さえあったことに驚いたのだ。[16]

展覧会は仏教徒が瞑想を行う完璧な場所であるように、ランデ・ブラウンには思われた。彼女はニューヨークタイムズの取材に答え、「ふと、そういった考えが浮かんだのです」と話した。人体の不思議展に電話して「私は会場で瞑想をしたい」と伝えた。[17] 展覧会の主催者は彼女の願いを聞き入れ、それから間もなく、およそ一八〇人がその場所で瞑想を行った。彼らは展覧会場に集まり、展示されている死体の間に瞑想用の座布団を敷き、三〇分間瞑想にふけった。

どのようにして仏教徒は死という考えからこのような安寧を得るのだろうか？　これは少なくとも表面的には興味深い質問であり、文化や人間が幻想に拘泥する傾向についての仏教徒の考えは、ＴＭＴときわめて類似しているように思われる。[18]仏教徒は死と人生のはかなさについて二千年以上も考え続けてきたのだが、多くの点でこの確信体系は人間の性格や悲嘆について希望あふれる視点を産み出してきた。

仏教の中心的教義として、四諦《したい》（四つの聖なる真理）がある。おそらくこれらの真理を説明するもっともよい方法は、それがどのようにして生まれてきたかを見ていくことだろう。紀元前五〇〇年頃、ゴータマ・シッダールタ、後に仏陀となる青年は、現在はネパールの一部であるヒマラヤ山麓で育った。実家は裕福で、その王子として甘やかされ、何不自由なく育った。彼の人生は日常生活の苦痛や問題とはかけ離れていた。いや、むしろあまりにもかけ離れていたと言うべきであろう。

仏陀の若い頃は、その地域は戦闘に明け暮れ、政治的、社会的混乱の只中にあった。その地域では多くの宗派が生まれ、仏教典によると、シッダールタの父親は息子が家を出て、そういった宗派のひとつに加わってしまうのではないかと恐れていた。そこで、父親は若い王子を城内に隔離した。もちろん、王子が成長して青年になると、王子の目から世界を引き離しておくことは不可能だった。当然のことながら、父親の計画は破綻した。それまで世間知らずで特権に恵まれて暮らしていたシッダールタはとうとう世界を目にし、自分の周囲の人々の深刻な苦悩にすっかり圧倒されてしまった。富める者も貧しい者もすべての人が歳を取り、病気になり、結局、亡くなる。誰もがこの苦悩から逃れられないと、彼はすぐに悟った。自分が比較的快適で問題のない生活をしていたとしても、やはりいつかは自分の死に向かわなければならないこともシッダールタは悟った[19]。これが、人生は苦であるという、四諦の最初の聖なる真理（苦諦）である。

TMTの理論家と同様に、死と自己の脆弱性に対する恐れが人間の行動や文化の多くの基本的な動機であると、仏陀も考えるようになった。世界観が不安を緩和する機能を有するとTMTの理論家が述べるのと同様に、不死の幻想に拘泥することによって人間は死と自己の脆弱性に対する恐れを和らげようとしていると仏陀は悟った。これが四諦の二番目の聖なる真理である。すなわち、永遠の幻想に拘泥しようとすることによって引き起こされる苦悩である（集諦）。自分が誰であれ、何であるとしても、たとえ肉体が滅びたとしても、生き続けるという考えをほとんどの人は容易に諦められない。富や権力を追い求めるが、どれほどの富や権力を得たとしても満足できない。常により以上を欲する。美容整形手術を受け、髪を染めて、なんとか老化に抵抗しようとする。TMTの研究が完璧に示したように、自分自身よりも大きな何かに所属していたいという思いから、文化的象徴や共有された信念をさらに尊重するようになる。

仏陀は人間の苦悩があまねく存在することに気づいて、世間から隔離された聖域を去り、悟りを求めて各地を放浪して数年過ごした。いくつかの異なる霊的な修行を試みたが、人生のはかなさについての実存的不安を超越する能力は実に単純であるということをとうとう悟った。当時の苦行者が説いていたように、単なる意志や身体的欲求の否定を通じて人間の条件を超越するのではなく、むしろ、生のはかなさと苦悩の間の関連を理解し、それに気づくことが唯一の解決法であると仏陀は悟ったのだ。換言すると、逆説的ではあるが、人生ははかないという現実を受け入れることによって、幸福への道を探し当てることができると仏陀は悟った[20]。この悟りが四諦の三番目の聖なる真理である。すなわち、人生のはかなさを真に受け入れることこそが、幸福を見つける唯一の道である（滅諦）。

仏教徒はしばしばこの悟りを夢から覚醒することに喩える。目が覚めて、その経験が単なる幻想であったと明らかになるまでは、夢を見ている時の経験は完全な現実であると感じられる。[21] 仏典に記載されている有名な逸話に、仏陀が悟りを開いて間もない頃に、ある男が仏陀にたまたま出会った時の話がある。[22] 見知らぬ男は仏陀が発している後光と静穏にただちに気づき、仏陀に「あなたはどなたですか？　天使ですか、神ですか？」と尋ねた。仏陀は単にそうではないと答えた。「それでは、あなたは奇術師か、魔法使いですか？」と男が尋ねると、やはり仏陀はあっさりと否定した。「それでは一体、あなたは何なのですか？」との質問に、「私は悟りを開いた」と仏陀は答えた。

彼らの名誉のために断っておくが、仏教徒の哲学が現代のほとんどの人の人生観とは矛盾することを仏教徒自身が認めている。たとえば、古典的な仏典のひとつが指摘しているように、「己を捨てる」ことを通じて幸福が生じるのだが、この悟りはたしかに「全世界とは反する」[23]。この理由から、核心的な教義について批判的であったり、反対の姿勢を取るようにと、仏教の師は仏教になじみのない者に対して助言するのが一般的である。教えを単に受け入れるよりは、熟慮や瞑想を通じて、新参者は仏教の教義の妥当性を直接的に検証すべきであると助言している。

しかし、仏教徒が熱望しているこの種の瞑想には、一生とは言わないまでも、相当の年月が必要である。四諦の四番目の聖なる真理とは、修行をしている仏教徒がいかに自分の人生を送り、この習慣と悟りを得ていくかである（道諦）。

＊＊＊

仏教徒は死別により巧みに向きあえるのだろうか？　たしかに仏教徒はより平穏に悲嘆を受け入れられるように思われる。そのひとつの理由として、一般的に仏教徒は逆境に巧みに対処する。たとえば、チベットから逃れた仏教徒は、服役、強姦、殴打、拷問、強制労働などといった多くの試練に曝されてきた。しかし、彼らを調査した研究者によると、「潜在的にトラウマとなり得るような出来事を高率に経験したにもかかわらず、心理的苦悩のレベルはきわめて低かった」という。[24]

すでに述べたように、死に正面から向きあうのは健康なことであると仏教徒は考える。ダライ・ラマ（Dalai Lama）が述べているように、「死という現実は全仏教界の道徳的かつ知的活動の最大の源泉である。死について考えるのを恐れるのではなく、死を考えることはむしろ恐怖から解放され、健康的な生活にとって有益でさえある」。[25]死体に囲まれた中で瞑想するという修行の例をすでに示した。ベトナム人の高僧シッチ・ナット・ハーン（Thich Nhat Hahn）によって開発された、指導の元で行う瞑想修行もある。参加者は自分自身の死を想像するように指示される。「あなたが飛行機に乗っている時に飛行機にトラブルが生じて、墜落するかもしれないと、パイロットから放送があったと想像してください」などと話しかけられる。このように考えると、ほとんどの人には怖ろしい考えやイメージが次々に湧きあがるだろう。しかし、シッチ・ナット・ハーンは、瞑想している者に対して、仏陀やその教義や平穏をもたらすような他の考えに焦点を当てるように指示する。「もしも死ぬ運命にあるのならば、あなたがこれまで平穏で美しく生きてきたように、美しく死ぬことができるでしょう。その際にも、平穏で明晰で、何をすべきか、何をすべきでないか正確にわかるでしょう」[26]。さらに微に入り細に入る修行として、まるで自分自身の身体が腐敗していくかのように、死体が腐敗していく詳しい九段階についてありありと想像してみることを、シッチ・ナット・ハーンは瞑想をしている者に指示する。この訓練は、誰もが死ぬ運命にあるという考えに慣れ親しみ、人間を苦しめている心配や苦悩から解放されるのに役立つ方法であると説明される。

恐怖を超えて

私たちのほとんどは仏教の基本的教義を受け入れないかもしれないが、死に対して同様の素朴な態度を取るだろう。他の宗教や霊的な確信体系についても同様のことが言える。一方、極端に死に対する不安が強い人もいる。ＴＭＴの研究でさえも、自分自身の死について思い出すように指示された時に、防衛的に反応する人とそうでない人の差を明らかにしている。

死に対する態度の差は少なくともある程度は人格の差によって説明できる。死の不安にかられやすいと思われるタイプとしては、権威的な人格が挙げられる[27]。第二次世界大戦直後からこの人格のタイプに多くの関心が払われた。ヒトラーに率いられて大量虐殺を行ったナチ政権にドイツ市民は盲目的に服従したのだが、どうしてそのような悲劇が起こり得たのかという疑問が生じた。ドイツ人の国民性の欠陥のためにナチスドイツの恐怖が生じたのだという説明はもちろん可能だが、それではあまりにも単純すぎる。より理解しやすい説明としては、一九三〇年代のドイツが置かれていた状況が権威主義という人間の性質の一般的要素に満ちていたということであろう。私たちはすべて信念を持たずに権威に服従する可能性がある。それはスタンレー・ミルグラム（Stanley Milgram）のような研究者によって示された性質でもある。[28] しかし、「権威的人格」の人の中には、他者よりも権威に従順であるような人もいる。

権威主義と死の不安の関係はＴＭＴの内集団（in-group）と外集団（out-group）に関する実験で明らかにされた。自己に近いとして盲目的に好意的に受け入れる（内集団）場合に、典型的な内集団・外集団効果が生じる。自己とは異なると見なす人々を盲目的に否定的で不公平に扱う（外集団）こともある。この効果は、現代の生活において認められる偏見や人種差別の多くの根源である。これはまた共有された世界観に固執する必要性とも関連している。自分を特定の集団やタイプの一部だととらえる度合いが強いほど、共有された現実を好むようになる。すでに述べた死の意味に関する実験の結果をもとに、自分自身の死について少し考えてみると、内集団・外集団効果が悪化するように見えるのは当然である。要するに、死についての疑問を突きつけられると、自分とは異なっていたり、自分よりも劣等だと見なす人々を拒絶したりする傾向がある。しかし、権威主義的傾向が高い人はとくに外集団を拒絶する傾向が高く、当然、自分自身の死を思い出させれた場合にその傾向をもっとも強く表すのも権威主義的な人格の人である。その反対もまた事実である。権威に対して服従する傾向が低い人は、自分自身の死を思い出させれても、死の不安に対して強く、外集団を拒絶する傾向も低い。[29]

死の不安の効果には性差も認められる。自分自身の死について考えさせると、自分の子どもを持ちたいという願望が増すことをすでに述べた。しかし、この傾向は男性に明らかである。女性では、死の意味が自分の子どもを持ちたいという願望に影響するかという点は、自分の職業上の成功について心配している程度に影響される。自己の死について思い出させれても、より高い職業上の目標を持っている女性は子どもをほしいとはそれほど考えなかった。しかし、他の研究では、子どもを産むことが職業上の成功に結びつくと声高に喧伝する架空の新聞記事を読まされた女性では、死の意味に関する質問によって、子どもを産みたいという気持ちが高まった。[30]また別の研究によると、自分自身の死について気づかされた人々は、バンジージャンプ、激流筏下り、スカイダイビング、多量飲酒などの危険な行為を望む傾向が高かった。しかし、この種の効果は主に男性に認められた。[31]

死について気づかされたために、自分と他の動物の間に距離を置こうとする傾向に影響を受けるかという点について検証した研究を私は知らない。しかし、このような差が存在する可能性はありそうだ。たとえば、著名な霊長類学者のフランス・ドゥ・ヴァール（Franse de Waal）は「私はしばしば二種類のまったく異なるタイプの人々に出会うという印象を持っている。自分と動物を比較されるのを気にする人と、気にしない人である」と述べている。[32]

死についての考えにどのように反応するかに関連する他の人格特性、リジリエンスと悲嘆にとくに関連する特性は、愛着行動との関連がある。この問題については前章で短く触れた。他者に親近感を覚え、一緒にいても安全であると感じられる能力は、正常で健康な発達にとって重要な側面である。どの程度このようにできるかは、少なくともある程度は、自分の人生、とくに人生の初期に親密な絆を築くことができたかという点にかかっている。正常で健康な愛着は内的資源を築くと考えられる。すなわち、脅威やストレスを感じると、自分をなだめるために、愛着のある人の心理的イメージ、すなわち前章で解説した精神内界のホログラムを思い浮かべることができる。

人によってはこの過程が他の人よりも容易である。心理学者は愛着のスタイルという表現で、一貫した愛着行動を記述する。[33] 近い関係に親密感を覚えるのが難しい人は**不安定な愛着スタイル**（*insecure attachment style*）と呼ばれる。他者を必要とする場合に、その人に頼ることができないと考える傾向が強い人は、当然のことながら、遷延性悲嘆反応を呈する可能性が高い。不安定な愛着は稀ではないが、正常でもない。ほとんどの人はより**安定した愛着スタイル**を育み、他者に親近感を覚え、安心して他者に頼ることができる。安定した愛着を築いた人は、悲嘆に巧みに対処し、死の恐怖に圧倒されることも少ない。[34]

第5章で解説したCLOC研究は、死に対する考えは悲嘆の際のリジリエンスに実際に関連しているのかという点に関して独特の視点を示した。繰り返しになるが、この研究では、配偶者が死亡する何年も前に被験者は面接された。最初の面接では、死の不安に関連したさまざまな質問がなされた。たとえば、この研究に参加した人は、「死は生命の過程の単なる一部分である」とか「私は死についてまったく心配していない」といった言葉にどの程度同意できるか評価するように指示された。現実の死が起きる何年も前に、死について心配しないとか、死が起きることを受け入れると言った人が、配偶者が亡くなった時に悲嘆の苦痛にもっともよく対処できたことを、この研究は明らかにした。実際に配偶者が亡くなって、死に直面した際に、同じ質問をしたところ、ほとんどの人がほぼ同様に答えた。換言すると、実際に死が身近なものとなっても、死について心配することがほとんどなかった。

好奇心

私の友人のアリスが死んだら何が起きるのかとても興味があると言ったが、私は彼女の言葉を信じた。人間は思考する存在であり、時には思考通りに行動はしないが、それでも自分の周囲の世界について説明を求める傾向がある。人生のはかなさは不安を引き起こし、とても怖しいかもしれないが、それは人類が地球上に登場して以来、人間の興味と驚きを喚起する神秘である。

病理学者のF・ゴンザレス・クルシ（F. Gonzalez-Crussi）は「死は非常に多くの好奇心を引き起こす」と書いている。「それ以外が起こり得るだろうか？　もう一度この世に戻って、来世について報告してくれる者はひとりもいないのに、人間はその誕生以来、未知の、暗黒の領域へと旅立っていった。どのような報告もない。何が私たちを待っているのか一言もない。人間は本来好奇心の塊であるが、けっして知ることができない運命にもある[35]」。

それでも常に知りたいと思う。最初の人間の住居の遺跡には、惑星の配置に一致した古代の石の建造物があった。これは天国について理解したいという古代人の願望を示唆している。古代人も来世について理解するという深遠な必要性を感じていたことを示している。実際のところ、死と来世の可能性を概念化する能力は、人間と他の動物を分ける精神の重要な特性であると広く考えられている。たとえば、有史前の場所に発見された死者の埋葬の儀式に関する考古学的証拠は、しばしば人間の自己意識や社会の起源の指標とされている[36]。

悲嘆の最中で、生命の神秘や魂の性質について人間は知ろうとする。愛する人が亡くなると、本章の冒頭で述べたような、およそ考えられないほどの疑問に直面せざるを得ない。ほとんどの人は死が差し出す質問に直面する。これは自らの選択でそうするのではない。死は許可を求めてはこない。死が差し出す疑問を怖れをもって受け入れるかもしれないが、多くの者はその経験を予期していたほど怖ろしいものではないと感じる。実際に、多くの者はこの経験に隠されたとても深遠な何かを見つけ出す。

第9章 過去、現在、未来

妻の死後、C・S・ルイスは妻がどうなったのだろうかと考えた。「私は彼女が今でも何らかの存在であると信じていると率直に言えるのだろうか？　たとえば、仕事の関係などで出会う人の大多数はもちろん妻はもう何の存在でもないと言うだろう。当然、彼らはその指摘を押しつけてきたりはしない。少なくとも今はそうだ。私は一体何を考えているのか？　私はこれまでいつも他の死者に祈りを捧げてきたし、今でもそうだとある程度の自信をもって言える。しかし、妻に祈りを捧げようとすると、どうしても止まってしまう。困惑と驚愕が私を襲うのだ。怖しいような非現実感を覚え、何も存在しない空虚に向けて話しかけてくるように感じる」[1]。

カレン・エヴァリーと娘の関係のように、C・S・ルイスは妻が完全に消滅したと受け入れることが難しかった。彼は妻が身体的に死亡したことを受け入れた。それには時間がかかったが、妻の身体的な死を受け入れたのである。しかし、妻が亡くなったことについてすべてを受け入れるのは非常に難しかった。妻の一部が今でもたしかに存在しているのだが、それはどこに、どんな形で存在しているのだろうか？

問題を解決しようとするのだが、ルイスの心の中の疑問の論理は馬鹿馬鹿しいものにさえなった。

今、妻はどこにいるのか？　すなわち、現在、彼女はどんな所にいるのだろうか。しかし、妻にはもはや私が愛した身体がないならば、彼女はどこにもいない。「現在」というのは私たちの時間の中の日であり、時なのだ。妻が私を置いてひとりで旅行していて、私は自分の時計を眺めながら、「彼女は今頃、ユーストン駅かな」と呟いているような感じである。生きている私たち皆とまったく同じ時間軸で、妻が一分間に六〇秒を経験していないならば、何を意味しているのだろうか？　死者が生者と同じ時間を共有していないならば、死者について語る時に、過去、現在、未来に明らかな差はあるのだろうか？[2]

このような疑問がなぜ生じたのかは驚くべきことである。ほとんどの人はこのような疑問にどう向きあうべきなのか心の備えが十分できていない。来世についてあらかじめ用意された確固たる宗教的信念で備える人もいる。一方、実存的矛盾や意識と脳の関係について知的な議論をする人もいる。そういった視点はいかなる死後の生の可能性も否定する傾向がある。あるいは、どのような確信も抱かない人もいる。そういった人は単に来世の可能性についてほとんど考えようとしないだけかもしれない。それでも、自分にとって近しくて重要な誰かが亡くなると、それ以前にどのような考えを抱いていようと、その考えは崩壊し、その人が一体どこに行ってしまったのかと疑問を抱く。

＊＊＊

サージとソンドラ・ビューリューの結婚生活は二五年以上に及んだ。ふたりは情熱的で愛情あふれた関係にあった。しかし、サージが肺癌と診断された。彼の死が訪れるまで十分な時間があったが、それはソンドラにとってつらいものであった。しかし、悲嘆の最中にある多く人と同様に、彼女は苦痛に立ちむかい、自分の人生を送るためにしなければならないことをした。

ソンドラはプロのジャーナリストで、ラジオのプロデューサーでもある。夫の死後間もなく、彼女は自分の喪失体験について書いた短い文章を私に送ってきた。それは「最後の別れ」と題され、彼女の闘い、孤独、恐怖、自責に焦点が当てられていた。彼女が陥った奇妙な、ほとんど神秘的な状態、ジョアン・ディディオンが「魔術的思考」と呼んだような経験についても書かれていた。しかし、ソンドラの書いた文は、硬直したものでもなければ、虫の知らせを書いたものでもない。夫の死後間もなく、その経験の中に、彼女は心の平穏を見出したのだ。

「私はすべてが順調にいくように、最善を尽くしてきた」とソンドラは書いた。ソンドラとサージはしばしば一緒に働いた。彼女は「サージがその人生で作り上げた計画のいくつかの手助けをした」。しかし、ソンドラはそれがすべてうまくできなかったと心配していた。「私はサージを落胆させてしまったように感じた。いわば彼の遺産を受け継ぐことができなかったのではないかと心配し、悲しくなった」。

ある晩、ソンドラは目が覚め、サージが寝室の入り口に立っているのを見た。サージは実際にそこにはいなかったのだが、彼のボンヤリとしたイメージが一瞬そこにあった。ソンドラの置かれた状況を確かめるためにサージがやってきたのだと、彼女は思った。

数日後、ソンドラはまた目が覚めたが、ベッドの中にいて思わず笑顔になった。それは夫が病院に搬送される時に見せた笑顔と同じようなものであることに彼女は気づいた。救急車の中で救急隊員はまるでサージが「天使を見ている」ようだと言った。ソンドラは満面の笑顔を続けたが、ベッドの前に明るい光を見た。それは「雲のような形だったが、不透明ではなかった」と彼女は書き、これまでに経験したことのないような心の平穏を感じたという。最初に心に浮かんだのは、自分もこのまま死ぬのかもしれないということだった。しかし、少しの間考えて、実際には自分は目が覚めていて、あの世に召されるという証拠は何もないと結論を下した。すると、彼女は夫が見えた。彼がまたそこにいた。今度は生きていた時よりも大きかった。彼女のすぐ上に浮いているようだった。彼のイメージは白い雲のような光の片側から反対側へとひらひらと揺れていた。すると、間もなく、光は消えて、ソンドラはまたひとりきりになった。

その経験はソンドラにまったく動揺を与えなかった。むしろ、「私は長い間、心の平穏を感じた。夫がとても穏やかな場所にいて、何の問題もないことを私に伝えようとしていた。夫はこの世で何も問題が起こっていないと安心し、私が何をしようとも、あるいは何をしようとしなくても、すべてがうまくいくと考えている。夫は安らかに眠っていて、私は夫の心配をする必要はなかった」と書いた。

サージは実際に現れたのだろうか？　彼の魂のある部分、あるいは実際に魂がソンドラを訪れたのだろうか？　おそらくソンドラが経験したのは、長く続いた夢の単なる痕跡だったのだろうか？

それが問題だろうか？

カレン・エヴァリー、C・S・ルイス、そして他の多くの人々と同様に、夫の死後に、ソンドラは予期せぬ深刻な事態を経験した。そのために何か信じられることが必要だった。夫の一周忌の時に、ソンドラは詩を書いた。その最後の行には、「私は夫の身体を失ったが、心は失っていない。夫は毎日私とともにいる」と書かれていた。

永続する絆

本書でこれまでに用いてきた言葉で表すとすれば、ソンドラは間違いなくリジリエンスが高かった。彼女は夫の死を悲しみ、喪失に対する急性の空虚感にも時々襲われた。しかし、彼女は人生を歩み続けたばかりでなく、人生をそれまで通り受け入れていった。彼女は旧交を温めるとともに、新たな友人も得た。彼女はジャーナリストとしての仕事を再開し、新たな方法も探った。詩を書き始め、サージと送った生活の思い出も綴った。以前にしていたことに対する情熱も再発見した。生産的で価値ある生活を送り続けた。

ソンドラが亡き夫と再会したと思われた疑似幻覚体験を評価するのはさらに難しい。従来の視点からとらえようとすると、このような体験は問題があることを単に意味するだけである。フロイトが喪の作業について理論化したことに端を発する、第2章で解説した悲嘆に対する伝統的な理論では、喪失から回復する唯一の方法は、故人との情緒的な絆を断ち切ることであると考えられていた。ソンドラの例のように、遺された人がこの絆を断ち切ることができず、むしろそれに喜びさえ感じるようであると、何かがうまくいっていないと見なされてしまう。従来の理論によれば、亡くなった愛する人との絆を保ち続ける人の行為は病的である[3]。この視点によると、ソンドラはより深い苦痛を隠すためにある種の空想経験にふけろうとして、いまだに故人との絆を用いているとされてしまう。

悲嘆についての科学が明らかにしたのは、この種の経験についてより広い視点を持つ必要があるということである。第一に、悲嘆の最中にあって愛する人と別れるのが難しく感じている人は、典型的にはこれまでの適応がよかった人ではない。むしろ、悲嘆に圧倒されたレイチェル・トマシノのような人が多い。レイチェルは亡き夫を繰り返し思い出し、彼女の元に戻ってくることを望んだ。しかし、悲しいことに、亡き夫にしがみついてもそこからは何の喜びも得られなかった。彼女の場合、夫の記憶は、慰めをもたらすというよりは、煉獄の拘束の役割を果たしていた。

ほとんどの人は、亡くなった愛する人の記憶から慰めを得て、その思い出の中に保証、希望、平穏などを見出す。もちろん、この経験は利益をもたらす。情緒的な絆が一種の霊的な関係となることもあり、これもまた有益である。しかし、時にはソンドラのように、故人との関係が明らかに把握できる場合もある。C・S・ルイスは、悲嘆からの回復は「まるで悲しみが薄れて、障壁が取り除かれたような感じだった」と書いている。[4] 障壁が取り除かれたら、何が起きるのだろうか？ たとえ短時間であったとしても、愛する人が再び現れたら、死の世界から引き返され、何か変異した状態で出現したら、どうだろうか？ これはどれほど健康的であり得るのだろうか？

こういった経験がどれほどの頻度で起きるのかを最初に明らかにする必要がある。たとえば、亡くなった愛する人をはっきりと知覚できるというのがごく稀であるならば、これは正常の悲嘆の機序がうまく機能していないか、少なくとも心配なことが何か起きているという従来の考え方を受け入れなければならない。しかし、悲嘆の最中にある人の大多数がこういった経験をするのであれば、これは正常の悲嘆の過程の一部であり、多少奇妙であっても本質的には良性で、おそらく健康的ですらあると結論を下さなければならない。

驚くべきことに、このような経験がどれほど頻繁に起きるかといった疑問にはごく最近になるまで答えがなかった。その理由は簡単である。誰もこういった疑問を発しなかったのである。

研究者がようやくこの現象に取り組み始めると、その結果は、少しも驚くほどではなかったが、興味深いものであった。まず、亡くなった愛する人の存在をきわめて深刻なまでに認識する人もいれば、そのような経験がまったくない人もいる。実際のところ、このような経験について質問されると、馬鹿馬鹿しいとは思わないまでも、多くの人がしばしば奇妙だと感じる。私の研究ではこのような二極化が認められた。故人との絆が続いているというテーマを取り上げると、多くの人がただちに顔を輝かせた。私がとうとうこの件を取り上げたことに彼らは喜ぶ。しかし、単に肩をすくめ、首を振って、「いいえ、そんなことを感じたことはありません」と答える人もいる。

大規模研究でも同じパターンが明らかになった。調査対象の遺された人の多くが、何らかの形で亡くなった愛する人が存在し、自分のことを見ていてくれると感じていた。しかし、故人と定期的に話をすると答えたのは、研究に参加した遺された人のわずかに三分の一だった。それよりわずかに多くの人が、故人の写真に向かって定期的に話しかけると答えた。しかし、これらの人々は、愛する人の死後一年以上経ってもおよそ同じ頻度で故人と話を続けていた。[5]

＊＊＊

ダニエル・レヴィは亡くなった妻のジャネットと「ちょっとおしゃべりがしたい」と思うと、自宅近くの沼地に出かける。「妻はそこの木々が好きでした」と彼は私に話した。「そこに何があるというわけでもないのです。木がぱらぱらと茂っていて、何もない空間が広がっています。でもとても静かです。誰もそんな所に行かなかったのです。私たち以外は。いつも私たちだけの場所で、私たちが独り占めできる小さな場所でした」。

ダニエルは毎日決まって同じことをした。日没の一時間前にその沼地を訪れ、鉢の形の窪みがある大きな岩に向かって歩いていった。その岩は自然が作った椅子のようで、そこに座って水面と夕陽を眺めた。一日のその時間には虫が多かったが、ダニエルは気にならなかったと話した。「その景色はとても美しい。そこには松とユーカリの木があります。ジャネットは松とユーカリの木の対照的な色がとても好きだったのです」。

ジャネットが亡くなって数カ月経ったある日、ダニエルは沼地に行ってみようと考えた。「私は一日中妻のことを考えていました。とても寂しかったのです。いつもと同じ時間に沼地に出かけました。この時、何かひどく強い感情が襲ってきました。妻がそこにいるかのように思えたのです。妻は私に話がしたいと言っていました」。ダニエルは妻の名を呼んだ。何も聞こえず、何も見えなかった。しかし、ジャネットがたしかにそこにいるというのがはっきりとわかった。

ダニエルは「一種の忘我」の状態に陥り、長いことジャネットと話した。傍からは、ダニエルが自分自身に話しかけているように見えたかもしれなかったが、彼にとってそれは明らかに「会話」であった。ダニエルがジャネットに質問すると、彼女は答えてくるように思えた。私はダニエルにたしかにジャネットの声を聞いたのかと質問した。「わかりません。私は妻の言葉を聞きましたが、沼地でたしかに声がしたのかどうかわかりません。答えられません。でも、ありありと感じたのです。本当にありありとしていました」と彼は答えた。

妹のケイトが亡くなった後にロバート・ユーイングが経験したことは、こういった体験のまったく他の極を示している。彼にとって可愛い妹を思い出すのはひどくつらかった。「妹は私の一部でした。実際に私の一部で、私の血でした。しばしば思い出が蘇ってきます。時々、妹が亡くなったことを忘れてしまいます。ドアの向こうから妹がやってきて、そこに座って、私に話しかけてくるような感じです。映画のように、イメージは鮮明です。私には妹がいつもの早口で、皆に気遣いながら話すのが見えるのです。妹はとても人好きがしました。今でも、私が先生と話しているように、妹が見えます」。記憶はきわめて鮮明であったが、ロバートは妹の存在をありありと感じるということはなかった。こういった経験はこれまでにないかと私が彼に質問すると、彼はやや防衛的になった。私がまるで彼にどこか悪いところがあると示唆したかのようであった。「そういうことはまったくありません。ケイトは亡くなっています。実際にそこにいるわけではありません。この部屋にはいません。そうあってほしいのですが、妹が亡くなったことは承知しています。生き返りはしません。そんなことはできません。私は実際に妹に話はできません。そんな具合にはいかないのです」。

ロバート・ユーイングと同様に、そして、彼の妹に対する思い出と同様に、ジュリア・マルティネスにとって父親の記憶は救いになった。父が与えてくれた愛情と安心感は常に自分の一部になっていることがわかっているとジュリアは語った。そして、ロバートと同じく、ジュリアは父親が現実に存在しているとか、ある方法で導いてくれているなどと感じたことはないとも語った。私がその可能性について質問すると、彼女の顔は真剣になった。「そんなことはありません」。彼女は父親と話したことはあっただろうか？「いいえ」。彼女は私を睨んで、「先生はなぜそんな変な質問をするのですか？」と言わんばかりだった。そして、笑い出して、肩をすくめ、「これは先生たちがかならずする質問の一種なのですか？」と尋ねた。私は彼女をなだめた。かならずしもすべての人がこのような同じ経験をするわけではないので、私は研究に参加した全員にこういった質問をするのだと説明した。

ヒーサー・リンキストの場合は少し異なった。夫のジョンが亡くなった後、夫がどこに行ってしまったのかとか、魂といったものが存在するのかなどと考えるのをやめてしまったと話した。「私は神学者ではありません。私が考えたところで、何が起きるというのでしょうか」。しかし、とくに何かについて迷っていて、ジョンの助言がほしいと思うと、ヒーサーは時々彼と話した。普通は、こういった会話を車庫の中でした。「ジョンはいつも車庫にいて、何かをいじくりまわして、直していました。彼の道具がいくつか今もそこにあります。子どもたちもそれを今でも使っています。道具を見ると、ジョンを思い出します。彼と話をするのに絶好の場所です。そこはとても静かで、誰からも邪魔されません」。

ヒーサーがジョンと話をしている時に、ジョンがたしかにそこにいると感じるかと質問したところ、彼女はしばらく考えてから、「夫がそこに漂っているとかいった具合には、おそらくそこにはいないだろうと思います。でも、私が前にお話ししたように、私に何がわかっているのでしょうか？　私たちが話をしている時に、私は夫と一緒にいる感じがします。それが大事なのです。話していると、私たちはおしゃべりをしているような感じで、気分がよいのです」。

＊＊＊

今は私の経験を話題にする絶好の機会であるようだ。実際のところ、私は時々、亡き父との間に何か絆のようなものを今でも感じる。私がこういった経験を認識しているのは、おそらくヒーサー・リンキストが述べた中間的な状態にとても似ているのだろう。私はすでに父親の死に対する自分の反応について述べた。私は当時、強い悲嘆を覚えなかったし、むしろほっとした感じがした。父の苦痛は終わり、私の人生を新たに始めることができた。しかし、父について考えるのを止めはしなかった。歳を取るにつれて、私が父と会話するようになったのは、大きな驚きだった。

これが最初に起きたのは、父の死から七年か八年が経った頃だった。私は当時、イェール大学の大学院に在籍し、博士号を取得しようとしていた。この選択は私の人生にとって大きな変化を意味し、今の自分を何とか父に見てもらいたいと思った。息子は負け犬で、自力では何もできないし、そうしたのは自分だと思いながら、父は亡くなった。もしも父が別のやり方で私の反抗心を扱っていたり、他の方法を取っていたならば、私は自宅を遠く離れて、放浪したりはしなかっただろう。すべてがうまくいっていると私は父に伝えたかった。何も父の落ち度ではないし、最善のことをしてくれたと、私は父にわかってほしかった。私は父とたくさんの話しをして、こういったことを伝えたかった。そして、ある日の夕方、静かな通りを歩いている時に、私は父と話をしたのだ。

最初、私は奇妙な感じに襲われて、大声で話した。確認のためにあたりを見回した。誰もいなかった。私は普通の会話の口調で話した。「こんにちは、父さん」と始めて、少し間を置いた。何も聞こえなかったが、父の存在を感じた。暖かくて、心地よかった。

この経験は後に表現できないような何かであると、私はすぐにわかった。とっさに、その経験を同定し、分類しようとした。私は研修中の臨床心理士だったのだが、すぐにその経験は消え去ってしまった。そこで、私は一歩下がって、もう一度それがやってくるのを待った。おそらく父が実際にそこにいるのだろうという感じはそれほど強くはなかった。何らかの拡張感を覚えた。何が起きているのかということをあまり考えず、それに身を委ねると、私は父と話すことができた。そして、それこそが私が望んでいたことであった。私は父が生き返ってほしいと思っていたのではない。父の人生は苦痛に満ちていたのであって、私は父に生き返ってほしいなどとは思わない。私はただ父と話したかったのだ。実際に、いくつかのことを伝えたかった。ふたりの間の行き違いは父の落ち度ではなかったと私は話した。今ではすべてがうまくいっているとも私は父に話した。私の父であってくれて嬉しいとも伝えた。こういったことをすべて話すと、私は安堵を覚えた。

少しばかり不安感を覚えたことも私は認めなければならない。私は声に出して、亡き父と話をした。これは危険な前兆かもしれないと私は思った。気はたしかなのだろうか？　おそらく多少は具合が悪いのかもしれない。大学院での学業の負担が重すぎたのだろうか？

しかし、こういった疑問は長くは続かなかった。言葉に出して語ったことが、私の考えをはっきりとさせてくれたことに気づいた。

声に出して私が父を必要だったと言ったことで、父の一部だけでも取り戻すことができたのである。

けっして頻繁にするわけではないのだが、時にはまた父と話がしたいという願望に圧倒されるように感じて、私は実際に時々そうしている。このような会話は、他の遺された多くの人々の経験と一致するように思われる。私は常に父の助言や支持がとても必要であった。父の亡くなったばかりの頃は、私は父とただ話がしたかった。その後、父と話すのは、何か重要なことにあれこれと悩むような時であった。私はいくつかの選択肢を父に話し、しばしば助言を求めた。もちろん、答えは聞こえてはこなかったが、それでも父の反応が何であったかというはっきりとした感覚を覚えた。

こういった経験のある遺された人のほとんどと同様に、私もプライバシーが必要であると思った。このような会話が持つ、傷つきやすくて、およそ催眠のような作用がプライバシーを要求するようである。最初、私は歩きながら、父と話した。それもほとんど常に、黄昏の頃であった。誰かが近づいてくると、すぐに話を止めた。その後、エレベーター、それも古い建物のとくに古いエレベーターの中がうまくいくことを発見して、悦に入った。そういったエレベーターはドアがゆっくりと開き、動きも遅い。降りようとする階に着くと、エレベーターはまた止まるまでにしばらく時間がかかる。私がニューヨーク市で住んでいるアパートのビルのエレベーターはまさにそのようなものだ。私が急いでいる時には、残念ながらほとんどの場合はそのような感じだが、エレベーターのガタガタした動きが気にさわる。しかし、私が父と話す必要がある時には、そのエレベーターは完全なプライバシーのある空間を提供してくれる。

＊＊＊

それは健康的な行為なのか？

このような行為がよく認められるという事実は、ほとんどの場合、けっして病的ではないことを意味している。しかし、同じような意味で、行為がよく認められるからといって、かならずしも健康的であるという意味でもない。亡くなった愛する人との間に現在進行形の情緒的絆を持ち続けることがよいことなのかどうかという疑問が残る。

やや皮肉ではあるが、従来の喪の作業の概念の限界が明らかになるとともに、新世代の悲嘆の研究者たちは正反対の方向に注意を向け始めた。換言すると、死別体験をたくみに乗り越えるのに必要なのは、故人との情緒的絆を絶つのではなく、むしろ持ち続けることであると主張し始めたのだ。この画期的な変化が生じたのは、一〇年以上も前に『続く絆：死別に関する新たな理解』（*Continuing Bonds: New Understanding of Grief*）と題された一連の学術論文が出版されてからであった。その本は表紙で、「悲嘆の専門家の中に新たな合意が生じてきた」と主張し、「健康的に死別を乗り越えると、故人との間に引き続き絆を保つことができるようになる」と述べている。[6] 他の本も同様の視点について解説している。たとえば、効果的な死別にはある種の「変換が必要であり（中略）そこでは、実際の（「息をして、生きている」）関係は失われたものの、他の形態の関係は残っているか、あるいはより繊細な形に発展している」と一組の研究者は主張した。[7]

このような新たな視点が出てくると、一連の新たな研究も始まった。しかし、遺された人が故人との間に引き続き絆を持ち続けることに対する一方的な楽観論とは正反対に、新たな研究から生じた知見はきわめて複雑なものであった。生者と死者の間に確固たる絆があるのは有益であり、適応的であるとする研究もあれば、今は亡き愛する人と引き続き関係を持っているのは不健康であると主張する研究もあった。こういったことが起きて、ある特定の疑問についての複数の研究の知見が別の結論を示しているように思われると、ほとんど常に他の要素が考慮されていないからだとされる。研究者はこれらの要素を**調節変数**（*moderating variables*）と呼ぶ。

この場合、もっとも重要な調節変数のひとつは、絆がどのような形を取ったかである。たとえば、故人の持ち物にしがみついたり、故人の持ち物を使ったりするのは、かえって死別を困難なものにするという確固としたエヴィデンスがある。[8] この点について理解するために、まず今は亡き愛する人の持ち物に拘る、より良性な形態について考えてみることにしよう。気に入っていた服や宝石、おそらく本など、故人がとても大切にしていた物を、遺された人がいつまでも取っておこうとするのはめずらしいことではない。時には、ゴルフのクラブや編み物篭といった故人の趣味に関連した物である。また、時には、遺された人がしがみつく物がとくに故人とは関係がなく、故人に関連した特定の出来事や大切な思い出を蘇らせる物である。こういった物を大切に取っておくことは、今は亡き愛する人を大切にするように感じる。ある意味で「私はけっして忘れない」というひとつの方法である。

故人の持ち物にしがみつくというのはさまざまな形を取る。たとえば、亡くなった人の個人的な持ち物を生前とまったく同じように保とうとする人もいる。この行為は強迫的にすらなる。部屋をまったく同じようにしておく。ある物をかならず同じ場所に置く。それは故人がそのように望む場所でなければならないといった具合にである。ここまでいくと、直感的に何かがおかしいと感じる。ある種の秩序を保とうとする態度が極端すぎる。死という現実を否定しようという必死の闘いをしていたり、故人の魂との絆は家具を正しい場所に置くことにかかっていたりするという感じですらある。

ソンドラ・ビューリューやダニエル・レヴィが亡くなった配偶者との間に抱いたある種の疑似幻覚様の交流や、ある程度は、ヒーサー・リンキストと私が述べたような一種の会話といった、死後も続く絆という考えについてのよりありありとした関係はどうだろうか？　悲嘆の最中にあって、この種の交流がある人は、それが慰めを与えてくれるとしばしば言う。私自身の経験を客観的に語ることはできないが、ソンドラとダニエルに面接していた時に、私は彼らに防衛や否認の兆候は一切気づかなかった。来世があるなどと彼らが私を説得しようとするといったこともなかった。彼らが自分の考えを他者に押しつけようとしているようには見えなかった。むしろ、自分の体験を積極的には話したがらなかった。しかし、私が彼らの体験の現実性について質問すると、亡くなった配偶者とつながりがあると感じる、はっきりと触れることができて、圧倒される何かがあったと答えた。そういった体験が喪失を乗り越えて、その意味を見出すのに、自分を助けてくれたことも同じように明らかであった。

この点についての研究は今まさに進行中であるが、いくつかの重要な要素がこの種の絆が健康的なものであるかを決定する。ひとつの要素は時間である。亡くなった愛する人との現在進行形の関係を経験することは、悲嘆の後期では健康的であることが多い。しかし、死別の直後では、遺された人はまだ動揺する悲しみに圧倒されがちである。そのような脆弱な状態にある時期に、想像上の会話にふけったり、故人の存在を実感することにしがみつくと、感情はより強い苦痛と苦悩の方向へと揺り動かされてしまいかねない。悲嘆を受け入れ、情緒的な平衡に向かっていくにつれて、この種の絆の経験を活用して、平穏と故人とのつながりを維持するのが容易くなっていく。[9]

もうひとつの要素は絆の強さである。中等度の強さで起きる限り、死後も続くほとんどのような種類の関係は慰めをもたらす可能性がある。ただし、絆が強くなりすぎたり、あまりにも広い領域を含めたりするようになると、自己を見失い、孤独と思慕に陥る可能性が出てくる。以前の章で解説したような、愛着の質という要素もある。とくに死別後の初期の数カ月では、関係が絶望的で不安定に思われ、故人の存在を感じることは気力を萎えさせるかもしれない。死別の苦痛をさらに悪化させるかもしれない。その一方で、もしもその関係の質についてより安心感を抱き、自信を持っているならば、その絆が慰めを与えてくれる可能性が高い。

死後も続く悲嘆の最中の絆に関する指導的な研究者のひとりであるナイジェル・フィールド（Nigel Field）とともに、私はこの考えについて探ってきた。ナイジェルと私は、最近配偶者を亡くした男女に対して、亡くなった配偶者と想像上の会話をするようにと指示した。まず、私たちが配置した椅子に故人が座っているのを思い浮かべるようにと依頼した。そして、テープレコーダーで追加の指示を出し、私たちは部屋を出て、披験者は完全にひとりきりでこの課題をこなすことができるようにした。テープから流れた指示とは、披験者が故人と「もう一度だけ」話をする機会を与えられた場面を想像してみて、配偶者の死後、伝えたかったことを自由に話すようにというものであった。会話をより現実的なものにするために、配偶者の名前を口に出して直接話しかけるようにと強く働きかけた。前もって披験者から同意を得たうえで、会話が始まると、別室からマジックミラー越しに録画し、後に愛着行動をコード化できるようにした。

この研究の参加者の中には、想像上の会話の中で愛着の不安定さや絶望感を明らかに示した人もいた。彼らは故人がいなくては自分には何も価値がない、我を忘れ、空虚で、弱々しく、喪失体験に圧倒されていると語った。このように語った悲嘆の最中にある人は、個人的な生活の中でも亡くなった配偶者と微に入り細に入った、極端な現在進行形の関係を経験している率が高かった。私たちが予想していた通り、彼らはより重症の悲嘆反応も呈していた[10]。

こういった研究は、死後も続く絆が健康的なものであるか否かという点に影響するいくつかの要素を理解するうえで重要な発展をもたらしたばかりでなく、さらにより広い視点を明らかにした。死後も続く絆の価値を重視する理論家の多くが、重要な要素は文化であるという点で意見の一致を見た。実際に、その主張を証明するために、非西洋の文化圏以外における故人との現在進行中の関係の率を探り、古代文化の儀式において死後も続く絆が果たしてきた重要な役割を指摘した。しかし、文化とは、定義の難しい単語であり、生と死と悲嘆という状況で文化を検証すると、多かれ少なかれ、異なる文化にいる人々が来世をどのように考えているかという差の問題となってしまう。

第10章 来世を想像する

一九七七年にアメリカ航空宇宙局（NASAと略）はボイジャー1号を打ち上げた。宇宙のはるかかなたへ片道の探査飛行が二回実施されたが、その最初の発射であった。探査機は木星と土星を目指した。もしも成功すれば、そしてそう望まれたのだが、太陽系の辺縁にある広大な空間にまで達するかもしれなかった。数多《あまた》の技術的問題や科学的挑戦が次々に生じたが、探査機がもたらす可能性のある新しいデータの数は計りしれなかった。ボイジャー計画はきわめて野心的であったが、NASAの科学者たちにはそれでも自らの好奇心を満たそうとする余裕があった。彼らはボイジャー号にいくつかの文化的な物を載せた。宇宙船が何らかの偶然で宇宙人に遭遇したら、地球の生命を知らせることになるかもしれないという考えからだった。どのような物が含まれていたのだろうか？　科学者たちが選んだそのうちのひとつが、一九二〇年代にブラインド・ウィリー・ジョンソン（Blind Willie Johnson）が録音したブルース『**人間の魂**』(*Soul of a Man*) であった。その歌の悲しげなリフレインは注釈が必要ないほどはっきりと何を伝えたいかを明示している。「できることなら、答えてほしい。誰か私に答えてほしい。人間の魂とは何かを！」

人生のある時期に、ほとんどの人は来世でも生き続ける魂の可能性について考えたことがある。もしも来世について考えるとするならば、どのように来世を考えるかは、亡くなった愛する人との絆を死後も引き続き感じられるか、そして、最終的に喪失に対処できるかを決定するうえで、重要な役割を果たす。本章では、世界中で人々が来世をそれぞれ異なって考えていることについて詳しく見ていくことにしたい。しかし、この旅を始める前に、自らの足元から眺めていくことにしよう。まず天国についての西欧の概念から始めよう。

天国での再会、あるいは天国での別れ？

ユダヤ教、キリスト教、イスラム教といった三大一神教のどれにも、天国という最後の安息の場所についてのその基本的な形態がある。この概念は、ポップカルチャー、本、映画、広告、そして冗談の中にもしばしば現れる。皆がこの概念を深刻にとらえているわけではない。ふたしかな考えしか持っていない者もいる。著名な作家であり、有名な保守派の批評家ウィリアム・F・バックリー・ジュニア（William F. Buckley Jr.）の息子であるクリストファー・バックリー（Christopher Buckley）は最近、来世を信じているかと質問された。彼の答えは「とんでもない。でも、時々、父さん、天国にいるのですか、天国は本当にあるのですか、などと考えることもある」と答えた[1]。

この考え方はとても単純である。天国は平穏な場所で、この世の試練や苦痛から解放され、この世を去った魂が永遠の安息と慰めを得られる場所であると、ほとんどの人は思い描く。普通は死に対してひどく恐れおののくのだが、こういった正常の状況ではこのような単純な概念が慰めをもたらす。実際に、来世を固く信じている信仰心の篤い人は一般的に精神保健が良好である。[2] そして、死についての心配や不安も少ない。[3]

表面的には、天国という考え方は、悲嘆の最中にある人にとって、少なくとも悲嘆の初期には慰めとなる。善良に生きてきた人を天国が待っていると率直に信じている人にとって、愛する人の死は真の別れではない。それはむしろ、長期にわたる不在のようなもので、いつかはその終わりが来て、結局、愛する人と遺された人は天国で再会を果たす。

これはロバート・ユーイングが信じていたことであった。妹のケイトが亡くなって約一年半後、死は生の一部であることを理解するようになったと彼は私に語った。「私たちは皆遅かれ早かれ死を迎えなければなりません。それぞれに寿命があります。私は人生に満足しているので、自分の死期を早めたいとは思いません。神が私に人生を与えてくださったのです。私は自分の家族、私が知っていて愛している人たちに満足しています。でも、死ぬ時が来たら、それもまた生の別の部分なのです。死は生の一部です。天国のような所、私はケイトがそんな所にいると考えています。そういった考えが心地よいのです。妹は天国で平穏です。そして、神の思し召しで、私の死期が来たら、私は妹と再会します。家族全員、ケイト、妻、子どもたち、私たち皆がいつかは天国に召されるのです」。

残念ながら、こういった筋書きを、多くの人は信じ難く感じるものである。実際に、アメリカ人では、遺された人の約三分の一しか、愛する人が天国にいるかもしれないと考えても慰めを得られないと研究結果が示している。[4] 理由のひとつとして、天国そのものに固有の問題がある。天国がそもそも確固とした存在ではないからである。天国についての理解が数千年をかけて発達してきたように、その正反対の極、怒りに満ちた地獄の火といった概念化についても同様である。人類が宇宙に秩序と構造を当てはめようとしてきたというのは事実なので、このような概念は徐々に弁証法的性質を有するようになった。すなわち、天国が平和で遠い存在になればなるほど、地獄の火はますます恐ろしくて、苦痛に満ちたものになっていく。[5] 多数のアメリカ人は地獄の存在を信じていると研究は明らかにしてきた。[6] 悲嘆の最中にある人にとって、愛する人の魂の運命がふたしかで、天国に召されるのか、地獄に落ちるのかというのは、深刻な悩みをもたらしかねない。[7]

愛する人が来世でどのような究極的な運命に陥るかということについて遺された人が経験する苦悩を一九九八年に製作された映画『奇跡の輝き』（*What Dreams May Come*）が辛辣に描いている。映画のファーストシーンで、ふたりのアメリカ人旅行者クリスとアニーがスイスの人里離れた山の湖で出会う。彼らは恋に落ち、結婚して、ふたりの子どもを授かるが、悲劇が襲う。子どもたちが交通事故で亡くなると、クリスとアニーの人生は引き裂かれてしまう。ふたりの死別反応は深刻であったが、数年後、彼らには明らかな回復の兆候が認められるようになった。しかし、クリスも事故死してしまい、悲劇が再び襲った。

それに続くシーンでは、クリスが天国への階段を昇っていき、ふたりの子どもに再会するという、驚くほどの視覚的な空想を描き出す。しかし、父と子の幸せな再会は長続きしなかった。クリスがさまざまな出来事をつなぎ合わせて考えると、彼の死後、妻のアニーがうつ病になってしまったことに気づいた。そして、絶望のあまり、彼女は自ら命を絶った。キリスト教は自殺を強く禁じているので、アニーは地獄に落とされるとクリスは思った。彼は深く苦しんだ。天国であろうと、なかろうと、クリスはアニーなしでは生きていけないと気づき、映画の残りの部分は妻に再会するための苦痛に満ちた試みとなっていく。

たとえ地獄に対する不安を払拭し、今は亡き愛する人が天国に行ったと思いこむことができたとしても、天国は遺された人が望んでいる故人との交流を厳しく禁じているという別の問題が持ち上がる。いつかは再会できるとありありと空想できるかもしれないが、両者の間にはたしかに別離が存在し、それは苦痛に満ち、取り返すことができず、永遠の別離のように見える。天国にいる愛する人から見守られているとか、天国にいる人は「上から」遺された人の言葉を聞いたり、姿を見たりできると多くの遺された人が感じる。こういった確信は心の安らぎをもたらすが、天国にいる愛する人は生者に影響を及ぼすことも、交流することもできない。故人は生者を訪れたり、会話をしたりできないのだ。天国という概念を受け入れているが、この種の絆を渇望している悲嘆の最中にある人は、大変つらい思いをしがちである。

信仰心が篤いか否かに関係なく、おそらく最大の壁は、天国がそれほど信じられるような概念ではないという点だろう。宗教的・霊的確信に関する世界中の大規模研究によれば、天国を固く信じているというのは、貧困で、教育程度がより低い農業国であるという。米国のような工業国や工業支配後の国では、天国について確信している人は激減している。工業支配後の国で調査された半数以上の人々が天国は存在しない、三分の二以上が魂のような存在を信じないと答えた。[8]

タイム誌の一九九七年のカバーストーリーは大見出しで「天国は存在するか?」と読者に問いかけた。[9]記事のトーンは、現実に天国は存在するかという点について深刻な不一致があることが明らかであった。もちろん、恩恵に満ち、何の努力も必要もない楽園として描かれている古くからある素朴な天国の存在を主張する敬虔なキリスト教徒の言葉が引用されていた。しかし、疑いを声高に主張し、たとえ天国の存在を信じている人の間でさえも、そのような願望はあり得ないといった言葉も引用されていた。さらに、聖職者や神学者は地域の人々に対して天国の比喩を文字通りに受けとめないようにと警告していた。宗教学者でさえも信仰を現代化し、正統なものとするために、天国の概念を控えめに言う傾向が強まってきている。さらに強硬な路線を取る宗教的な指導者もいて、天国の概念が生じたのは古い聖典をあまりにも文字通り解釈しすぎた結果であり、単に「子どもじみていて」「物質至上主義的」で、多くの意味で「非聖書的な要素」が含まれるとさえ主張する。[10]

天国で愛する人と再会できるという願望についてはさまざまな不一致があるが、ドン・デリーロ（Don DeLillo）の小説『ホワイト・ノイズ』（*White Noise*）という核心を突いた小説がその点についてありありと描写している。[11] 小説の主人公は銃創を負った。そして、自分がカトリック教会が運営する病院にいることに気づく。彼の傷に包帯を巻いている看護師は尼僧である。看護師が傷の処置をしている間、頭上に飾られた絵を眺めている。そこには暗殺されたケネディ大統領とローマ法王が天国で会っているという理想的な場面が描かれていた。彼は尼僧に、「天には、今でもあのような古きよき天国があるのですか？」と尋ねた。尼僧の反応に彼は驚いた。

「あなたは私たちが馬鹿だと思っているのですか？」と尼僧は答えた。

その激しい反応に私は驚いた。

「それでは、あの絵のように、神、天使、救われた魂の居場所がないとするならば、カトリック教会は天国とは何だというのですか？」

「救われた、ですって？　救われたというのはどういうことですか？　この病院に来て、天使について話すなんて、馬鹿馬鹿しい。それなら、私に天使を見せてください。お願いします。私は天使を見たいです」

「でも、あなたは尼僧ですね。尼僧はそういうものを信じているのでは……」

「そんなことを信じているなんて、よほど頭が悪いのでしょうね」

「私が何を信じているかが問題なのではありません。カトリック教徒であるあなたが何を信じているかということです」

「それはたしかに真実です」と彼女は言った。「神を信じない人には、神を信じる人が必要なのです。無神論者には、神を信じている人がとても必要なのです……」

「そもそもあなたはなぜ尼僧になったのですか？　どうしてあんな絵を飾っておくのですか？」

彼女は少し身構えたが、その目には侮辱するような喜びが満ちていた。

「それは他の人たちのために飾ってあるのです。私たちのためではありません」

「でも、それは馬鹿げている。他の人たちとは？」

「他のすべての人たちです。私たちが今でも……を信じていると疑わずに生活している他の人たちです。私たちがこういうことを信じている振りをしないと、世界は崩れ去ってしまうでしょう」

「振りをする？」

「もちろん、振りをする、です。あなたは私たちが馬鹿だと思っているのですか？　それなら、ここから出て行きなさい」

「あなたは天国を信じていないのですか？　尼僧なのに？」

「あなたが信じていないのに、なぜ私が信じなければならないのですか？」

「あなたが信じるならば、おそらく私も信じるでしょう」

「私が信じているとしても、あなたが信じる必要はありません」

転生

来世についての議論に対して科学がしばしば結論を下すことがあるが、経験的アプローチがすべての疑問に答えられるわけではない。ロバート・サーマン（Robert Thurman）のような仏教学者は早くからこの点を取り上げてきた。西欧の科学的世界観では、心拍と脳の活動の停止を、意識の停止であるととらえてきたが、「意識の停止が死の様相であるというのは、科学的知見ではない。これはあくまでも認知的な概念である。（中略）科学はこの様相を疑問視するのを怠ってはならない」とサーマンは考えた[12]。ヒンズー教徒や他の多くの宗教の信者と同様に、仏教徒は実際のところ死が意識の停止をもたらすという考えに疑いを抱いている。実際に彼らは、肉体としての生の終わりが人間の存在の終わりではなく、漠然とした遺物や意識の本質は存在し続け、結局は、輪廻の過程によって新たな生命として蘇るという共通の確信を抱いている。

天国に対して当てはめた同じ方法でもって、西洋人はしばしば輪廻転生を否定する。輪廻は単純すぎて、近代世界についての広範な知識と一致させるのはほとんど不可能である。天国や輪廻についての考えも含めて、来世に対する私たちの考えのほとんどは、人間が小さなグループや部族として生活し、互いに密接な関係を持っていなかったような、歴史のごく初期に発達してきた概念にその起源がある。人間の祖先は、広い世界というよりは、ごく限られた地域としての世界を経験していたに過ぎなかった。彼らは地球の広さや形も知らず、それ故に生命の進化についての知識はなかった。こういった視点から死後の生について比較的単純な考えが生まれてきたのである。

こういった概念は近代という状況から見るときわめて矛盾が多い。[13] もしも、魂が輪廻を通じて常に再生されているとするならば、たとえば、どうして世界の人口が増大し続けているのだろうかと疑問を呈する必要があるかもしれない？　新たな魂はどこから来るのだろうか？

しかし、西洋文明が輪廻という概念を忌避する理由の一部として文化的なものがあるという点を念頭に置いておくのは重要である。天国のイメージが西洋人の心に時間をかけて浸透していったように、輪廻の概念も東洋の文化の原型に取り込まれていった。文化的な差が誤解に大きな差を生んだのである。

私がインドの友人で同僚である人と話をして、この種の誤解についてはじめて気づいた。輪廻を話題にすると、彼はこの話題にひどく懐疑的になるだろうと私は予想した。その友人はこれまでに広く世界中を旅行していて、ムンバイ、ロンドン、ニューヨークを行き来している。彼は有名な学者で、きわめて知的で、さまざまな話題について知識も豊富で、正直に言うと、やや皮肉屋でもあった。

彼はヒンズー教国で育ったので、輪廻を信じているのかと私は質問した。母国では輪廻の概念がきわめて広く信じられているのだが、それは彼がよく知っていると思われる西洋の知的伝統とは矛盾するという点に気づいて、人生のある時期に、彼がひどく悩んだに違いないと私は考えたのである。驚いたことに、彼は輪廻の実態に一度も疑いを持ったことがないと言った。私は驚きを隠せなかったのだが、彼はそれに気づいて、自分が輪廻の考えとともに育ってきたことを説明した。論理的・実証的視点から輪廻の概念を正当化するのが難しいと考えたとしても、輪廻は彼にとって常に個人的・文化的背景の核心的要素であったのだから、それを単に受け入れてきたというのであった。

同じような意味で、次の興味深い話について考えてみよう。著名な天文学者のカール・セーガン（Carl Sagan）がある時ダライ・ラマ（Dalai Lama）に「輪廻が不可能だという結論を示すことができたら、あなたはどうしますか？」と尋ねたという。仏教徒は、科学的知見を含めて、直接的な知識の重要性を強調する。ダライ・ラマも直接的に答えた。彼はただちに言葉を発し、輪廻はもはや独立して存在可能な概念ではないとはっきりとセーガンに答えた。しかし、少し間を置いてから、ダライ・ラマは「でも、どうやってその結論を示すことができるのですか？」と控えめに質問した。もちろん、セーガンに答えはなかった。[14]

証拠に基づく議論はしばらく脇に置いておき、輪廻は悲嘆の苦悩を和らげるのに役立つ何かをもたらすだろうか？　輪廻は東洋の宗教の重要な霊的概念であるが、実際に死という現実を否定するものでもなければ、さらに重要な点として、死別の苦痛をかならずしも和らげるものでもない。この点で、天国と輪廻には共通点があるものの、両者には重要な差もある。重要な差のひとつとして、天国は亡くなった愛する人との再会を最終的に約束するのだが、輪廻はこの点が明らかではない。過去の人生で知っていたふたりが将来の輪廻転生を通じて再会することは可能であるが、ごく稀な場合を除いて、互いの過去の関係についてまったく知らない。輪廻に興味を抱く西洋人はこの難題に対処しようとして、過去の自己へまで退行して、自分が誰であったかを探し当てるのに役立つ神秘的な技法を用いようとする。しかし、結局、このカルトのような技法は西洋では輪廻の概念をさらに理解が難しいものにしてしまうようである。

チベット仏教徒には輪廻に迫る独自の方法がある。古代の、仏教以前の、梵教に起源のある体系を用いて、チベット人は輪廻と輪廻の間に存在する猶予された状態について微細な概念を発達させてきた。チベット人はそれをバルド（Bardo）、あるいは中有と呼び、それについては『**中有における聴聞による解脱につい**

ての偉大な書』（*The Great Book of Natural Liberation Through Understanding in the Between*）あるいは一般的に『チベット死者の書』（*The Tibetan Book of the Dead*）として知られている本の中で非常に詳しく述べられている。[15]

『チベット死者の書』の起源は神秘に満ちている。この書は半神秘的な霊的指導者パドマサンバヴァ（Padmasambhava）によるものとされている。彼は六世紀にその言葉を書にまとめさせ、他の文書とともにチベットの洞窟や山に隠したとされている。隠されていた経典は、一四世紀にパドマサンバヴァが転生した僧が発見したとされている。[16] その書には、霊的世界、輪廻と輪廻の間の状態、信徒は目に見えない領域に神聖な形で到達することによってより高い霊的な存在になることで救済されるといった記述がある。パドマサンバヴァがこういったことを単に思いついただけだというのは容易いが、チベット人は数世紀かけてこれを霊的指導の原理としてとらえてきたのである。

チベット人は『チベット死者の書』を愛する人の死に備える助けとしても用いる。この書の現代語訳の注釈は、書を読み上げて、死にゆく愛する人が中有の領域への旅に備え、死をコントロールすることを助けるようにと勧めている。この儀式は、死にゆく者に慰めを与えるとともに、愛する人の死に対して不安を抱いている遺される友人や身内を助けることにも役立つ。

この死へのアプローチの方向性は魅力的ではあるが、多くの西洋人にとっては、死にゆく人を死と次の生の間の状態に導くという概念はやや文化的に見て理解が困難である。西洋人はこの概念に興味を抱く（たしかに、悲嘆に暮れる人に助力して亡くなった愛する人の輪廻転生へと導くと主張するワークショップや自習書がすでに数多く手に入るほどである）。しかし、実際には、輪廻もまた、天国の概念で問題となったのと同じ恐怖や空想に陥ってしまう。

天国や輪廻を含めて、来世の概念のほとんどすべてに伴うきわめて困難な問題とは、私たちがこのような概念をあまりにも文字通り受け取ってしまいがちなところである。人間の条件がこのようなものであるため、自分が死んだ後に何が起きるのか誰も知ることができない。これは人間の宿命でもある。しかし、故人と再会したいとの願望のために、自己の信念を歪曲させてしまう。自分が望むところ、あるいは少なくとも自分が望んでいると思っているところまで、信念を広げて、単純化する。

＊＊＊

ジュリア・マルティネスは亡くなった父親と会話を交わしたことはなかった。最初、私が彼女を面接した時に、父親の存在や、父親が天から自分を見守っているように感じたことはないときっぱりと否定した。しかし、後になって何となく恐る恐る、亡き父親について秘密にしている考えがあると認めた。彼女は父親が生まれ変わって、猫になったと信じていた。自宅を遠く離れて大学に入学した娘を見守るために父親は生まれ変わったと信じていた。「それが最初に起きた時、私は学生寮の外にいました。そして、自宅に戻ると、その同じ黒猫がいました。猫は私のところにやってきて、喉をゴロゴロ鳴らし、よく猫がミルクか何かをほしがる時のような仕草をしました。猫は私をじっと見つめていました。猫は私を見つめ、そして、私は何も考えずに、『お父さん？』と話しかけました。ふと頭に浮かんだのです。猫は喉を鳴らし、体を私の脚にこすりつけてきました」。

ジュリアはこの考えが百パーセント正しいとは思っていなかった。「誰が真実を知っているのでしょうか？　父は猫になったのです。猫はまるで父のように振舞います。本当に父とそっくりです。（中略）父は私に多くを求めません。私が餌をやったくらいです。それから数日、姿を見せなかったのです。でも、私の気分が落ちこんだり、何か動揺したりすると、かならずその猫が姿を現しました。いつも私の傍にいてくれました。まるで父のようでした。私が帰宅すると、そこに父がいて、その猫はいつも私のところにやってきて、私を見つめるのです。それはまるで、『ジェイ、大丈夫だよ』と父が言っているようでした。父は私をいつも『ジェイ』と呼んでいました」。

反論されたくなかったからというのが、自分の経験を話すのをためらったという部分的な理由であったとジュリアは私に話した。私はジュリアのような話をたくさん聞いた。死別の苦痛と故人への思慕に圧倒されてしまっている悲嘆の最中にある人は、亡くなった愛する人とのコミュニケーションの兆しを想像する。遺された人はしばしば故人が他の存在として（典型的には動物になって）やってきて、何らかのサインを送ると信じていた。

こういったサインを認識することがもたらす慰めが何であれ、長続きはしないように思われる。最初は、おそらく新たな接触についてのある種の予期や興奮があるだろうが、その状態から目が覚める。新たな関係は時間の限られたものである。他の形はあり得ない。ジュリアがいかにそう望んだとしても、猫は父親ではない。ジュリアが言ったように、「猫は話をしない」。ほとんどの飼い主が承知しているように、猫は一生懸命に話に耳を傾けてもくれない。

完全な類似

西洋人そして東洋人の一部でさえも輪廻の概念をさまざまに装飾していった方法には多くの皮肉が認められる。最初に輪廻の核心が発展していった東洋の宗教の伝統では、この概念は常に複雑で難解な意味をなしていった。たとえば、自分が知っていた愛する人が亡くなった後は、実際には生き返ってくることはできないとよく理解されていた。故人が別の生を生きるというのが本質であったとしても、それを明らかに認識することはできない。

再生の概念は、あるいは魂の転生（transmigration）と呼ばれることもあるが、紀元前九世紀頃のインドで生まれた。ウパニシャドのような、この時代の東洋の経典は複雑かつしばしば意図的にどのような意味にも取れるように書かれている。それよりもやや後に西洋に現れたギリシャ哲学の議論に比べると、これらの初期の東洋の経典はきわめて晦渋である。[17] そして、これは輪廻の概念がこれほどまでに説得力をもった原因のひとつかもしれない。輪廻の課題に関する現代の「新世代」の哲学者は、古代の経典に正面から向きあおうとしないで、きわめて漠然とした点を取り上げて、ほとんどすべてを自己の都合のよいように解釈してきた。

古典的なヒンズー哲学者の間では一般的に合意が成立していたが、輪廻とは、特定の人生についての記憶を持つ個人が生き返ってくるという意味ではない。ヒンズー哲学における自己は、個人よりも幅広く、仏教における自己にある意味で近い。仏教はウパニシャドと同様の状況から発展してきたものであり、日常生活における自己は幻想的なものであると説いている。人は誤って物質的な願望や欲求を自己に求めているのであり、ウパニシャドによれば、真実の自己、すなわちアートマンはけっして個人的なものではない。アートマンとは個人の否定を通じてのみ理解可能だとヒンズー哲学は考えるので、英語の自己（self）は実際のところ関連のある単語とさえ言えないのである。アートマンとは人間の存在の核心で共有されている何かより大きなものに基礎を置いていて、それは永遠に存在する宇宙の魂のようなものである。死が訪れると、個人的な要素や記憶はすべて消え去り、ただアートマンのみが残るのであるから、死を恐れることなど何もないのだと、ウパニシャドは説く。[18]

同様の概念は仏教の経典にも一貫して認められる。仏教の輪廻の概念を西洋人に説明しようとして、フランス生まれの仏教僧マチウ・リカール（Matthieu Ricard）は「輪廻とは、何らかの存在が転生するというのとはまったく関係がない。『魂』など存在しないのだから、輪廻はメタ精神病の過程などではないのだ」と述べた。[19] 仏陀自身も信徒に対して、「私は過去には何であったのか？」「私は未来で何になるのか？」といった疑問に耽ることがないようにと警告した。なぜならば、こういった疑問は単に自己否定、恐怖、乱心に導くだけだからであると仏陀は説いたのだ。[20]

しかし、仏教徒は人間が死ぬとどうなると信じているのかという疑問は残る。その答えは本書の範囲をはるかに超えてしまうだろうし、ヒンズー教や仏教の経典に示された説明は残念ながらひどく漠然としたものに過ぎない。明度（luminosity）[21] とか究極的側面（ultimate dimension）[22] といった単語がある。アメリカ人の仏教徒ロバート・サーマンは「きわめて微妙な心身」の状態について記述し、それは「記述し、理解するのが非常に難しく」、「何か硬直した、確固とした存在」と誤解すべきではないとしている。むしろ、「個人の存在のもっとも本質的な状態は心身の二義性を超えていて、宇宙の微妙で、活性化し、知的なエネルギーからなる」というのである。[23] サーマンはこの状態を「不滅の一滴」とか「すべての存在の生きる魂」とか記述したが、それは永遠の自己などではないとも強調した。[24] このように、結論はまったく得られていないが、これがまさに本質を語っているのかもしれない。

たとえば、次のような例が仏教の経典の中にある。貧しい放浪者ヴァッカゴッタが仏陀に「世界は永遠ですか？」と尋ねた。仏陀は「ヴァッカゴッタよ、私はそのようなことを言ったことはない」と答えた。そこで、ヴァッカゴッタは「それでは、世界は永遠ではないのですか？」とさらに質問した。仏陀はそれに答えて「ヴァッカゴッタよ、私はそうも言っていない」と述べた。[25] それでも挫けずに、あわれなヴァッカゴッタはしつこく質問を続けた。「他の宗教指導者たちははっきりと答えているのに、どうして師はこの問題について沈黙を守るのですか？　どうして他の指導者たちは立場を鮮明にしたがるのですか？」仏陀がそれに答えて、「他の宗派の指導者たちは自己が永遠に続くといった幻想を誤って受け入れているからこそ、そういった疑問に答えられるのだ」と言った。

これらのすべてがきわめて難しいように思えるので、科学的志向に基づく西洋の世界観で、こういった概念と和解するのが可能であるだろうか、あるいは少なくとも、過度の単純化をしなくても和解が可能なのだろうかという疑問が浮かんでくる。偉大なアメリカの心理学者ウィリアム・ジェイムズ（William James）のような多くの知識人がこれに答えようと努力してきた。ジェイムズは現代心理学の祖として広く認められている。ジェイムズには優れた知力があり、一九世紀末から二〇世紀初頭にかけて人間の心理に関して多くの著書や論文を発表した。そのうちの多くが心理学の専門誌に今でも引用されている。

生涯にわたり、ジェイムズは霊的な問題に大きな関心を払ってきた。彼は一八九三年に今も有名な講演を行ったのだが、その中で人間の不死の願望を「人間の偉大な霊的欲求のひとつ」であると述べた。[26]彼は予言者のように、このもっとも基本的な欲求と生物学的・生理学的科学のエヴィデンスの間の葛藤について指摘した。これは現代における西洋哲学の議論の焦点でもある。科学者も一般の人々も同様に、人間の内的生命、あるいは意識の経験は脳の機能のみから生じていて、脳が生理的に死に至ると、意識も停止するという、不可避のように思われる結論を共有するようになってしまったというのである。

驚くべきことに、ジェイムズはこの視点に反論した。当時入手可能だったエヴィデンスは「脳自体が死んでも、生命は維持されるかもしれない」という可能性を除外するものではないと述べた。[27]ジェイムズの議論は現在にも容易に進展させることができる。問題は脳の機能についてのエヴィデンスにあるのではなく、むしろ、脳の機能のみが意識を産み出すという狭い視点にあるのだとジェイムズは考えた。科学によれば不死の希望は完全に絶たれると確信している科学者が『思考は脳の機能である』といった言葉を発すると、「蒸気は薬缶の機能である」「光は電気の機能である」というように物事をとらえてしまう。[28]ジェイムズの反論的立場は、この視点が単に脳の「生産的機能」を強調しているに過ぎないというのである。自然の存在には、単なる生産を超えた機能があるという。プリズムは光を屈折させて、「透過」機能を果たす。パイプオルガンの弁は空気を放出させて、「調節」機能を果たす。このようなさまざまな機能は人体の各部位の特徴でもある。たとえば、網膜は色の情報を検知して、視神経を通じて脳に「伝達」する。心臓の弁は血流の出入りを「調節」する。脳も同様に、通常は目に見えない宇宙の力を透過したり、調節したりはできないのだろうか？

このようにどちらかと言うと驚くべき点から始めて、次に彼は聴衆に向かって、一連の仮説について考えてみてほしいと呼びかけた。それは驚くほど東洋の宗教的認識論に近いものであった。ヒンズー教のアートマンの概念を繰り返しながら、ジェイムズは「この過程において意識は産み出される必要はなかった。（中略）それはすでに世界とともにひっそりと存在している」と推量した。[29] 人生ははかなく、自己の幻想的な性質についての仏教の原理を反映させながら、「物質的存在からなる全宇宙（地球の将来や昇天）は単なる現象のごく表層に過ぎず、純正な現実世界を隠蔽している」と彼は考えた。[30] 来世についての考えは単純すぎて、非論理的であるという考えがごく一般的に批判されるが、その点についても取り上げようとした。たとえば、輪廻と世界的な人口増加の疑問に対して、「限られた大きさの部屋に魂が集まってきて、なんとか新しく来た魂のために押し合いへし合いしながら、空間を空けようとしているといったようなものではない」と考えた。[31] その正反対で、「個々の新たな魂は自己の空間宇宙を持ちこみ、それが存在する場所もある。（中略）ある人が覚醒したり、あるいは、生まれたとしても、だからといって宇宙の意識を常に平穏に保つために、別の人が眠ったり、死んだりする必要はない」[32]。

そして、ジェイムズは次のように結論を下した。「他のすべての個人の視点から、自己の存在を認識し、それを楽しむと私は述べる。（中略）多くの異なる表現を通じてと同様に、それらを通じて、宇宙の外的な魂はそれ自身の永遠の生の中に存在しているのである」[33]。

＊＊＊

もちろん、喪失に向きあっている時には一般的には、比喩的な理論などに興味を持つ時間などほとんどない。ほとんどの時間、自分の愛する人がどこに行ってしまったのかを知りたいと思う。他の存在を感じるというのはどういうことかを知りたいと思う。そういった疑問は応えることができないと知っているにしても、重要な点は何かしがみつくものがやはり必要であるということなのだ。

その「何か」を求める鍵はウィリアム・スタイグ（William Steig）の楽しい子ども向けの本『アモスとボリス』（*Amos and Boris*）に美しく表現されている。[34] 話は小さなネズミのアモスが自分でボートを作り、それに乗って大冒険の旅に出るという形で始まる。これは自己を探求するという比喩的な旅である。[35]「ある晩、燐光輝く海で、アモスは鯨たちが光り輝く水を噴出する光景に驚いた。その後、ボートのデッキに横たわって、広大な星空を眺めながら、小さなネズミのアモス、果てしない宇宙のごく一部でしかない小さな生き物は、それらと完全に一体化していると感じた」。しかし、この宇宙と一体化するという恩恵を感じている最中に、悲劇が襲った。アモスは「すべての美や神秘に圧倒されてしまい」、突然ボートから海中に転げ落ちてしまった。あやうく溺れかけたが、幸いボリスという名の大きな鯨に助けられる。そして、二匹の生き物は瞬く間に親友となる。ボリスは小さなネズミが不思議でならない。これまでにそんな生き物を見たことがなかった。アモスもボリスが不思議でならなかった。どちらも生き物に違いないのだが、その大きさやまったく異なる世界で生きていることに驚く。「アモスとボリスは自分の生活や将来の希望を話しあった。大切な秘密も打ち明けた。鯨は地上の生活にとても関心を持ち、自分が経験したことがないのを残念に思った。アモスは海中深くで何が起きているのかという鯨の話に魅せられた」。

スタイグの楽しい話は重要な何かを表現している。他者の目を通した人生を知ると、予期せぬ、しばしば想像もしなかったような洞察が得られる。ここでふたたび悲嘆の話題に戻ることにしよう。ここまで私たちは来世についてどのようにとらえるかについて考えてきた。天国での再会、輪廻転生した魂、宇宙的魂の転生などといった概念について見てきた。しかし、世界は広大であり、これらのいくつかの概念よりもさらに多くの文化的差異がある。実際に、来世についてほとんど考えないという文化もある。むしろ、彼らは来世とともに生活している。もしも、彼らが来世について考えると、そこにユーモア、慰め、そして時には超越さえも見出す。

「あなたたちは生きている身内に満足していますか？」

Ｆ・ゴンザレス・クルシは、毎年一一月二日に祭壇を築き、家をきれいに片づけてから、街に出て楽しい会話を始めて、目に見えない祖先の魂と大声で話し、彼らの声に耳を傾けるというメキシコの田舎の女性の話をした。

父、母、姉妹の神聖な魂よ、さあ、いらっしゃい。どうぞお出ましください。今年はどのようにしていましたか？　あなたたちは生きている身内に満足していますか？　台所にタマーレ、トスタータ、蜂蜜をかけたカボチャ、リンゴ、オレンジ、サトウキビ、鶏のスープ、たくさんの塩、皆さんに飲んでもらえるようにテキーラも少しばかり用意しておきました。あなたたちは私たちが用意した物に満足ですか？　息子たちが今年もとても一生懸命に働いてくれたので、いつものように皆さんにこの食事を用意できました。聖ヨセフがいかがお過ごしか私に話してください。私たちが聖ヨセフのためにお願いしたお祈りが届きましたか？[36]

その日にこの女性の心に何が浮かんだのか、私たちは単に想像することしかできない。しかし、ひとつだけは明らかである。彼女は宇宙の不可抗力の性質についておそらく考えてはいなかっただろう。むしろ、彼女はただ心から楽しんでいた。亡くなった愛する人々がこの女性を訪れていた日には、メキシコ中で、亡くなった友人や知人たちと同じような会話をしている人々がいたというのが、その理由である。その日は毎年の死者の日（El Dia los Muertos）のお祝いだった。

中国や世界中の他の国々とほとんど同様に、メキシコの死者の日も、亡くなった愛する人の魂は年に一度生者を訪れる特別な許可が得られるという一般の人々の信仰に基づいている。この習慣は古代に始まり、植民地時代前のアステカ文明やおそらくもっとそれ以前の、多神教の古代儀式にさかのぼる。一六世紀にスペインがその地域を征服すると、キリスト教の儀式や信仰を原住民に強制したが、亡くなった愛する人に関連する多神教的儀式は消滅しなかった。むしろ、それはカトリック教の既存の祭日である諸魂日と合体し、死者の日の祝いという形になった。

死者の日には参加者はそれをあまりにも真面目にとらえてはならないことになっている。ごく表面的には、死者の日はアメリカのハロウィーンの祭りとどこか共通点がある。両者は多神教的な儀式から発展してきて、表面上は宗教ではあったが、ハロウィーンには長期にわたりこの関係があり、どちらもコスチュームを競い、ユーモアがたっぷりである。しかし、今では主に子どもの楽しみととらえられているハロウィーンとは異なり、死者の日は、元々の霊的輝きが多く残っている。旅行者の間で有名になってしまったといった理由から、最近ではこの祝いの真心が薄らいでいるかもしれないが、このメキシコの儀式は地方や農村部では未だに盛んに生き続けている。

死者の日をめぐって気楽で陽気な雰囲気があり、死をはじめとしてどちらかと言えば深刻な問題に対して一般的に明るく振舞う態度は、多くの意味でメキシコの文化に特徴的である。偉大なメキシコの詩人オクタビオ・パス（Octavio Paz）は「メキシコ人は死に慣れ親しんでいて、それについて冗談を言い、慈しみ、ともに眠り、祝う。死はメキシコ人にとってお気に入りの玩具であり、もっとも深い愛情でもある[37]」。

メキシコ人が死に慣れ親しんでいる様子は米国に住んでいるメキシコ人の中にも見て取れる。葬式の際に、他のアメリカ人に比べて、メキシコ系アメリカ人は多くの時間をかけて、亡くなった愛する人の体を見つめ、触れ、接吻さえする。彼らは埋葬にも多くの時間を費やす。こういった習慣が元の文化的状況以外で行われると、問題が生じたとしても、当然かもしれない。たとえば、メキシコ系アメリカ人は、そのような「風変わりな」風習に眉をひそめるアメリカの葬儀や埋葬産業の専門家としばしば問題を起こすという[38]。メキシコ人が死のイメージに慣れ親しんでいることを示す好例として、骸骨を祭りに用いることが挙げられる。死者の日の祭りの間、髑髏や骸骨が店のショーウィンドーなど至る所に飾られ、伝統的な祭壇がたくさん置かれてその中で踊っていて、「キャンディ、食物、聖人の像の中にいる華々しい花模様の砂糖の髑髏」と説明書きが添えられている[39]。こういった光景に圧倒されてしまうかもしれないが、このようにする目的は、亡くなった身内の魂を鎮め、この世に戻ってくることを促すことにある。小さな陶製や紙張子の骸骨は、同じように小さな家具や装飾品で飾られ、先祖の生についての思い出や、先祖が好きだった活動や喜びを表現している。たとえば、小さな骸骨がグループで楽器を演奏したり、食事の支度をしたり、飲んだり食べたり、野球を楽しんでいるといったものも稀ではない。

骸骨劇は亡き先祖を慰め、楽しませる目的であるが、間違いなく、生者にとっても慰めを与えられ、心温まるものでもある。たとえば、アルバート・デューラー（Albert Durer）の彫刻やハンス・ホルバイン（子）（Hans Holbein the Younger）の有名な『死の舞踏』の木版画のように、西洋美術の中にも骸骨はたしかに認められる。しかし、このような西洋の骸骨は、人に恐れを与えて、罪を悔い改めるようにすることが目的であった。メキシコの骸骨は恐れをもたらさない。[40]むしろ、優しく、笑みを浮かべ、まるで旧友のように見えるのが典型的である。[41]

陽気な骸骨や温和な死のイメージはメキシコの文化に限られたものではない。たとえば、チベット人が住んでいる所にはどこにでもタンカがある。これは極彩色の掛軸で、仏教の中核的な解釈やシンボルが描かれている。タンカは普通、教育や瞑想の目的で用いられるが、きわめて美しい。メキシコ人の骸骨のように、タンカのイメージはしばしば骸骨と混在する。腐敗している死体といった、ひどくグロテスクな死のイメージが描かれることもある。

とくに印象的なタンカはチティパティで、メキシコのイメージと驚くほどの共通点があり、おそらく兄妹であると思われる一組の骸骨が踊っている。骸骨は墓地や納骨堂の守り神である。[42]チティパティの起源についてはさまざまな言い伝えがあるが、そのうちでもっとも興味深いのは、彼らはもともと僧であったが、瞑想に集中するあまりに、盗賊の一味が近づいてきたことに気づかなかったというものである。結局、盗賊は僧からすべてを奪った後、殺してしまった。しかし、死の際に深い霊的な状態にあったために、僧はただちに永遠の神になってしまい、亡くなったばかりの人の魂を守る役割を与えられた。

タンカの中のチティパティは普通、いくつかのおぞましい死のイメージとともに描かれる。たとえば、踊る骸骨はそれぞれ人間の脳の組織が詰まった髑髏を抱えている。腐敗しつつある体の部分も描かれている。

腹をすかせた動物が絵の端から獲物を狙っていたり、体の一部を実際に食い漁っていたりする時もある。しばしば、背景に寺が描かれているが、それがすべて人間の骨で作られていたりする。

あまりにも詳しく死が描かれているものの、チティパティは少しもぞっとするような感じを引き起こさない。実際に、狂ったカップルや一組のコメディアンのほとばしる踊りといった具合に常に描かれる。ふざけた、ほとんど馬鹿げた笑いを浮かべ、互いの目をじっと見つめあっている。なにかしら害をもたらそうとしていたとしても、あまりにも笑いや踊りに忙しくて、そんなことなどできないように見える。

故人を追想する

西アフリカのダオメー人には一風変わった死に関するユーモアがある。卑猥な冗談を言うのだ。ダオメー人はかつて偉大なアフリカの王国を築き、一九世紀半ばにフランスの植民地になるまで続いた。現在ではその地域はベニン共和国という独立国家になっている。政治体制は変化したものの、彼らは伝統的な死別の儀式を含めて、多くの古代のしきたりを守っている。ダオメーの葬式は故人の一生を祝うものであるが、葬儀をあまりにも厳粛なものとはしない。普通、人々は大いに飲み、踊り、歌い、しばしば真夜中まで続く。葬儀の最中に、友人や遺族が故人の色恋沙汰について詳しく話し出すというのはまったくめずらしくない。大げさな話やユーモアが悲嘆の苦痛を和らげるのを助けているというのは疑いもないが、それだけが目的ではない。そういった話をする主な理由は、実のところ「死者を慰める」ことである。ダオメー人の考えでは、「死者に道徳を強いることは無神経で配慮のないこと」であるからだ。[43] メキシコ人と同様に、アフリカ人は一般的に死者の魂へのアプローチが通常の仕方でなく、まったく格式ばってはいない。メキシコの死者の日のように、祖先に対するアフリカの儀式はしばしばカーニバルのような雰囲気を醸し出す。たとえば、祖先のような服装を着飾った村人がパレードをするといった具合にである。[44]

ユーモアや笑いは他者との絆を促し、この意味で、アフリカの葬儀の儀式が地域の絆を強調しているのは当然のことである。アフリカには諺があり、それはごく大まかには**「死の階段はたったひとりの人が昇るわけではない」**と翻訳される。アフリカ人にとって、伝統的に死とは「単に個人の出来事ではなく、生命を活性化し、地域の連帯感を強調することによって、社会の絆を強めることである」[45]。ある村人の死は、「地域の結束についての完全な宣言」の機会となる。[46] 協同参画を強調することは、アフリカ系アメリカ人の地域でもしばしば認められるが、[47] 他のアメリカ人に比べて、亡くなった愛する人と引き続き絆があると考える傾向が存在するのは驚くべきことではないだろう。[48]

凝りに凝った地域の悲嘆の儀式は、西洋以外の多くの文化に認められる。たとえば、ラオスや南東アジアのモン族の人々は、非常に多くの友人、身内、近隣の人々が出席して、微に入り細に入った葬儀を執り行ってこそ、故人を悼むことに成功したと考える。[49] ホピ族のアメリカ先住民にとっては、「死者と適切な絆を保つこと」は、死者が属していた「部族」全体の責任である。[50] スリナムのサラマカで村人が亡くなると、葬儀の専門家が呼ばれて、葬儀を取り仕切るのだが、「別れの儀式」はコミュニティ全体で行われる。コミュニティの儀式は、いかなる個人が感じている個々の哀しみよりも先行される。実際に、遺族が哀しみのあまりにコミュニティの儀式を妨げるようなことがあると、その人はひどく叱責されて、必要とあれば、強制的に制止されてしまう。

サラマカの儀式は超越的な集団の経験で終る。それは時には何日にも及ぶ。それに関わるすべての人々、普通は三〇人から四〇人の身内や近隣の人々は、コントゥ・コンデを行う。これは空想上の話を互いに交わし、それを通じて、異現実の世界に身を置く。コントゥ・コンデとは、文字通りには、おとぎ話の国といった意味がある。夜になると、村人たちが集まってきて、昔からの実存的な問題との戦いの壮絶な話を互いにし始める。彼らは「順に話をして、怖しい怪物の暴挙に恐れ、卑猥な歌に大声で笑い、ある登場人物の悲しい別れに感動し、さまざまな楽しみに満ちた知的で感情あふれる夜を過ごす」。そういった話には、葬式の実際の現実とはまるで関連がない。むしろ、「葬儀に参加した人すべてがおとぎ話の国への目に見えない境界を越える」ことになる。[51]

集団としての超現実的な儀式は、死者の魂と直接コミュニケーションを取るという目的でしばしば用いられる。文化人類学者のエミリー・エイハーン（Emily Ahern）も、台湾北部で古代儀式を研究している際に、地下の国に集団で旅をするといった、この種の儀式を目撃した。エイハーンは観察したことをきわめて詳しく記述した。夜明け前に、シャーマンの弟子であるオング・ビングティクが村にやってきて、「地下の国への旅が間もなく始まる」と宣言した。[52] シャーマンのところに戻る道すがら、彼は村の店に立ち寄り、儀式に使うための紙製の金と線香を買った。その間、儀式が執り行われる予定の家では、**タンキ**と呼ばれるシャーマンが旅を導いてもらうために呼び出す神に捧げる鉢一杯の果物と菓子を用意していた。それから、タンキはその晩に故人との出会いを望んでいる四人の人々の名前を小さな紙に書き上げ始めた。

しばらくすると村人たちがその家に集まった。地下の国へ旅をする者は床に足を着けているようにとタンキが宣言した。集まった人々のほとんどはその家の中にある寝台に上った。残った四人が「これから旅に出る」人々で、目隠しをされて、椅子に座り、手を膝の上に置いた。

　村人たちはこの儀式に敬意を払っていたが、「興奮した雰囲気に包まれていて、まるで遠足の始まりのような感じであった。子どもたちはくすくす笑い、きゃっきゃと歓声さえ上げていた。大人たちも大声で話していた」。タンキの弟子であるオング・ビングティクは絶え間なく木魚を叩いていた。タンキは村人に神が自由に通れるように道を空けておくようにと警告した。それから、タンキは神の名前を呼び、紙製の金を燃やし、祈った。旅立つ予定の四人のうち三人が時々けいれんした。唯一若い女性だけが平穏のままだった。一時間後、椅子に長いこと座っているのは苦痛だと不平を言って、彼女は諦めて、去っていった。

　最後に、参加者のうちのひとりのキム・シという中年男性が没我の状態に陥ったようだ。タンキは「頭の周りの空気を煙で充満させよ、『行け』と叫び、手が冷たいか確かめろ」と言って、すべての注意をキム・シに集中させた。手が冷たいというのはその人が「旅を始めた」というたしかなサインだと考えられていた。[53]

　その後、旅は数時間続いた。タンキはキム・シに何が見えるかと尋ねた。地下の国にどのように入って、どう動き回るべきかという助言を与えた。旅は楽なものではなかった。時々、キム・シは明らかに欲求不満で、混乱した。彼は険しい山を登らなければならなかったので、すっかり疲労困憊していた。タンキはキム・シの旅を楽にしてもらうようにと、地下の国の住民への供え物として、紙製の金を燃やし続けた。ある時点で、キム・シは橋にたどりついたのだが、地下の国の住民が渡らせてくれようとしない。タンキは紙製の金をさらに燃やしたが、徐々に不満が募っていったように見えた。タンキはキム・シに「他の橋を見つけなさい。急げ」と警告した。それからしばらくして、キム・シは「恐ろしい動物」に出会い、「恐い。もうこれ以上行きたくない」と懇願した。

タンキはキン・シを励まそうとしたが、彼の権威は尊敬されていたものの、村人たちはこれはあくまでも個人的な旅であることを承知しているのが明らかであるようだった。結局、キン・シは説得に応じて旅を続けたが、不平を言い続けた。しばらくして、数軒の家にたどりつき、その中には何人かの身内がいた。話しかけたものの、返事はなかった。彼らはキン・シに気づかなかったり、単に無視したりした。

キン・シが亡くなった兄に出会った時がもっともつらかった。彼は数回、兄に話しかけようとした。タンキも紙製の金をさらにたくさん燃やした。しかし、キン・シは返事を得られなかった。彼は手で顔を覆い、泣き出した。「兄さんは私に話してくれない。私の兄さんが私に話をしようとしない」。数分後、彼は「誰も私に話をしてくれないのならば、何のためにここに来たのだろうか」ときっぱりと言った。

タンキはさらに旅を続けるようにと説得したが、キン・シの考えは変わらなかった。もう戻りたいというのだ。数分間呪文を続け、その間、他の参加者たちはキン・シがこの世に戻ってこられるようにと、彼の名を呼び続けた後、キン・シは目隠しを外して、涙を拭った。彼は疲れ果てていた。しかし、旅の記憶は未だに鮮明だった。兄が話をしてくれなくて残念だったと繰り返し言った後、他の部屋のベッドに横たわり、ぐっすりと眠ってしまった。

儀式のさまざまな時点で、他の旅人たちも没我の状態に陥った。タンキの弟子のオング・ビングティクさえもそのような状態になった。彼はこういった旅を楽しんでいた。彼はこれまでにも何回か地下の国を訪れていて、旅を素晴しいものととらえていた。というのも、若者の関心を引くような地下の国のある側面に魅入られていたからである。たとえば、彼は映画館や、時には娼家さえも見つけていた。オング・ビングティクは少女たちのグループに出会ったことさえあったが、タンキが許さなかった。タンキは弟子の性質をよく知っていたので、すぐに呪文を唱えて、弟子をこの世に連れ戻した。後にタンキは、もしも弟子が少女に恋をしたら、彼は戻ってくるのを拒むかもしれないと恐れたからだと言った。もしもそのようなことが起きたら、オング・ビングティクは永遠に地下の国に留まらなければならない。

ほとんどの人にとっては、地下の国への旅が楽しいものとはならない。もっともよくある理由は、亡くなった愛する人がどうしているのか確かめに行くことである。故人がどうしているか、幸せか、来世で必要なものを手にしているかといったことを知りたがっている。もしも故人が金、服、満足のいく家といったものが必要であるならば、生きている身内はそれを用意することができる。タンキがしたのと同じように、生きている身内はこれをできる。彼らは、紙製の金や、家、自動車、家具、服、食物といった、愛する人が必要としているかもしれない何かの複製を燃やす。紙製の複製品を燃やす行為によって、これらを故人のいる世界に届けることができると彼らは信じている。

＊＊＊

地下の国への旅という台湾の儀式は主に象徴的なものであるのだが、象徴以上のものではないとわかっていながら、それに敬意が払われるのはなぜだろうか。地下の国に旅しようとした村人はまるでその儀式が現実のものであるかのように振舞っていた。少なくとも以前はそうであった。そして、紙製の供え物を燃やすことは広く行われている。単に象徴的な意味以上のものではないのであるならば、なぜこれほど多くの人々がこのような儀式に参加するのだろうか？

その答えはおそらく西洋人には理解が難しいだろう。悲嘆と好奇心のために西洋人は来世について考えるのだが、その信念を正当化する強い欲求もある。天国や輪廻といった概念を受け入れようとする。そして、自分の欲求に合うまで、それを単純化し、捻じ曲げる。しかし、科学や論拠で理解するのがあまりにも難しいため、結局、それは合理的ではないと判断する。このようにして、こういった考えを排除してしまい、後には何も残らない。

もちろん、すべての他の文化というわけではないのだが、他の文化では異なる。グローバリゼーションのために世界はより狭く、均一な場所となってきた。しかし、多くの人々が今も古くからの儀式を守り、疑うことをしない。儀式にユーモアを持ち込むことも許す。自分たちが行っていることをどれほど信じているのか知るのは難しいが、それが問題ではない。儀式そのものが問題であるのだ。儀式自体が何を目指しているかが問題である。

西洋人が同様の経験をすることは可能だろうか？　ほんの少しの間だけ、自我を捨てて、超越的な悲嘆の儀式に身を委ねたとしたら、何が起きるだろうか？　何か利益があるだろうか、そもそもそのようなことが可能だろうか？　あるいは単なる時間の浪費だろうか？

数年前、私はどのような結果になるか試してみることにした。その頃、私は古代中国文化、とくに中華帝国の初期からの悲嘆や先祖に対する儀式に関心があった。このような儀式は現代の中国でも生きている。そういった儀式は、古代の起源からほんの少し変化したに過ぎず、現代中国社会においてもある役割を果たしている。私はそのような儀式が未だに重要な役割を果たし、意味があり、おそらく西洋人にとっても同様だと考えた。私はこの目でそういった儀式を見てみたいと考えていたのだが、中国が徐々にその国境を開放し、その機会がやってきた。

第11章　中国の悲嘆の儀式

私は一九九七年にはじめて中国を訪問した。妻ポーレットは中国語が堪能で、私と一緒に旅行した。その一〇年以上前、中国がはじめて西側に門戸を開き、まだポーレットが私と知りあうはるか前に、彼女は交換学生として北京で一年過ごした。その後、彼女は中国国内を広く旅行した。また、台湾の調査会社で勤務した経験もある。

旅行の案内人としてポーレットを頼ることができるとわかって、私は中国大陸の東部の人口密集地域のいくつかの大学を訪問することに自信を持つことができた。その目的は、悲嘆についての共同研究計画を立てることにあった。しかし、この機会に私が古代の寺を巡る絶好の口実を得ることができた。

私たちは、その後よく知ることになる、香港にまず到着し、そこから中国本土に入った。当時の旅行はけっして楽なものではなかった。現代中国を象徴する驚異的な経済成長は始まったばかりだった。貧困は致命的な問題であり、中国の都市にはまだ狭苦しい胡同の路地と荒れ果てたビルが混在していた。

結局、私たちは最初に天津の南海大学を訪れ、その後、北京のいくつかの大学に出かけた。数人の研究者に出会ったものの、計画を開始することはできなかった。中国人の研究者と西洋人の研究者の交流はまだ始まったばかりであった。大学でさえも、英語を話す中国人はほとんどいなかった。私も中国語を話せなかった。ポーレットは全力を尽くして、私のためにコミュニケーションを図ってくれたが、よく言われるように、翻訳では何かが決定的に失われてしまった。さらに、長年にわたって、共産党政権は心理学を自己欺瞞的でブルジョア的な学問であるとして禁止してきた。私が訪問した時までには、心理学に対する禁止は緩められてきたが、私が会った人すべてが明らかに警戒していた。

もう一箇所だけ訪問して諦めようと心に決めて、江蘇省の南京医科大学に出かけた。南京脳病院のワン・チュンファン教授に会うことにした。南京は美しい町である。かつては中国の首都であり、今でも古代の市の城壁が残っている。近代化が進み、今ではガラスとコンクリートでできた建物があちこちに立っているが、私が訪問した時には、南京には美しい中庭付きの住居、行商人、無数の自転車がひしめいていた。

病院に行く途中で、私たちは角を曲がった。そして、煉瓦の壁にたくさんの字が書かれた看板に気づいた。看板は明らかに新しかったが、すでにいくつかの字が剥げ落ちていた。そこには「南　脳　院」と書かれていた。その看板の下では、行商人が西瓜を並べて売っていた。

私たちは門をくぐり、小さな乱雑な建物に入っていった。ポーレットは守衛に私たちの訪問について告げた。守衛は中庭を指差し、そこで待つようにと言った。私たちがベンチに腰かけると、多くの人々が回りに群がってきた。ひどく蒸し暑い日で、なんとか暑さを我慢しているうちに、私の気力は萎えていった。そして、「一体、こんな計画をどうして考えたのだろうか?」と自問した。

＊＊＊

中国は世界の中でも古代から一貫して続いてきた文明のひとつであり、その長い歴史のほとんどの期間、中国の文化は亡き先祖と儀式化された接触を保ってきた可能性がある。これほど長期にわたって儀式が続いてきた理由のひとつとしては、王朝を維持するために中国人が用いてきた政治的解決法と関係がある。中国の領土はある時期にはシベリアから赤道まで、アジアの太平洋側からユーラシア大陸の中心まで広がった。有史初期には、中国はさまざまな都市国家からなり、たえず戦争が繰り返された。そして、紀元前二二一年、秦王朝の支配者である秦始皇帝が周囲の国々を制圧し、最初の「中国」帝国を統一した。

帝国の成立はけっして中国独自のものではないが、他の偉大な文明は出没を繰り返したのだが、中国は一貫して帝国を維持し続けた。単一で、長期に維持され、中央集権国家の域内に、中国はきわめて均一な文化と言語を包含してきた[1]。そして、中国は二千年以上にもわたって単一国家であり続けた。その鍵は文化の標準化であり、そこで悲嘆の儀式にもう一度戻ることになる。

最初に中華帝国を成立させたいくつもの独立国は文化的には異なり、ほとんどの場合、互いに敵対していた。長期にわたる血なまぐさい抗争の末にようやく同化が始まった。しかし、ひとたび同化が始まると、都市国家群は単一の存在として機能することが必須となった。帝国の創始者が統一を図ろうとした方法のひとつとして、その構成員が自らを全体の一部であると実感させようとすることであった。ギリシャやローマ帝国は、帝国中に均一の文化的、政治的、宗教的習慣を創りあげることで、帝国の統一を図った。ナポレオンも同様であった。そして、二千年にわたり中国も同じことをしてきたのである。

その過程は偶然のものではけっしてなかった。その後、中華帝国を成立させた王国はすでにいくつかの文化的標準を有していた。そのひとつとして、多神教がある。たとえば、海の神、農業の神、雷の神、戦争の神、商売の神、火の神などがあった。堀や壁といった人造物の神さえあった。さらに、生と死の境界を守る神さえいたのである。

死者の魂は超自然的で、神のような力を持つと考えられていた。このような文化において天国の概念は、西洋世界の一神教とは異なる発展を見た。天国にははっきりとした境界があるとされるのだが、多神教の文化で発展してきた来世は行き来が可能である。死者は生者に対して大きな力を持ち、先祖に対する適切な儀式を行うことでその魂を鎮める必要がある。中国の歴史のごく初期には、動物や人間が生贄として捧げられ、そのうち、食物や家畜を供えるようになり、後には祖先の廟や寺院を建てるようになった。適切に儀式が行われると、死者の魂は来世で幸せに暮らすことができる。子孫が先祖を敬うことの返礼として、生者が困った時には、死者が蘇って、たとえば、収穫を助けてくれたり、敵を打ち負かすのを手助けしてくれたりする。もしも儀式が適切に行われなかったり、おろそかにされたり、無視されると、先祖の魂は来世で苦しむことになり、苦しむ魂は容易に復讐心に満ちた魂になり得る。[2]

常に規則は皇帝によって異なった。皇帝は生誕とともに神同様の状態を与えられ、絶対的な忠誠が求められた。皇帝が死ぬと、来世でも法的な機能を持ち続けると考えられた。したがって、皇帝にはことさら特別な貢物が必要であった。皇帝にふさわしい貢物であるべきだった。中国の王族は驚くほど多くの宝物とともに埋葬された。まさに数千ものブロンズ製や陶製の壺、食物や飲み物の詰まった容器、料理道具、石油ランプ、高価な織物、素晴しい宝石、多くの兵器などである。[3]

もちろん、崩御した皇帝の魂は皇族に留まるのだが、来世における一般的な儀式には実際には関わらないと考えられた。このような仕事は皇帝の下僕に任された。彼らは不幸なことに、亡き皇帝に身を捧げることになり、来世まで皇帝に付き添った。実際のところ、皇帝の死はその従者たちにとっては凶報となった。家族、兵士、召使、随行員が身を捧げられ、皇帝とともに埋葬された。

秦始皇帝が帝国を統一すると、ただちに政府と社会を再構築することに取りかかった。無慈悲な暴君として知られているものの、秦始皇帝は偉大な改革者でもあり、その偉大な遺産として中華帝国の統一と標準化を果たした。秦始皇帝は皇族を現人神と見なすような考えを排除することについてほとんど何もしなかったが、その家族と兵士にとって幸いだったのは、皇帝の埋葬習慣を変えたことは疑いない。全関係者を犠牲にするのではなく、人間大の陶製の兵士の像を作らせ、人間の代わりに来世まで皇帝に付き添わせるようにしたのだ。これは一九七〇年代に現代の西安近くで発見され、発掘され、今では大変に有名になった陶製の軍隊である（兵馬俑）。

人身御供の代わりに陶製の像を亡き皇帝とともに埋葬したことは帝国全体におけるさまざまな変化の始まりとなった。陶製の像は比較的安価に製造でき、しばらくすると埋葬の儀式にごく普通に使われるようになった。時間とともに、陶製の像は小さくて簡単なものになっていき、市場でも簡単に手に入るようになった。結局、ほとんどの人がこのような像を用いて、自分の先祖を崇拝する手段とすることができるようになった。人身御供の代わりに象徴的な陶製の品を用いたことに加えて、秦始皇帝は、遺体の服装、扱い方、葬儀の適切な時間やその際の手順についても統一した規則を定めた。[4] このような変化があったとしても、中国のような広大で不均一な帝国が埋葬や崇拝について統一の手順を決められたというのは驚くべきことであった。

　これを成し遂げたのは意外な心理的な方法を通じてであった。皇帝は人々に死や来世についての信念を命じたのではなく、死別の際の態度の風習について統一の決まりを命じただけであった。単純に述べると、埋葬や祖先に対する儀式を命じられた方法で行っている限り、人々は来世についてどのように考えようが自由であった。しかし、一般的に言って、さまざまな異なる背景を持つ多くの部族を今まさに拡張しつつある中国の中に包含していくには、個々の文化的価値にあまりにも踏みこまないことが賢明であった。さらに、儀式を通じて態度を規制すること自体には、きわめて強力な力があった。十分に反復された集団的な儀式は、信念の統一を促した。

　中国人が儀式の経験についてではなく、その際の態度や葬儀がどれほど適切に執り行われるかを重視する点は明らかであり、これはこの種の儀式が現代中国でどのように理解されているかの原型となっている。中国の埋葬習慣についての専門家である文化人類学者のジェイムズ・ワトソン（James Watson）は次のように述べている。

> 中国人を理解するには、ライフサイクルに関連した儀式を適切に行わなければならないという考えを受け入れる必要がある。その中でももっとも重要であるのが結婚式と葬式である。決められた儀式の手順に従うことで、一般の人々は文化的統一の過程に参加してきた。（中略）換言すると、態度は信念よりも優先される。儀式が適切に催される限り、死や来世について何を信じていようと、ほとんど問題にはならない。（中略）しかし、儀式は変換についてである。（中略）儀式が繰り返されるのは、儀式には変換の

力があると期待されているからである。儀式は人と物を変える。[6]

＊＊＊

西暦一〇〇年頃、中国の葬儀の拡大に重要な発展が生じた。紙の発明である。さまざまな説があるが、もっとも広く知られているものとしては、低い位の宦官の蔡倫が最初に紙を発明したとされていて、[7]六世紀までには、亡き先祖に対する象徴的な供え物として紙製の金を燃やす風習が広く行われるようになった。[8]陶製やブロンズ製の物と比べて、紙製の供え物はより安価で実用的であった。安価な紙が広く手に入るようになって、今は亡き先祖が望むとも思われる品々は紙製の物に取って換えられ、燃やされ、死者の国で祖先が使えるようにと象徴的に変換された。紙製の金の製造は中華帝国全体に広まり、紙製の食物、料理道具、動物さえ作られるようになった。裕福な人々には、紙製の船や家、特別注文された召使いや愛妾さえ作られた。

紙製の金はいつでも燃やすことができたが、もっとも多く使用されたのは葬儀の際であり、故人が死者の国への旅立ちに役立つようにという目的であった。このような供え物には、紙製の金、来世への旅券、来世への門番や守護神への贈り物などが含まれた。もちろん、死者が来世で必要となる家のまわりの品々もある。たとえば、台所用品、服、テレビなどである。葬儀が終ってかなり経っても、紙製の金は燃やされることがしばしばある。たとえば、問題を抱えた身内が祖先の魂に援助を求めたり、あるいは特別な崇拝の祝日などにも紙製の金が燃やされたりする。ある意味で、贈り物として紙製の金を送ることが、祖先の慈悲を増すというのだ。

旧暦で毎年二月か三月にあたる清明節では、祖先があの世でも幸福に暮らすようにと、家族が集まって、祖先の墓を掃除し、供え物を捧げる。七月半ばの盂蘭盆《うらぼん》（空腹な霊の祭）でも紙製の金が燃やされる。盂蘭盆は典型的には自分の先祖に供え物を備えるのだが、この祭りの本来の目的は放浪している危険をもたらしかねない死者の魂をなだめて、生者を苦しめないようにすることである。このように考えられるのは部分的には、最近亡くなった人の魂はまだ不安定で何をするか予測がつかないのだが、亡くなって長期間経っていて、十分に敬われている祖先の魂はより安定していて、頼りにできる霊になっているという考えが中心にある。[9]

盂蘭盆には仏教の要素が認められる。生きている間にとくに貪欲だった人は、その性質を来世にも持ちこみ、容易に満足せず、面倒を起こす恐れのある「空腹な霊」になるという考えに基づいている。[10] この落ち着きのない霊をなだめるために、盂蘭盆では徐々に子孫が寺院や僧院に集まり、僧や霊的な助けを借りるようになっていった。[11]

民間宗教の性質を保っているものの、盂蘭盆の霊の祭はますます大きくなり広く行われるようになって、明らかに中華帝国の特徴のひとつになってきた。たとえば、七世紀の唐朝では、仏教や道教への儀式の貢物は国家財政から直接支払われた。前皇帝への献上品は現皇帝自身によって運びこまれた。[12]

中国の儀式を、死という最終性や人間の脆弱性への恐怖に対する否認や防衛に過ぎないと、西洋人は片づけてしまいがちである。しかし、このような儀式にはこの種の意見に真っ向から反論するある側面がある。悲嘆の最中にある中国人が腐敗しつつある遺体を取り扱うことがある。すべての祖先崇拝の儀式の中核的要素は、魂をこの世の身体から引き離すことである。死の数年後に、遺族が遺体を掘り起こして、故人の骨を清めるといったことはけっして稀ではない。こうすることによって、文字通り骨を清め、残った組織を取り除き、より正式な形で祖先の身体に骨を戻すのだ。[13]

西洋文化で誰かがこのようなことをするとは想像できない。もしもそのようなことをしたら非常におぞましい行為であるととらえられるだろう。しかし、中国では、今は亡き愛する人の骨を清めることはけっしておぞましいことなどではなく、むしろ義務であり責任である。その理由は、中国人は死者の魂はとっくに身体を離れていると考えているからである。[14] この場合、人間の古い骨は、鶏の古い骨とそれほど異なるものではない。

＊＊＊

ポーレットと私は南京脳病院の入口の外で空しく数時間を過ごしていたが、それからようやくワン先生に会うことができた。親しげな先生の態度に私たちの気分はすぐに高まってきた。先生はとても細かい心配りと気遣いを見せてくださり、お茶やお菓子をたくさんいただいた後に、翌日、もう一度病院に来て、新たに創設された社会精神医学病棟のスタッフと会うようにと言ってくださった。そういった病棟は、中国が精神保健に対して多くの変化を始める明らかなサインのひとつであった。私たちが翌日病院を再訪すると、すぐに真新しいけれどもまだ空っぽな病棟に案内された。私たちは施設をざっと観て回ると、小さな症例検討室に集まった。円状に腰かけて、互いに笑顔を交わした。

私はこの時までにこういった手順に慣れていた。

いろいろな所から始めたり、訪問したりしたあげく、結局、私は中国における悲嘆について研究したいと考えるようになった。中国の研究者たちはしばしば私が何を言わんとしているのか理解に苦しんだ。英語の単語の死別（*grief*）を直接意味する中国語の単語がないからというのではなかった。それに近い中国語の単語としては悲傷や沮喪があり、気分が沈んだり、拒絶された感じを示している。しかし、どちらもgriefが意味するようには、愛する人が亡くなった後に生じる情動的な反応をとくに示しているわけではない。これ自体が私にとって文化的発見であった。

そして、突破口が開かれた。研究者のひとりである張南平（Zhang Nanping）に私の意図をなんとか伝えてくれた。彼は西洋文化における悲嘆について知っており、私が中国と米国の儀式や反応を比較したいという点を理解してくれた。

私たちは二日間かけて議論し、二日目の最後に、悲嘆に関する比較文化的調査についての研究計画をまとめあげた。張南平と同僚たちは大学病院を通じて南京で最近死別を経験した人を集めることにした。比較群として、私も米国で最近死別を経験した人を集めることになった。そして、私たちは悲嘆の最中のいくつかの時点で同じ質問を両国で行うという計画を立てた。この新たな試みに胸を躍らせながら、私は新たな共同研究者たちに別れを告げて、ポーレットと私は米国に戻り、研究を始めた。

＊＊＊

当時の私の最大の疑問のひとつは、亡くなった愛する人を崇拝するという古代から続く風習や態度が今の中国でも大切にされているのだろうかというものであった。このような風習が二〇世紀になるまで残っていたのだが、一九四九年に共産党が政権を握り、古代から続く風習の多くを強制的に変えてしまったことを私はもちろん知っていた。共産主義者は死者の魂を信じることは過去の迷信の遺物であるとして蔑み、つい最近まで中国政府は古代から続く悲嘆の儀式を実質的にすべて強力に禁止してきた。古い寺院は「人民のために」公的な建物へと改築されてたり、単に破壊されてしまったりしていて、紙製の金を燃やす風習も廃れた。

しかし、古くからの儀式はそう簡単には廃ることはなく、長い歴史の中で共産党による禁止はごく一時的なものであった。一九八〇年代に共産党が経済的大躍進に舵を切ると、古くからの儀式もふたたびさかんに行われるようになった。多くの寺院が再建され、儀式に用いる紙製の金を売る行商人の姿も中国全土でごく普通に見られるようになった。実際のところ、紙製の金を売る行商人は、世界中で中国人が生活するほとんどいたる所で目にする。[15] 紙製という点では同じだが、最近では、祖先の嗜好を満たす品々は変化してきた。今では、紙製の携帯電話、テレビ、ファーストフード、健康器具などがあり、もちろん、紙製の召使いや愛妾なども特別注文できる。

まったく同じ状況が、他の共産党国家であり、中国の隣国のベトナムでも起きた。[16] 中国と同様に、ベトナム共産党も古代からの鎮魂儀式を禁止しようとしたが、実現しなかった。古代からの儀式を、公的な国家行事や戦没者の記念式典に取って変えようとさえした。しかし、これもうまくいかなかった。ベトナムの民衆は自国の文化的信念を守り、なんとしても死者の魂に供え物を差し出し続けた。[17] 中国共産党と同様に、ベトナム政府もその政策を緩和するほうが賢明であると徐々に認識するようになった。政府が自由市場の影響を許し経済政策を緩和するようになるとともに、人々が過去の風習を復活させることを徐々に容認するようになっていった。経済も過去の風習もともに広がっていった。古い寺院や廃寺を改築したり、新築したりすることは、ベトナムの地域経済の発展の中心的な特徴となっていった。ベトナム政府はどこに戦没者の霊がいるのか探すのを助けてもらうために、伝統的な「霊媒師」を雇うことさえした。[18]

私が南京の張南平や彼の熱心な同僚たちと実施した研究はこのような広範囲に及ぶ文化的な変化をとらえた。アメリカ人と中国人の間では、悲嘆の経験に明らかな差があることを研究の知見は明らかにした[19]。そのうちのひとつとして、一般的に、悲嘆の最中にある中国人は、アメリカ人よりもより巧みに死別に対処しているという点であった。この差は少なくとも、西洋人が喪の作業と呼んでいることに対する中国人の関与の仕方と関連していた。

この米中研究で私たちがした疑問の多くはグリーフワークと関連していた。たとえば、悲嘆の最中にある人はどれほど死別について考えるか、それについてどれほど話し、感情を表すか、どれくらい故人について思い出すか、どれくらい死別の意味を探ろうとするのか、死別をどう理解しようとしたのか、といった質問をした。他の研究でも明らかになったように、アメリカ人の被験者は、死別後の比較的初期の段階でこの種の喪の作業についてより多く語った人ほど、慢性的に困難な死別の症状を呈する傾向が認められた。これが中国人の被験者では明らかではなかった。中国人のほうがアメリカ人よりも多くの喪の作業を認めたが、それがほとんどの場合は苦悩とは関連していなかった。中国で誰かが亡くなった愛する人について考えたり、話したり、死の意味を理解しようとしたとしても、それは実際の苦悩のレベルとはほとんど関係がなかった。

最初は、この知見はほとんど意味がないように思われたのであるが、中国人にとって、悲嘆と祖先崇拝の儀式は、遺された者の苦痛や苦悩について向けられたものではないことをあらためて認識した。中国の儀式は想像上の故人の経験にほとんど焦点が当てられ、亡くなった愛する人が無事に死者の国に到着し、その地で平穏な生活ができるようにするという点こそがその目的であるのだ。

泣くことは、異なる文化で死別がまったく別の意味を持つことを示す好例である。西洋では、葬式で苦しみに耐えられないと、人は泣く。悲嘆の最中の西洋人が流す涙はたったひとつのことを意味している。感情が噴出しているということである。まるで苦痛が目からあふれ出しているかのようである。

中国の葬式で泣くことはより意図的な面がある。実際に、儀式のまさに適切な時期に泣き出すように準備されている。これを助けるために、泣くことを専門とする人や音楽家が雇われることも多い。音楽家たちはとくに悲しげな曲を演奏し、深刻な気分を盛り上げ、雇われた泣き女たちは葬儀のあらかじめ決められていたところで互いに合図をして同時に泣き出す。

中国の葬式で泣くことの主な機能はけっして苦痛を解放することではない。むしろ、泣くことによって、今は亡き愛する人にメッセージを送るのだ。たとえば、北部台湾の台北近くの村では、死後七日目に遺族は朝早く起きて、供え物を捧げ、そして泣き喚く。[20] 風習によると、七日目にできるだけ早い時間にこれを行わなければならない。というのも、死後七日目とは、亡くなった愛する人が自分が実際に死んだことに気づく日とされているからである。これに気づいて故人が大きな悲しみを感じると遺族は考える。遺族が泣くのは、故人の苦痛を和らげるのを助けるという意図がある。ある遺族のひとりが「亡くなった人が自分が本当に死んだのだと気づく前に、私たちが早起きすれば、亡き人の悲しみは和らげられます。私たちが泣けば泣くほど、亡き人の悲しみは少なくなるのです」と語った。[21]

中国人は、自分自身の悲嘆よりは、むしろ亡くなった愛する人がどのように反応するかを想像して、それに焦点を当て、第9章で解説した死後も続く絆に想いをはせる。すでに述べたように、西洋で悲嘆の最中にある人が死後も引き続き故人との間で絆を感じることの有用性については結論が出ていない。今は亡き愛する人との間に引き続き絆を感じる人もいれば、そうでない人もいる。このような絆が健康的である人もいれば、そうでない人もいる。

しかし、中国人はどうだろうか？　伝統的な悲嘆の儀式は明らかに死後も続く関係に焦点を当てている。では、死後も続く絆は中国の至る所に認められるのだろうか？　そして、それは一貫して健康的でもあるのだろうか？

これらの疑問に対する答えは明らかに「はい」である。私たちの研究では、アメリカ人に比べて中国人のほうが、死後も続く絆の一般的な感覚はより普遍的であり、健康的でもあった。[22]　初期の研究では、アメリカ人にとって、亡くなった愛する人との間に引き続き絆があることはかならずしも適応的ではなかった。引き続き絆があると報告したアメリカ人で、死別の翌年に苦痛が少なかった人もいれば、苦痛が多かった人もいた。しかし、中国人にとって、引き続き絆があることは、より肯定的であった。一般的に、中国人の被験者が悲嘆の初期に故人との関係を強く経験していればいるほど、長期的には苦痛はより少なかった。

私はこのような結果に満足だった。引き続き故人との絆があることについての疑問に、重要な答えを指し示してくれた。亡くなった愛する人との間に引き続き関係があるということには健康的な面があることを、西洋の心理学者も強く信じるようになった。他の文化の逸話的・歴史的例から、論争に決着を見出したのである。たとえば、中国や日本では、故人との間に現在進行形の絆があることが長期間にわたって重要な役割を果たしていたので、すべての文化においてもその絆が有用であるとされた。[23]

しかし、すでに検討したように、輪廻の概念について議論する際に、わずかばかりの文化的知識は危険なことでもあり得る。常識的に考えると、死後も引き続き愛する人との間に現在進行形の関係があることが健康的であるという文化もあれば、かならずしもそうではないという文化もあるのだ。[24]　私たちの米中研究はまさにこの考えを支持した。これらの知見から、故人との間に引き続き絆を持つことが西洋文化では不健康だと私は結論を下すつもりはない。文化的に理解され、支持されているような状況においては、死後も故人との間に引き続き絆を持っているということがより適応的であるだろうと述べたほうがよいだろう。

私はニューヨークのアパートの建物のガタピシいう古いエレベーターの中で亡き父親と交わした会話についてまた思い出した。私がそのエレベーターを選んだのは、他者の目を気にしなくて済むからであった。エレベーターのドアはゆっくり開いたので、建物の中にいる人に気づかれることや、近所に住む心理学者が亡くなった人と話すのに気づかれて何を思われるかなどと心配する必要もなかったからである。しかし、西洋人がこの種の行為にふけることに対してそもそも悩むこと自体が、その行為が有する価値を減じてしまうのに十分かもしれない。

中国や多くの他のアジアの国々では、このような儀式がその文化を織り成す一部に組みこまれている。中国人が亡き祖先に対して何かを訴えたとしても、それが妙な行為であると見なされるのではないかなどと恐れる必要はない。実際に、多くの中国の町や村には祖先を祭る廟が至る所にあり、子孫が祖先を敬い、ともに時間を過ごす。こういった廟がその近隣でもっとも素晴しく技巧を凝らした建物であることもしばしばである。とくに都市部では、家や会社に祖先のための祭壇が堂々と飾られていることもよくある。

現代化

死別や死後も続く絆に関する米中間の差は非常に興味深かったが、ひとつの疑問が私を悩ませていた。二一世紀の中国においてもやはり差が存在するのだろうか、という疑問であった。私は一九九〇年代半ばに南京で来世にも続く絆について調査を実施した。当時、中国の開放政策が進んでいたものの、まだ国の東部の人口密集地域を超えてまでは十分に広まってはいなかった。そのために私がそこまで行くのはかなり難しかった。しかし、南京は他の中国の都市と比較して、現代化のペースはいささか遅いように思われた。たとえば、当時はまだ自動車もほとんどなかった。

二〇〇三年に張南平は私に手紙を送ってきたが、その中には彼が自動車を購入したことと、私が南京を再訪するならば、彼が地方への旅行に連れて行こうと書いてあった。彼も旅をし、訪問し、他の文化について学ぶことを楽しんできた。張家の全員がニューヨークの私のもとを訪ねてきたこともあった。このように他の文化に触れることが、伝統的な悲嘆の儀式にどのような影響を及ぼしてきたか私は疑問に感じていた。それは共産党政府の意向に沿うものなのだろうか？　現代化が古くからの儀式を消滅させてしまうのだろうか？

二〇〇四年に私の友人であり共同研究者でもある香港大学のサミュエル・ホ（Samuel Ho）が妻子を連れて中国を再訪しようにと誘ってくれた時に、私はその答えを発見する機会を得た。サムと私はいくつかの共同研究を計画していて、研究がうまくいくように、香港大学の客員教授として香港で一緒に過ごせるようにと招待してくれた。私はサバティカルの年にあたり、完璧なタイミングだった。私の心の奥底には、この機会にもう一度古代の祖先廟を訪れてみようと考えた。今回は、まず中国人が古くからの儀式を真剣にとらえているのかを見たいと思い、そして、おそらく、できれば私自身もその儀式を試してみたいと考えた。

香港はこの種の探索を行うのに最適の実験場であった。中国本土で社会的変化や経済的繁栄が広がってきた時に、古くからの儀式が復活したが、反映は現代化をもたらし、古くからの慣習は徐々に革新的で雑多な儀式に取って代えられてきた。かつての泣き女の言葉によると、「私の村は現代の交通機関がすぐ近くで利用できるようになりました。誰かが亡くなると、家族がしなければならないのはただ電話をするだけです。葬儀の準備をする専門の会社がすぐにやって来て、花輪のレンタルから通夜の準備や葬式の手順まで、さまざまなことをしてくれます。彼らはこれをワンストップサービスと呼んでいます」という。[25]

対照的に、香港はこの段階をかなり早い時期に終えていた。中国本土の大部分が農業地帯で、他の世界から切り離されていた頃に、すでに香港は近代的で、高度に国際化された都市であった。もしも儀式や古代の風習が香港で生き残っているとするならば、他のどこでも生き残ることができるはずである。そして、香港には今でも多くの古い寺があると私は聞かされた。

私が古代からの儀式に参加したいという願望をサムに伝えるのを最初はためらった。ほとんどの中国の心理学者は学問的視点から質問に答えるほうが満足そうに私には思えた。彼らは中国文化がこれほど長期間続いたという事実に誇りを持ち、西洋人はその歴史に関心があるのだろうと考えていた。しかし、中国人が今も古代からの儀式を行っているという考えは、彼らにとって何か恥かしいものととらえているように私には思えた。そんなことをしている中国が時代遅れだと彼らは感じていたようである。

私が今でも熱心に活動している寺について尋ねると、答えはしばしば素っ気ないものであった。「誰もあんな古い儀式なんて問題にしません。ただ年寄りだけが妙な方法を続けているだけです。たとえば、私の祖母のように」といった具合であった。

このような反応には明らかに防衛が認められ、それ以上の事柄がその背後に潜んでいるのだろうと私は考えた。たとえば、同僚のひとりは驚き、腹を立てて、「あなたは何をしたいのですか? ここはあなたの国ではありませんよ」と言った。おそらく、この種の反応は儀式そのものの性質と関連していたのだろう。古い慣習によると、生きている身内が祖先を適切に敬うことに失敗すると、祖先は苦しみ、苦しんだ祖先は生者に復讐すると見なされていることを思い出してみるとよい。

たとえば、哈金(ハ・ジン)の『**自由生活**』(*A Free Life*)という小説の中で、アメリカに移住した中国人の夫婦が、中国人の老夫婦から料理店を買った際に、困ったことに出遭う。ふたりはその料理店に引っ越す時に、老夫婦が富の神を崇拝してきたことを知るのだ。「料理店の食堂の小さな一角に陶製の像が祭られていた。(中略)その像の足元には、椀に一杯のオレンジ、リンゴ、桃、クッキー、二つの小さなカップに入った酒、そして真鍮の香炉には四束の紙製の金がくすぶっていた」。料理店の新しい主人たちは「この迷信の風習に対して複雑な気持ちになったが、神をここから追い出すべきだろうか? 自分たちの栄枯盛衰を決めることのできるような超自然的な力がもしも本当に存在したらどうなるのだろうか? いずれにしても、この神を怒らせてはならない。その神をそっとしておいて、これまでと同様に供え物を捧げよう」と考えた。[26]

紙製の供え物を燃やすことで、金や豪華な物を贈るという、子孫としての義務を果たすことを拒否する現代の中国人は、そんなことは気にしない、信じてもいないとかならず言う。しかし、このような儀式が集団的な中国人の精神に残した痕を考えると、このように拒否してしまうのはやや無謀に過ぎる。これはまるで霊に向かって「やるなら、やってみろ。最悪のことをしてみるがよい。お前が存在しているなんて私は信じていない」などと言うようなものである。しかし、ある点でほんの少しでも不安があると、古くからの信念が次々に先読みの不安を呼び起こすかもしれないのだ。

＊＊＊

私はまず香港でもっとも古くて、有名な寺のひとつである文武廟を訪れることに決めた。その寺を訪れる前日に、私は家族とともに香港島の中心に位置するビクトリアピークの頂上まで登った。頂からの光景は素晴しい。密集する街の景色が険しい緑の山の麓に広がり、多くの船が慌しく行き来する港がその下に見える。頂に登ると、香港が熱帯であることをつくづく思い知らされる。青々としたジャングルのような低木林が繁茂し、あらゆる方向に枝を伸ばしている。水蒸気が集まり水滴となり、小さな川となり、低潅木の間で目に見えない細々とした流れを作っている。熱帯雨林が山を覆い下るが、ある所で突然、ガラスと鋼鉄に取って代わられる。オフィスやめまいを起こさせるようなアパートの建物がひしめきあって建っている。建物があまりにも狭くて高いので、たくさんの鉛筆が空から降ってきて、地面に突き刺さったように見えると、私はサム・ホに言ったことがある。すると、サムは笑いながら、私の言葉を直した。「鉛筆ではない。箸だよ」。

景色を見ながら、私の計画が引き起こすであろうさまざまな反応について考えていたが、この慌しい都市で古代からの儀式をわざわざ行おうとする人がいると想像するのは難しいと感じ始めた。

翌日、私たちは文武廟まで歩いた。朝の間降っていた小雨が止み始めた。私たちは地図を見ながら、太平山街を歩いて居賢坊まで行き、それから眾坊街、そして樓梯街を下りていった。そして、そこにあった。高層のアパート群の中に、緑色の瓦屋根の小さな白い建物があった。それが文武廟であった。

私はしばし佇み、ピンク色、黄色、緑色の高い建物を見上げ、それから数千もの同じ形をした窓を見つめた後、小さな白い建物に目を移した。

この寺は一八八〇年代に学問と戦争の神である文と武を祭って建設された。その後、より多くの神々も祭られ、亡き先祖を崇拝するための記念銘板も加えられるようになった。ある中国人の同僚は「ここでは皆同じです。ほとんど差はありません。ご先祖様たちも神と同様に崇拝されているのです」と語った。

廟はよい状態に保たれていた。誰かがきちんと手入れをしているのは明らかである。建物の庇には精巧な像や象徴が彫刻されていた。数々の赤い木製の槍の下には、背の高い扉があり、その向こうに暗い内部が広がっている。精巧に彫刻された木製の簾に隠されて内部は外からは見えなかった。

廟の前に大きな鉄製の箱のような物があった。それが置かれている位置はどことなく奇妙に思えた。それには工業製品特有の醜さがあり、廟の詩的な雰囲気とは対照的であり、それさえなければ歓迎する雰囲気があるのを、むしろ遮るかのようだった。その金属製の箱に小さな扉がついているのに私は気づいた。私は箱に近寄り、その中で火が燃えているのを目にした。それは炉だった。その扉の脇に中国語で何か書かれてあった。その下には英語で「紙製の金」と書いてあった。これは紙製の供え物を焼く場所であるのが明らかだった。

内部は暗く、煙が満ちていた。赤い柱と石の階段があり、中央の部屋といくつかの小さな部屋があった。

大理石の祭壇の後ろには極彩色の仏教や道教の神々の像が所狭しと置かれ、たくさんのスープ、餅、果物、異国風の真鍮の動物の像などが捧げられているため、神々の像が見えにくくさえなっていた。近くに置かれた大きな金の香炉には線香が立てられていた。

廟の脇の壁は、無数の亡き祖先の名前や顔を刻んだ小さなタイルで埋め尽くされていた。タイルの下の棚には、奉納された蝋燭、花、食物が並べられていた。ソフトドリンク、オレンジ、饅頭、蓮の葉で包まれた餅などさまざまな食物が捧げられていた。

何人かの参拝者が訪れていた。祭壇の前で黙って膝まずいたり、立ったまま頭を垂れている人もいた。煙を立てている線香を振っている人もいた。線香を上下に振って、仏陀を拝んでいたのだ。こういった光景には心地よい厳粛さがあった。

私はしばらくそこに立ち、あたりをよく見ていた。すると、私の注意が上部に向けられた。廟の垂木は低く垂れ下がった無数の螺旋状の物で完全に覆われていた。螺旋物のひとつひとつは燻されたような色をしていて、すべてが同じ形で、赤や金の紙片が中心から垂れていた。螺旋物はびっしりと隙間なく規則的に並べられてあった。濃い煙に私は燻される思いがし始めていたが、天窓から漏れる光が螺旋物を来世の美のように見せていた。

私はそれが螺旋状の香であって、参拝者が購入したものと知った。そこから垂れ下がっている紙片には神への祈りが書かれてあった。香は底から火がつけられ、火は螺旋状に徐々に上へと昇っていく。上に立ちこめる煙が祈りを天国に届けるのだ。このように煙に満ちた祈りが長い間続けられてきたために木製の天井は真っ黒になっていた。

寺や祖先廟は、近代の香港の人口密集地域ですら、驚くほど簡単に見つけられる。文武廟から程近い所にも幾つかの小さな寺を見つけたし、太平山街まで行くと大きな祖先廟もあった。その入口は簡素な木製の構造で、質素な波上のファイバーグラスの屋根がついていた。私たちはぐらぐらする階段を昇り、部屋に入ると、そこには螺旋状の香が満ちあふれていた。さらに奥に進むと、複雑に入り組んだ小さな礼拝堂があった。

比較的大きな部屋のひとつの中に、二〇歳前後の四～五人の若い女性たちがいて、忙しそうに紙製の金を折ったり、供え物の準備をしたりしていた。陽光が降り注いで、とても明るかった。その部屋の明るさは、文武廟の洞窟のような内部とは好対照であった。そのような影響が出ている部分的な理由として、壁に埋め尽くした祖先のタイルが明るい黄色だったこともあるだろう。

私は部屋の隅からこの光景を見ていた。私の傍らには娘のアンジェリカがいた。若い女性たちが働いている間、年長の身内の人々は傍に立っていたり、座っていたりして、楽しそうにおしゃべりをしたり、何かを食べていた。そこにいる人たちの間には互いに共有された尊敬の念があったが、その雰囲気はけっして暗くはなかった。あえて言うならば、とてもリラックスした心地よい雰囲気であった。

私たちがいるためにその雰囲気を壊すのではないかと心配になった。しかし、誰も気にしている様子はない。実際に、誰も私たちに注意を払っているようには思えなかった。すると、アンジェリカが若い女性たちのところまで歩いていって、立ち止まった。私は、これは儀式のプライバシーをきっと侵すことになるかもしれないと、うろたえた。しかし、女性たちは互いに中国語で話しているように、私の娘に微笑みかけた。

そして、アンジェリカはポケットから小さなプラスチックの白雪姫の人形を取り出した。娘は旅行中その人形を持ち歩いていた。供え物と思われるものの中に人形を置こうとした。すると、女性たちもその仕草の意図をすぐに理解し、温かい笑顔を返した。彼女たちはアンジェリカの頭をなでて、中国語で話しかけた。もちろん、私は彼女たちが何を言ったのかわからなかったが、娘が彼女たちの輪に加わったのを喜んでいるのは明らかであった。

紙製の供え物について本をまとめる過程で、西洋人ロデリック・ケイヴ（Roderick Cave）も祖先の儀式に侵入していくことへの同じような躊躇を感じたことを認めている。私と同様に、ケイヴも「明らかに外国人とわかる者が彼らの廟を汚すと参拝者が感じるのではないか」と心配した。これは実際には「誤った文化的感受性」であり、廟の参拝者の示す「受容の程度」は「驚くべきものであった」という。[27]

数日後、家族と私は、香港島の東端の地域である筲箕湾のにぎやかな露天市場を訪れた。筲箕湾の海岸はかつて無数の漁村が栄えた自然の港である。現代的な高層建築が古い村を圧倒してしまったものの、海の女神である天后や富と健康の神である譚公を祭る寺が今もある。

市場の外で、私は遠くの険しい丘の上の森の中に別の祖先廟の一群と思われるものがあることに気づいた。最初は、どのようにして丘を登ればよいのか道がわからなかったが、とうとう石の細い階段を見つけて、登っていった。

私は丘の上に、まるで小さな中世の都市のような、驚くほど豊かな一群の建物を見つけて、とても嬉しかった。鉄の塀とみごとな門があり、そこから玄関まで赤色の通路が続いていた。通路の両脇には少し高い位置にいくつかの廟があり、そこに登るために低い赤い階段が付いていた。入口の通路は、大きなブロンズの馬、陶製の虎、鉄か真鍮性の香炉といった、彫刻物で飾られていた。建物自体は花瓶や赤い提灯で飾りつけられていていて、建物の角には供え物を燃やすための炉が置かれていた。

私たちが建物の中や周囲を見てまわっていると、息子のラファエルが興奮して私を呼んだ。階段を見つけて、その上から手を振っていた。そこまで行ってみると、別の一群の建物があって、驚いた。これは第二群の建物であって、装飾の仕方がわずかに異なるものの、ほとんど第一群の建物と同じような配列になっていた。私たちはそこをよく見る時間がほとんどなかった。というのも、ラファエルがさらに第三群の廟を見つけたからである。

私たちは本当に尋常ではない何かに呆気にとられた。これこそが筲箕湾の古い村の祖先崇拝の中心であった。何世紀にもわたって、このような廟の群落は中国全土の小さな村や町でごくあたりまえの光景であった。廟は祖先崇拝の主な手段となり、このようにして紙製の供え物と同様の機能を果たしてきた。各廟には祖先の机、記念銘板、亡き祖先の名誉を讃える品々が納められていた。ひとたび祖先の机や記念銘板が廟に置かれると、祖先の魂はそこに住みつくと信じられていた。

各家族や一族は町に自分たちの祖先廟を持っていた。生きている一族の人々は廟を維持することに責任があった。祖先廟を大切に維持できないと、祖先を粗末に扱っていることになり、もちろん、祖先の怒りをかった。同じような意味で、亡き先祖を喜ばす最高の方法とは廟を可能な限り華やかなものにしておくことであった。当然、その結果として、村人たちの間で我先に競争が起きた。近隣の一族よりも豪華な祖先廟を建てることは、祖先を喜ばせて、生者にとっての地位の高さを示すシンボルとなった。

このような祖先廟は中国本土ではもはや簡単には見つけられない。一九六〇年代から一九七〇年代にかけての文化大革命の際に、ほとんどが破壊されたり、公的な建物に改築されてしまった。しかし、香港は当時英国の領土であったために、文化大革命は国境で食い止められて、香港では古くからの風習が生き延びた。

筲箕湾の村にある祖先廟は実際に用いられていた。廟の建物は清潔であり、手入れが行き届いていたし、最近でも訪問者がいる形跡があった。香港の町中の他の廟にも、祭壇に供え物や点けたばかりの蝋燭が捧げられていた。後に、私たちは森の奥深くの孤立した場所にもさらに多くの廟を見つけた。これらの廟もまた清潔で手入れが行き届き、置かれたばかりの供え物があった。

何にも増して私が驚いたのは、このような廟が完全に開放されていて、警護されていなかったことである。これこそが古くからの儀式に対する尊敬の念であり、誰もけっしてこのような建物を壊したり、仮の住居として使用するはずがないと言っているようですらあった。要するに、この態度はそれほど驚くべきことではなかったのだが、ほとんどの西洋世界における教会や他の宗教的な建物が今ではほとんど常に鍵がかけられているといった態度とは好対照をなしている。

「你好(ニーハオ)、父さん」

なぜ私があれほど長いこと逡巡していたのか今となってはよくわからない。自分自身で儀式を試してみることを何日も考え続けていた。私は紙製の供え物を父に贈りたかった。

私はためらっていたのだが、その理由を理解していなかった。おそらく同僚からの諫言のためだったかもしれないし、この古代からの儀式に参加することは科学に限界があることを認めるようなものであるからかもしれなかった。あるいは、よくわかってはいなかったものの、私が経験するかもしれないことを恐れていたのかもしれない。古くからの風習を馬鹿馬鹿しい迷信であると片づけるのは容易いが、儀式が長期にわたって続いていて、香港中で盛んに行われているのを私自身が目撃したという事実そのものが、その力強さを物語っていた。結局、これは儀式であり、ジェイムズ・ワトソンが書いたように、儀式には「変換の能力がある。儀式は人々を変える」[28]。私は文武廟で供え物を燃やすことに決めた。

最初に私がしなければいけないのは、適切な紙製の品物を選ぶことであった。この課題はけっして粗末にしてよいものではなかった。家族も一緒に出かけてくれて、私は文武廟近くの太平山街まで歩きまわった。そこには紙製の金を扱う行商人がたくさんいることがわかっていた。どの店も紙製の品物以外のものはほとんど商っていなかった。数多の紙製の品々がきちんと並べられ、歩道を占拠し、日よけからもあれこれと何かがぶら下げられていた。すべて紙製の家、自動車、ラジオ、テレビ、食物、湯沸かし器、フライパン、そして、ファーストフードさえあった。紙製の靴や服、もちろん、紙製の金や紙製のクレジットカードまで揃っていた。

しかし、私は父のために何を燃やすべきなのだろうか?

私たちは数ある店のひとつに入った。私が何を選ぼうかと頭を絞っている間に、娘が店の裏に入ってしまったことに気づいた。娘がそこに入っていったのは、女性がディスプレイのために紙製の靴をビニールの袋に詰めている姿を認めたからであった。娘のアンジェリカはこれまでに紙製の品、とくに紙製の家にすっかり魅せられてしまっていた。彼女は女性が紙製の靴を包装しているところまで行き、その一挙一動を見守った。アンジェリカにとって、紙製の靴も紙製の家と同様に魅力的であったのは明らかだった。しかし、私は心配になっていた。先祖のために燃やす紙製の品々はしばしば霊的な機能があるという文献を私は読んでいたからである[29]。アンジェリカの好奇心が古代からの風習のタブーに触れたりしないだろうか? 私はふたたび間違っていた。その女性はアンジェリカが興味を持ったことをとても喜び、言葉の壁はあったものの、彼女はアンジェリカを面白いゲームに誘った。

アンジェリカのあからさまな好奇心とそれが引き起こした歓迎の反応は、私に大切な何かを示した。私はあまりにもすべてを深刻にとらえ過ぎていたのだ。この時までは、私は紙を燃やす儀式を私だけで行おう、それも適切かつ真剣に行おうと考えていた。ようやく、それが誤りであることに気づいた。紙製の品を燃すことは個人的な悲嘆に関するものではない。中国の悲嘆の儀式では何も個人の悲嘆に関してはいない。古代から続く儀式は亡くなった愛する人を敬うものであり、それ故に、家族や絆に関するものである。ロデリック・ケイヴが述べたように、供え物として紙製の品々を用意するのは「それ自体、家族の絆を強化するのを助ける儀式である」[30]。

このようなことに気づいて、私は適切な紙製の品を選ぶという課題をそれほど大変なこととはもはや思わなくなった。私の父は生涯、一生懸命働いた。家族がよい暮らしができるようにと父は懸命に働き、自分自身には物質的な快楽を許さなかった。父は野球とか葉巻といった単純なことが好きだった。しかし、父は倹約家で、それが父の生活信条であった。高等教育を受けていなかったため、経済的にはそれほど余裕はなく、家計を支えるためには貯蓄する必要があることを承知していた。そして、父はそれを達成した。

私が父に何かを贈ることができるとするならば、何を贈ったらよいだろうか？　テレビでも服でもない。そういった品物は父があまり興味を抱かないことを私は知っていた。自動車でも家でもない。これは、あまりにも無頓着で見栄を張っているため、父の希望をはるかに超え、不快にするだろう。

そして、私は完璧な物を見つけた。紙製の金塊である。金塊は銀行にある金のようなものであった。金塊は非常に硬い。これは父が頼りにできる何かである。これを贈られれば、父は安心に感じ、息をするのが少し楽になるだろう。それについて、そして父について考えれば考えるほど、紙製の金塊が完璧な供え物であると私は確信した。

そして、私は父についてこのように考えることがまさに重要なのだと気づいた。

このように気づいたことは私の気分を引き立てた。

＊＊＊

高齢の女性が文武廟の前面に置かれた大きな鉄製の炉の前に立っていた。籠一杯の金色と赤色の紙製の金にかがみこみ、手に一杯つかむと、それを小さな窓から火にくべた。私たちは彼女の数フィート後ろで自分たちの順番が来るのを待っていた。

私はこれ以前にも廟に行き、父に祈ったことがある。紙製の金塊を手にした時の高揚感は薄れ、長く続く平穏が訪れた。しかし、廟を再訪し、今回の儀式がうまくいくのか、私は何をすべきなのかよくわからなかった。

おそらく最善の方法は、自分が納得できるように祈ればよいのだと直感した。

儀式は人を変える

私は廟の脇にある祭壇に歩み寄った。そこは暗く、人目を気にする必要はあまりなかった。廟にいる他の人々が仏教式の礼拝をするのが見えた。仏陀を敬うために、仏教の教え、聖なる集い、地域の支持に対して手を三回打つ。

受け入れられた儀式の手順を踏むことによって、一般の人々は文化の統一過程に参加する

私は仏教徒ではなかったが、仏教に興味があった。妥当な始めかたのように思われた。私は祭壇の前にひざまずき、三回礼をした。

そして、父のことを考えた。

「こんにちは、父さん」

父の人生のさまざまな光景が私の意識にただちに上ってきた。

儀式が適切に行われさえすれば、死や来世について信じているか否かはほとんど問題にならなかった

暖かい感覚が私を包んだ。私はふたたび穏やかな感じを覚えた。それは高貴な平穏に近い感覚であった。しかし、何か新たなことも起きた。まるで私が何か偉大な力でも呼び起こしたかのようで、私の語る言葉は驚くほど力強かった。この公の廟で私が父に近づこうとした行為は、この廟ではこういった行為が完全に受

け入れられていたが、効果を強化したように思われた。以前に時々父と話をした時と同じように、私はただちに父の存在を感じ始めたのだが、これは他の世界への扉を開けるような感じであった。

以前に私が父と話した時には、私は常に父はひとりきりだと思っていた。しかし、文武廟では他の多くの人の中にいる父を見た。他の人々ははっきりとした形はないものの、明らかに実在し、私はその存在を感じた。多くの人々がいた。私は自動的にすべての人々と繋がりを持った。

父が何であれ、魂、記憶、私の脳の中の一群の賦活化されたニューロンであれ、そんなことは問題ではなかった。その時に私が大切に思ったことのすべてとは、私が父との間の深くて分かちがたい絆を感じたことであった。

儀式は変換の機能が期待されているからこそ繰り返される

まさにその時その場所で雷のように私は打たれた。なぜもっと早くそれに気づかなかったのかわからない。私は中国の寺で父親と連絡を取ろうとしていた。これ自体はけっして変わったことではない。中国への旅行はこの時までにはごく当たり前のものになっていた。しかし、父と私の関係という状況では、これは大変重要なことであった。父は家族を養うために、旅行をしたいという希望を諦めていた。私は若くして反抗して家を出て、父と正反対のことをしようという抑え切れない思いがあった。この一件で父と私は引き離されてしまった。ようやく、父と私は同じ位置に立つことができた。父子の異質な関係にはじめて共通点を見出したように思われた。それが私を包み込んだようだ。私は父親との間に永遠の絆を感じた。彼は私であり、私は彼であった。

これこそが私が与えられることを望んでいた最高のものであった。自然に「你好（ニーハオ）、父さん」という言葉が私の口をついて出てきた。私は中国語を話せなかったが、「こんにちは」を中国語でどういうのかくらいは知っていた。

＊＊＊

高齢の女性が礼拝を済ませて、私たちの順番が来た。ラファエルとアンジェリカにこれから何をするのかを少し説明してから、前に進んだ。ポーレットは炉の扉の横に書かれていた中国語を懸命に読み解こうとしていた。

次に、私は開けられた扉のところに進み、火を見ようとしたのだが、火はなかった。これは変だった。数分前に、あの高齢の女性が紙製の金を炉にくべたのを見たばかりだった。その時には火が燃え盛っていたように思えた。

香に火を点けるための小さな蝋燭が近くにあったが、紙製の供え物に火を点けるのにこれを用いるのが適切かどうか私は知らなかった。高齢の中国人の女性がまだ近くにいて、私をちらりと見て、微笑み、慌てて戻ってきた。彼女は身振りで示し、中国語で話してきた。私はまったく言葉がわからなかったが、蝋燭で紙製の金塊の端に火を点け、炉に投げこめばよいと言おうとしているのだと理解した。私がそうすると、すぐに紙製の金塊は燃え上がった。彼女は肯いて、満面に笑みを浮かべた。「これは新製品の炉です。火は自動的に調節されます」と彼女は言ったようであった。

ただこうすればよかったのだ。紙製の金塊は、年配の中国人女性の助けを借りて、今は亡き父の魂に送り届けられた。

今となって振り返ってみると、この行為はとても機械的であった。これまでの数日間、さまざまな寺を巡っていた時にも同じことに気づいていた。人々が紙製の供え物を燃やす方法についてとくにあれこれ悩むことは何もなかったようだ。まるでただの紙を燃やすように、彼らは紙製の供え物も火の中に単に投げ入れていただけだった。

私はようやく理解した。紙製の供え物を実際に燃やすということの意味は文字通り後知恵に過ぎない。この儀式のもっとも重要な部分はそれ以前にすでに始まっていたのである。

第12章

逆境の中で強く生きる

私は本書を通じて自然のリジリエンスを強調してきた。愛する人の死に対処する場合や、戦争、災害、疫病、テロなどといった惨事に遭遇した場合に、リジリエンスが認められる。こういった出来事を恐れるが、しかしこのような出来事が生じてしまったら、可能な限りそれに対処するしか術はない。幸いなことに、ほとんどの人がこういった出来事に巧みに立ち向かう。この意味で、喪失の苦痛を耐え忍ぶ能力は特別なものではない。むしろ、逆境の中で強く生きる人間の一般的な能力を示す一例である。

繁栄を話題にする時に、一般的には長期間を考える。最近まで、極度のストレスに関する研究、とくに悲嘆に関する研究のほとんどはごく短期間の調査であった。悲嘆の過程に関する初期の調査のほとんどは典型的には最長でも一〜二年間のものであった。その理由は単純である。長期間にわたって被験者を追跡するのは困難であるし、多くの予算も必要である。しかし、徐々にこのような問題を取り上げる方法を見つけ出し、悲嘆の長期経過について最初の知見のいくつかが現れてきた。最近明らかになった点は、これまでの研究知見と完全に一致している。喪失を経験した際のリジリエンスは現実に存在し、幅広く認められ、長期にわたるものである。

たとえば、ある研究では、第5章で解説したＣＬＯＣ計画からのデータを同僚たちと私は長期的視点で検討した。私たちはその計画の七年間を検証した。それは配偶者の死の三年前に始まり、死の四年後で終わっていた。配偶者の死後二年間は慢性的に症状を呈していた人もいたが、四年後までには回復し始めていた。残念ながら、これは全員に当てはまるわけではなかった。配偶者の死から四年経っていても、死別の症状に常に圧倒されていた悲嘆の最中の人もいた。それとは対照的に、ほとんどの人が研究の初期からリジリエンスを呈しており、半数近い人が七年間の全調査期間を通じて健康を保っていた。[1]

他の研究では、同僚たちと私はより多くの被験者を対象とした。その数は一万六千人であった。約二〇年間というきわめて長期間にわたり参加者が追跡された既存の研究から得られたデータを活用した。[2] この研究は別の意味でも独特であった。適応についてわずかに異なる視点を得られるようないくつかの新しい質問が加えられていたのである。そのような質問のひとつで、毎年繰り返し尋ねられたものとは、「あなたは人生全般にどれくらい満足していますか?」であった。結果を分析したところ、調査期間が長期にわたってはいたものの、以前の研究と同じパターンが明らかになった。とくに重要であったのは、悲嘆の最中にあった人の実質的多数である約六〇パーセントの人が長年にわたって高い人生の満足度を常に経験していた点である。換言すると、彼らは死別の苦痛を経験していたものの、ほとんどの場合、喪失体験の前、中、後で自分の人生に満足していた。

＊＊＊

カレン・エヴァリーは娘と一緒に犬のブリーダーになろうと夢見ていたのだが、それを実行に移さなかった。娘のクレアが亡くなって最初の年には、娘と自分が一緒に考えてきたことだから、その計画を実現させなければならないと強く思った。しかし、徐々に彼女の人生でしなければならないことがあまりにも多くなってきた。「娘が亡くなって、いつもその計画を推し進めてくれることができないので、ブリーダーになるという計画はもう意味がないと考えるようになりました」と彼女は私に語った。

これはカレンがクレアを忘れてしまったという意味ではない。その正反対である。両親は娘の思い出をいつまでも大切にしておこうと一生懸命になっている。彼らはクレアが関与していたブリーダー協会と今も連絡を取り続けている。クレアの名前を冠した基金を設けて、捨てられた犬に対する人道的ケアを助力しようとしている。娘の死から何年も経っているのにクレアの友人たちとも交流を保ち、自分たちの住む町に来たら、家族の輪に加えるようにしている。

とりわけカレンは力強く、健康的であり続けてきた。「クレアは母親にこうあってほしいと考えたでしょう」という。この点についてカレンははっきりとした態度で述べた。「私がボロボロになってしまうわけにはいかなかったのです。他の人々は私を必要としていました。私は仕事があったし、今でもあります。これが私なのです。こういったことを脇に置いておく意味はなかったでしょう。クレアを追悼するために私が思いつく最高の方法とは、私が自分自身の人生を生きることです。私がすべきこと、私がうまくやれることをしなければなりません。それはまさに私がクレアにそうしてほしいと思ったことでもあるのです。そうしてほしかった。これが娘をけっして忘れないと伝える私なりの方法なのです」。

実際に、死別の初期のショックが薄れていくと、愛する人を追悼する最高の方法は、自分の苦痛や苦悩を通じてとか、自己の比喩的な死を通じてではなく、自分自身の人生を可能な限り充実させて生きていくことであると、悲嘆の最中の人の多くが気づく。ビートルズのメンバーのひとりであったポール・マッカートニーは彼の人生で起きた死別経験について考えた時に、次のような結論を下した。彼が一四歳の時に、母親が悲劇的な死を遂げた。その後、マッカートニーはビートルズの仲間であった二人の親友を亡くし、最近では、二九年間連れ添った最愛の妻を喪った。彼はこのようなそれぞれの死別体験に対して距離を置こうとしたのだが、その理由は「彼らの死のために私がある種の陰鬱なうつ病になってしまったら、それは彼らを悩ますことになるだろう。私はある事実からそのことを知っている。だから、それからあえて距離を置くことによって、私がそこまでならないための助けになる」のだという[3]。

　ダニエル・レヴィはジャネットを忘れてはいなかったが、彼女の死から五年後に、別の女性と暮し始めた。沼地でのジャネットとの会話はどうなったのだろうか？

「今でも時々そうしています。ジャネットは私の人生でそれほど大きな存在でした。私は彼女にしがみついていたい。今もジャネットを見つけられると私は思いたいのです」。

　ジャネットとの思い出が新しい関係に影響を及ぼさないのだろうか？「ロリーとの関係はジャネットとの関係とは同じではありません。ジャネットと私はこの霊的な何かがありました。これは稀なことだと思います。毎日起きるわけではありません。でも、ロリーは楽しいです。彼女のおかげで私は幸せですし、彼女も私といると幸せです。ロリーにはジャネットのことを話してあります。実際に、私はジャネットについてたくさん話しました。それでもロリーは構わないのです」。

悲嘆に備えておく

悲嘆に関する初期の理論が強調していたのは、死別の苦痛を経験することが重要であり、この過程は一連の予測される必要な段階を進んでいくことであるととらえる点であった。このような考え方を支持する研究はなかった。その大きな理由として、そもそも悲嘆についてあまり研究されていなかったからである。しかし、いよいよ詳細な悲嘆の過程について研究されるようになると、まったく異なる視点が現れてきた。

元来私たちを助力してくれるような一連の生来の心理的過程が備わっているので、私たちは死別にうまく対処できる。これらのうちでもっとも明らかであるのは、悲しみを感じ、それを表現する能力である。悲しみを感じると、自分の注意を精神内界に向け、考え、検討し、喪失の現実を再検討することになる。とくに悲嘆の初期の数日間や数週間は、悲しみを表すと、苦痛を感じていることや、放心していることや、他者からの心配や同情が必要であることを他者に伝えることになる。

悲しみをはじめとしてすべての感情は短期的な解決に用いられる。あまりにも極度の悲しみを感じたり、長期間悲しみを感じると、繰り返し悩んだり、自己の周囲の世界から引きこもってしまうという危険を冒すことになる。もしもあまりにも多くの悲しみを表すと、自分がもっとも必要としている援助や支持を与えてくれるはずの人々をかえって遠ざけてしまうかもしれない。

幸い、元来備わっている解決法が自然に用意されている。私たちは長期間悲しみに浸っているのではなく、感情が強弱を繰り返すことを経験する。感情は動揺する。時間経過とともに、この周期が長くなったり、そして、徐々に平衡状態に戻ったりする。

ある種の悲しみを感じたり、それから脱したりといった適応的な動揺を達成する方法のひとつとは、より肯定的な心理状態に切り替えることである。苦痛の中に喜びや、まして笑いを見出すことを期待していないものの、あえてそうするのは合理的であり、たとえ一時的であったとしても、気分は改善する。今は亡き愛する人を肯定的に思い出すことに慰めの時を見出すこともできる。このような肯定的な状態は当人が悲しみから抜け出すのに役立つだけではなく、周囲の人々にも伝わっていく。とくに笑いは他者に対して伝染効果があり、私たちの研究でも悲嘆の最中にも同様の影響を認めた。笑いは他者の気分を改善させて、こちらに振り向かせることができ、苦痛に満ちた時期を通じて一緒にいてくれた人々に返礼するという意味もある。

残念ながら、すべての人が死別とこれほどうまく対処できるわけではない。その理由を理解することが重要であるのは、その結果、多くの人々の健康な対処を強化することができて、その苦悩があまりにも大きい人を助力できるようになるからである。

リジリエンスに遺伝的な要素がたしかに存在することがわかっている。しかし、この件について科学は完全な答えを出してはいない。また、心理的要素が関与していることもわかっている。そのような要素のひとつが楽観的な態度である。私の研究で明らかになった他の要素は対処の柔軟性である。リジリエンスの高い人は、そうでない人に比べて、道具箱の中の道具の数が多いと、私はすでに述べた。そういった道具のひとつとは、悲しみと肯定的な感情の間で状況に応じてスイッチを入れたり切ったりできることである。もうひとつは、感情を用いる際の柔軟性である。

同じ目的を達成するためにまだ他の方法もある。行動の柔軟性に関連して、正常の状態ではかならずしも健康的ではない態度や戦略を用いることによってたくみに対処する人がいることが、私の研究結果から明らかになった。自己奉仕バイアスを用いるのは、そのような戦略のひとつである。実際よりも自分は強くて、耐えることができると自分自身に言い聞かせたり、たとえば、病院で愛する人が受けた治療や雇い主の態度について、喪失経験に対する責任を外的要因に帰して、責めたりすることもできる。明るい面を見るという方法で肯定的な結果に焦点を当てることもできるだろう。他の状況では、このような行動は問題をもたらしかねないが、いざという時には、その状況をなんとか切り抜けるのにたしかに役立つ。

死後も続く絆

夫サージの死から四年の命日に「こんなに時間が経ったなんて信じられません」とソンドラ・ビューリューは私に電子メールを送ってきた。彼女はうまくやっているように思われた。私は彼女がリジリエンスの高い人だと思うと伝え、彼女が私の考えに同意するかと質問した。すると彼女は私の考えに同意したが、すぐに、すべてがそれほど容易かったわけではないと付け加えた。母親が最近亡くなった。それは大変つらかったが、サージの死とは異なって感じられた。母親の死の影響は家族生活が複雑に変化することや、自分が年を取るとともに責任も増していることと関連していた。

サージの命日に、ソンドラは親友と一緒に一日のほとんどを過ごそうと計画していた。ソンドラはその友人について私に話した。彼女はソンドラが育った町について詩を書いてくれた。ソンドラはその詩を今にも亡くなりそうな母親に読み聞かせた。そうすることは「母親がこの世からあの世へと移っていく時に、よい思い出を呼び起こすだろう」と考えたからだとソンドラは言った。サージの命日に、その同じ友人が「私にとって大変な日を幸せなものに」してくれたのであった。

しかし、ソンドラは孤独でいることはつらいと私に語った。「だれも頼りにできる人がいません。かつてはサージが頼りでした。でも今、私はひとりでしなければなりません。何かに当惑したとしても、家に帰って、サージに頼ることはできません。家に帰って、以前のように、わめくこともできません。何か疑問があっても、彼に抱きしめてもらうこともできないのです」。

それでも、彼女は楽観的であった。「サージはいつも私が自力で何かの活動をするのを励ましてくれました。私が自立するように助けてくれたのです。彼が私に書くことを励ましてくれました。彼が亡くなっても、私は続けていって、書く能力を高めることができると感じました」。

サージが彼女の人生に現れて、彼女は成長の方法を見つけた。そして母親が亡くなると、「私に何をすべきかを言ってくれる人が誰もいなくなってしまった」。サージの影響だけが残っていた。「私はこれまで以上に、サージに感謝しています」とソンドラは言った。「私はどれほどサージが素晴しい人だったかいつも感謝していましたが、私が気づいていた以上に彼は素晴しい人だったのです」。

もうひとつの発展があった。ソンドラはサージが前の結婚で授った娘と連絡を取りあうようになっていた。サージは生前、娘とあまり親密ではなかった。しかし、彼の死後、ソンドラはその娘と時間を過ごすようになった。ソンドラは私に「あの子は父親のことをあまりよく知らなかったのですが、今では父親や私のことを少しずつわかってきています」と言った。

しばらく話した後、私は以前の面接で彼女が述べた意見を話題にした。サージの死の直後、彼女が無事にやっているかどうかを確かめるために、彼が姿を現したのを見たと言ったことを私は告げた。彼女がそういった経験をしたことを覚えているか、そういったことが今でも起きるのかと私は質問した。彼女の表情が輝き、「ええ、もちろんです。時々、今でも彼を目にします。でも、最初の頃ほどはっきりしません」と私に答えた。そして「サージは今も一緒にいて、私を見守ってくれています。たしかにこのあたりにいます」と付け加えた。

死は強い不協和音を引き起こす。恐れが生じるが、それでも興味深い。悲嘆の最中にある時には、いわば不協和音とともに生きている。未知のことに立ち向かわされているのだ。愛する人に何が起きたのか知りたいと思う。愛する人が亡くなってかなり経つというのに、時々その存在を感じ続ける。

従来の悲嘆の理論は、故人との間に引き続きいかなる絆があることに対しても疑いの目を向けてきた。このような理論によれば、悲嘆の究極的な目的は、愛着を完全に断ち切り、無意識の関係をすべて絶つことであった。もしもそれが達成できないと、悲嘆の過程の最終的な解決が遅らされてしまう。しかし、時間とともに明らかになってきたのは、悲嘆の最中にあるが健康である多くの人は情緒的な絆を断ち切らないという点であった。実際に、喪失から何年も経つのに、多くの人々が故人と強く結ばれていると感じ、会話さえ交わし続けている。こういった知見を理解するために、悲嘆に関する理論家はその視点を変えた。彼らは、情緒的な絆を絶つのではなく、むしろ維持することの重要性を喧伝した。

実相がはるかに複雑であることを研究が明らかにした。悲嘆の最中に引き続き故人と絆を持ち続けることが健康であるか否かは、いくつかの要素と関連する。そのひとつは絆の種類である。たとえば、故人の所有物を持ち続けるのはほとんど常に非適応的である。他の要素はその時期である。死の直後に現在進行形で故人の存在を経験することによって、遺された人の具合はしばしば悪化するが、悲嘆の後期にこのような経験をすることはより多くの慰めをもたらし、明らかに適応力を増す。しかし、死後も続く絆がどのような形を取ろうとも、故人との絆があまりにも強かったり、頻度が多過ぎる場合には一般的に遷延性悲嘆の過程につながる。

他の重要な要素は文化である。科学と客観性が支配する西洋では、死者との間に引き続き関係があるといった考えにためらいを覚えがちである。しかし、世界中の多くの宗教では、このような考え方は人々の人生に深く組み入れられている。こういった文化がどの程度真剣にこの種の考えを受け入れているかをたしかに知ることは難しい。死者との儀式的な対話を観察してみると、しばしば遊びや軽い振舞いといった点が見て取れる。中国における私の研究はこの事実を明らかにした。それでも文化や悲嘆について多くを学ぶことができることも明らかにされた。

＊＊＊

最後に中国に旅行をした後、私がこれからも父に紙製の供え物を燃やし続けるだろうと確信した。嬉しいことに、紙製の金はニューヨーク市の中華街でもすぐに手に入ることがわかった。最近ではすっかり観光名所となった、ロワーマンハッタンに古くからある「中華街」でさえ、私が香港で見たのとほとんど同じような、祖先廟や紙製の金を扱う店があった。これまでに何度もその地区を歩いていたのに、そういった店や寺にはまったく気づいていなかった。

別の驚きもあったが、それはあまり心地よいものではなかった。私が紙製の供え物を燃やしたという経験を友人や同僚に話すと、彼らは私の話をまともに受けるべきだろうかといったような不信な素振りで私を見つめた。この種のことはそう簡単に話せるものではないことがすぐに明らかになった。実際に、死者に関するどのような話題もまだ西洋では人を不安にさせてしまうということを私は自分自身に言い聞かせなければならなかった。

さらに、私が買い物に行くと、ニューヨークの中国人の商人は私を不審そうに見た。彼らは私の意図を尋ねた。「どうしてそんな物がほしいのか？」と彼らは訊いた。「本物でないことを知っているのですか？ ただの紙ですよ。それで何をするつもりですか？」。ニューヨークにある祖先廟を尋ねた時も、この種の疑惑の目が向けられた。

紙製の供え物を燃やす儀式をしたいという私の願いは徐々に薄れていった。私はもうそれを繰り返さなかった。そして実際に、私は最後には香港の学問上の同僚が言っていたことは正しいと認めるしかなかった。紙製の金を燃やすという儀式に私が香港で魅せられている間は、それは母国で私が行うのと同じ儀式ではあり得ない。

しかし、文化的な差が唯一の要素ではなかった。時間が経つと、私はもはや儀式が必要ではなくなっていた。父が亡くなって二五年以上経った。父が亡くなった時には私は若かった。当時、私は父と仲違いをしていたし、父子関係で解決していない点もまだ多かった。私がしたように、父に近づこうとし、空想上の会話で父と話したのは、ふたりの関係を維持しようとする方法であり、その関係を蘇らせて、残してきたものを取り戻し、うまくいけば、父との間の裂け目を修復しようとしたのだ。香港での儀式はこの点できわめて強い影響があった。それはたしかに効き目があった。その目的を達成し、私に何かを与え、母国に持ち帰ってきた。私にはもはや儀式を繰り返す理由がないのだ。

＊＊＊

私が知っている限りでもっとも長期にわたる悲嘆に関する研究は驚くべきことに三五年にわたった。[4]一定に留まるものもあるが、悲嘆の多くの側面は長いこと経ってから徐々に和らいでいくことをその研究は明らかにしている。たとえば、死から最初の数年間は、悲嘆の最中の人のほとんどが愛する人の思い出に耽る。古い記憶を何度も回想して、思い出にひたる。少なくとも一週間に何度もこのようなことをする。一五年後にはこのような回想的思考や記憶の頻度は減ってくるが、完全にそれを止めるわけではない。

ソンドラ・ビューリューのように、「記念日反応」（anniversary reaction）は同じように徐々に和らいでいくパターンを呈する。「記念日反応」とは、遺された人が喪失に関連した重要な日に突然、強い悲哀感や孤独感を覚えることを指す。喪失に関連した日とは、たとえば、故人の誕生日、死後最初の祝日、もちろん、愛する人が亡くなった日などである。ほとんどの人にとって、記念日反応はせいぜい数時間続くほどであって、それ以上ではない。その持続時間は喪失から時間が経ってもそれほど変化しない。しかし、変化してくるのはその頻度である。

悲嘆は長続きするのだが、愛する人の死からかなり経っているのに、遺された人は故人を忘れてしまうのではないか、記憶がたどれなくなるのではないかと心配する。これは子どもを亡くした親にとっては実につらい問題である。[5]一度は親であったということは、これからも常に親である。それを止めるスイッチなどない。子どもが亡くなると、親はその記憶をけっして失おうとしない。

私はカレン・エヴァリーにこの点について質問した。娘の死から何年も経って、悲嘆をどのように感じているかと質問したのである。彼女は物思いに耽っているように見えた。彼女の言葉は、愛する人の死を哀しんでいる誰にでも当てはまると、私は考えた。

それは消えかかっている火と少し似ています。炎は薄暗いけれど、けっして消えません。けっして、完全には消えないのです。そのことに私はとても安心します。以前はいつか火が消えてしまうのではないかと心配していました。私が忘れてしまうのではないか、私が本当にクレアを失ってしまうのではないかと心配していたのです。でも、今はそんなことは起きないとわかっています。起きるはずがありません。いつも火はちらちらとそこで燃えています。それはまるで燃え盛った火がおさまった後に残っている小さな残り火のようです。私はそれをいつも一緒に持ち歩きます。その小さな残り火を。そして、私がもしも必要ならば、もしも傍にクレアがいてほしいと思えば、それにそっと息を吹きかけると、また明るく燃え始めるのです。

謝辞

私の研究に参加してくださったすべての人々の勇気と寛大さに私は頭が下がる思いをしている。皆さんの尽力がなければ、本書を完成させることはできなかっただろう。苦痛に満ちた喪失や、必死で耐えてきた困難な出来事にもかかわらず、皆さんは私のいつ終るとも知れない質問にひるまずに答え、私が出したうんざりするほど多くの課題がどのようなものであっても喜んで進めてくださった。皆さんの率直な態度のおかげで、私は人間のリジリエンスを理解する道に足を踏み出すことができた。私はとくにソンドラ・シンガー・ビューリュー（以下、敬称略）に感謝申し上げる。彼女は長年にわたって私と会話を繰り返し、意見を交換しただけでなく、彼女の書いた洞察に富むエッセイや詩から本書への引用を快く許してくださった。

私の妻ポーレット・ロバーツと、ふたりの子どもたちラファエルとアンジェリカの忍耐とサポートがなければ、本書を書く十分な時間が取れなかっただろう。家族は皆、私が職場から戻ってくるのを食卓でじっと待っていてくれていて、週末にはコンピュータのスイッチを切るように仕向けてくれた。私は家族に対して一生感謝する。

本書をまとめるという考えを思いついたことに対して以下の方々に感謝申し上げる。私のために最初の扉を開いてくださったアイラ・シャーキー、専門家であるとともに寛大な指導をしてくださった恩師であるハムファイア大学のニール・スティリングズ、イェール大学のジェローム・L・シンガー、カリフォルニア大学サンフランシスコ校のマルディ・ホロウィッツ、そして私の生涯をかける仕事を手助けしてくださった多くの同僚たちであるロバート・クロウダー、ペネロペ・ディヴィス、ポール・エクマン、バリー・ファーバー、スーザン・フォークマン、アー・ホーレン、スティーヴ・ラポー、ランドルフ・ネス、ブルース・ウェクスラー、カミール・ウォートマン、ジェイムズ・ユーニス。刺激を与え、鼓舞してくださった次に挙げる多くの友人や共同研究者にも多くを負っている。ジョン・アーチャー、ダイアン・アーンコフ、ジョー・アン・バコロウスキー、リサ・フェルドマン・バレット、トニー・ビスコンティ、ポール・ベレン、キャスリン・ベーナー、リチャード・ブライアント、リサ・キャップス、ルイス・キャストンガイ、セシル・チャン、アンドリュー・クラーク、ネイサン・コンセダイン、ニゲル・フィールド、クリス・フレイリー、バーバラ・フレドリクソン、ピーター・フリード、サンドロ・ゲイリー、ジェイムズ・グロス、ステーヴァン・ホブフォル、スーザン・ノレン・ホークセマ、サミュエル・ホ、ジョン・ジョスト、ダッカー・ケルトナー、アン・クリング、ダリン・レーマン、スコット・リーリンフィールド、タイラー・ローリッグ、アンドレア・マーカー、アンソニー・マンシーニ、トレイシー・メイン、リチャード・マクナリー、バタヤ・メスキータ、マリオ・ミクリンサー、コンスタンス・ミルブラース、ジュディス・モスコウィッツ、張南平、ロバート・ニーマイヤー、ユヴァル・ネリア、ジェニー・ノル、キャサリーン・オコーナー、コリン・マレイ・パークス、フランク・パトナム、エシュコール・ラファエリ、エドワード・ライナーソン、マーティ・セイファー、ヘンク・シャット、ゲイリー・シュワルツ、キャスリン・シェア、ブライナ・シーゲル、ロクサーナ・シルヴァー、チャールズ・スティンソン、マーガレット・アンド・ウォルフガング・ストレーベ、ロバート・ワイス、ハンスヨルグ・ツノイ。

　私が本書を書くように激励してくださった親友であるラリーとメリー・ヒューズ夫妻にも大変感謝する。さらに、私の考えを本書にどのようにまとめるか、そしてそれが可能であると勇気づけてくださったリンダ・ローウェンタールと、忍耐と冷静な洞察と確実な編集で私を助けてくださったベイシック・ブックス社のアマンダ・ムーン、私の素晴しい編集者であるマーガレット・リチーにも多くの感謝を捧げる。

心理学的研究はけっして個人の活動ではあり得ない。多くの人々の労力と知力を要する。研究室で私とともに長時間にわたって働いてくれた多くの学生、とくに本書で取り上げた論文を一緒に書いた次の学生たちにも感謝申し上げる。アンソニー・パパ、ジャック・バウワー、キャサリン・ラーランド、ディヴィッド・プレスマン、キャリン・コイフマン、マレン・ウェストファール、アツミニア・コヴァセヴィック、ステイシー・カルトマン、ジョイ・カセット、レベッカ・シャーマン、コートニー・レニック、シャロン・デケル、クラウディオ・ネグラオ、ディヴィッド・ファツァリ、マイケル・ミハレツ、ジェナ・レジュン、デニス・コラク、リサ・ウー、ケリー・セリヴェリオーン、ディヴィッド・コイラー、ローラ・グーリン、そして本書の索引を作成してくださったスマティ・グプタ、アイザック・ギャラッツアー・レヴィ、ドナルド・ロビンノー、ミシェル・オニール、リサ・ホロウィッツ、ニコラス・サイヴァート。

本書で紹介した研究は、国立保健研究所、国立科学財団、香港研究費援助委員会、コロンビア大学管理副学長事務所より多くの研究費を与えられて実施された。

監訳者あとがき

本書は、George A. Bonanno著『The Other Side of Sadness: What the New Science of Bereavement Tells Us About Life After Loss』（悲しみの向こう側——悲嘆に関する新しい科学が喪失後の人生について明らかにしたこと）（Basic Books, 2009）の全訳である。

私は毎年四月に開催されるアメリカ自殺予防学会（American Association of Suicidology：ＡＡＳと略）の例会に出席するのを楽しみにしている。精神科医や臨床心理士といった精神保健の専門家ばかりでなく、自殺予防に関心の高い教育関係者、法律家、宗教家、電話相談員、そして、愛する人を自殺で亡くした遺族も、この学会の重要なメンバーになっている。この学会に参加するたびに、アメリカ人の自殺予防に関する熱意に直接触れることができて、私自身も彼らのエネルギーを分けてもらうような感じを覚える。

この学会に参加すると、自殺予防に関する研究や実践についての最新の知見を得ることができる。また、基調講演も楽しみにしている。二〇一一年四月のＡＡＳの例会はオレゴン州ポートランドで開催されたが、その年の基調講演の演者が本書の著書ジョージ・Ａ・ボナーノ博士であった。基調講演が終ると、演者の著書の展示販売とサイン会が毎年の恒例となっている。ボナーノ博士の前にはサインを求める長蛇の列ができていて、本書がベストセラーとなっているのが一目瞭然であった。

ボナーノ博士の研究は従来の悲嘆に関する理論に素朴な疑問を感じるところから出発している。悲嘆や死別の理論としては、エリザベス・キューブラー・ロスの五段階理論が広く知られている。キューブラー・ロスの理論によれば、癌と診断された人が自身に迫り来る死を受容していく独特の段階があるという。①怒り、②否認、③取引、④抑うつ、⑤受容、の五段階である。単純明快なために、この説は広く受け入れられているが、実相はけっしてこれほど単純なものではないとボナーノは述べている。9・11同時多発テロを経験して愛する人を亡くした多くの人々や、家族の死をさまざまな形で経験した人々を面接した知見からは、けっしてこの五段階に沿って皆が同様に愛する人の死を受け入れていくという訳ではないと説いている。

中には死別直後から驚くほどの強さを発揮して、人生と向きあっている人が存在することも事実である。これが本書のキーワードのリジリエンス（resilience）である。従来の悲嘆の理論に縛られてしまうと、死別直後から驚異的な力強さを示して人生に立ち向かっている人を前にして、死別を否認しているなどと解釈してしまいがちなのが従来の理論の弊害であった。

私はかつて一九八七～一九八八年度フルブライト研究員として、ＵＣＬＡのエドウィン・Ｓ・シュナイドマン教授のもとで死生学について学ぶ機会を得た。シュナイドマン教授もまさに同じ意見を述べていたことを鮮明に思い出す。「人間はロボットではない、皆が皆、同じ五段階を経て死を受け入れていくなどということがあるはずがない。受け入れていく過程は人それぞれである。死は人間にとっておそらく最大の恐怖であり、危機であろう。したがって、これまでの人生で、他のさまざまな危機をどう乗り越えてきたかが、その人が人生の最終で最大の危機である死とどう向きあうかを決定する」というのがシュナイドマン教授の主張であった。私もシュナイドマン教授やボナーノ博士の意見に全面的に賛同する。自らに迫りくる死も愛する人の死についてもどのように向きあうかは、個人個人の生活史に沿うものであるはずだ。

愛する人との死別に苦しむ人自身にとっても、そして、そのような人のケアに当たる人にとっても、本書は必読の書と言えるだろう。9・11同時多発テロの遺族との面接からもボナーノ博士は深い洞察を得ている。また、博士はしばしば中国を訪れ、悲嘆の儀式について研究し、西洋文化にこだわらず、東洋では死別をどのようにとらえるのかという視点も読者に多くの興味を引き起こすことであろう。さらに、博士自身が亡き父親との間で解決していなかった関係とどう和解を図ったかといった、個人的な悲嘆について語る部分も私は興味深く読んだ。本書をグリーフワークに関心のある人にぜひ一読をお勧めしたい。また、自身も愛する人を喪い、これからの人生とどのように向き合うべきかと考えている人にとっても本書は多くの指針を示してくれるだろう。かならずや目から鱗が落ちる思いをするはずである。

なお、私は二〇一二年三月まで防衛医科大学校防衛医学研究センター行動科学研究部門に所属していたが、同年四月より筑波大学医学医療系災害精神支援学に勤務するようになった。この前後は、残務整理や転居の準備などでまとまった時間を取ることができなかった。そのような中で少しでも時間を見つけると、本書の翻訳を進めていった。内容は新しい所属先となった「災害精神支援学」と密接に関連していることにも、何か目に見えない縁のようなものを感じた。本書の訳者として防衛医科大学校と筑波大学の同僚たちの名前があるが、最終的な翻訳の責任はすべて監訳者である私にある。

最後になったが、本書を翻訳出版するにあたり多大なご尽力をいただいた、金剛出版代表取締役社長立石正信氏に感謝申し上げる。立石氏には私の最初の著書『自殺の危険——臨床的評価と危機介入』(金剛出版、一九九二年)の出版以来、常に激励と支持をしていただいてきたことに対して、この機会にあらためて感謝を述べたい。

二〇一三年一月

訳者を代表して　筑波大学医学医療系災害精神支援学　**高橋　祥友**

24. M. S. Stroebe et al., "Broken Hearts or Broken Bonds," *American Psychologist* 47 (1992): 1205–1212.
25. Liao Yiwu, *The Corpse Walker* (New York: Pantheon, 2008): 10–11.
26. Ha Jin, *A Free Life* (New York: Pantheon, 2007): 189.
27. Cave, *Chinese Paper Offerings*, 55.
28. Watson, "Structure of Chinese Funerary Rites," 4.
29. Cave, *Chinese Paper Offerings.*
30. Ibid.

第12章

1. K. Boerner, C. B. Wortman, and G. A. Bonanno, "Resilient or At Risk? A Four–Year Study of Older Adults Who Initially Showed High or Low Distress Following Conjugal Loss," *Journal of Gerontology: Psychological Science* 60B (2005): P67–P73.
2. A. D. Mancini, G. A. Bonanno, and A. E. Clark, "Stepping Off the Hedonic Treadmill: Latent Class Analyses of Individual Differences in Response to Major Life Events," unpublished manuscript, 2008.
3. Quoted in John Colapinto, "When I'm Sixty–Four," in column "Onward and Upwards with the Arts," *New Yorker*, June 4, 2007, 67.
4. K. B. Carnelley et al., "The Time Course of Grief Reactions to Spousal Loss: Evidence from a National Probability Sample," *Journal of Personality and Social Psychology* 91 (2006): 476–492.
5. Ruth Malkinson and Liora Bar–tur, "The Aging of Grief: Parents' Grieving of Israeli Soldiers," *Journal of Loss and Trauma* 5 (2000) : 247–261.

4, L. E. Butler, "The Role of the Visual Arts in Confucian Society," in *An Introduction to Chinese Culture Through the Family*, ed. H. Giskin and B. S. Walsh, 59–88 (New York: State University of New York Press, 2001).
5. J. L. Watson, "The Structure of Chinese Funerary Rites: Elementary Forms, Ritual Sequences, and the Primacy of Performance," in *Death Ritual in Late Imperial and Modern China*. ed. J. L. Watson and E. S. Rawski (Berkeley: University of California Press, 1988): 10.
6. Ibid., 3, 4.
7. R. Cave, *Chinese Paper Offerings* (Oxford, UK: Oxford University Press, 1998).
8. Ibid.
9. S. R. Teiser, *The Ghost Festival in Medieval China* (Princeton, NJ: Princeton University Press, 1988).
10. F. Fremantle and Chögyam Trungpa, commentary in Chögyam Trungpa, *The Tibetan Book of the Dead* (Boston: Shambhala, 2003): 1–74.
11. Teiser, *Ghost Festival.*
12. Ibid.
13. E. A. Ahern, *The Cult of the Dead in a Chinese Village* (Stanford, CA: Stanford University Press, 1973).
14. Ibid.
15. K. L. Braun and R. Nichols, "Death and Dying in Four Asian–American Cultures; A Descriptive Study," *Death Studies* 21 (1997): 327–359; R. Cave, *Chinese Paper Offerings*; and C. Ikels, *The Return of the God of Wealth* (Stanford, CA: Stanford University Press, 1996).
16. Heonik Kwon, *Ghosts of War in Vietnam* (Cambridge, UK: Cambridge University Press, 2008).
17. Jonathan Mirsky, "Vietnam: Dead Souls," *New York Review of Books*, November 20, 2008, 38–40.
18. Kwon, *Ghosts of War.*
19. G. A. Bonanno et al., "Grief Processing and Deliberate Grief Avoidance: A Prospective Comparison of Bereaved Spouses and Parents in the United States and People's Republic of China," *Journal of Consulting and Clinical Psychology* 73 (2005): 86–98; K. Lalande and G. A. Bonanno, "Culture and Continued Bonds During Bereavement: A Prospective Comparison in the United States and China," *Death Studies* 30 (2006): 303–324; and D. Pressman and G. A. Bonanno, "With Whom Do We Grieve? Social and Cultural Determinants of Grief Processing in the United States and China," *Journal of Social and Personal Relationships* 24 (2007): 729–746.
20. Ahern, *Cult of the Dead.*
21. Ibid., 225.
22. Lalande and Bonanno, "Culture and Continued Bonds."
23. D. Klass, "Grief in an Eastern Culture: Japanese Ancestor Worship," in *Continued Bonds: New Understandings of Grief*, ed. D. Kiass, P. R. Silverman, and S. L. Nickman, 59–71 (Washington, DC: Taylor & Francis, 1996).

Psychocultural Study (Farmingdale, NY: Baywood, 1981), and J. Moore, "The Death Culture of Mexico and Mexican Americans," in *Death and Dying: Views from Many Cultures*, ed. R. A. Kalish (Farmingdale, NY: Baywood, 1980): 72–91; and Kalish and Reynolds, *Death and Ethnicity*.
39. F. Gonzalez–Crussi, *Day of the Dead*, 37.
40. Ibid., 81.
41. Paul Westheim, *La Calavera* (Paris: Organization for Economic Cooperation and Development, 1983).
42. R. De Nebesky–Wojkowitz, *Oracles and Demons of Tibet* (New York: Gordon Press, 1977).
43. M. J. Herskovits, *Dahomey* (New York: Augustin, 1938): 166.
44. J. K. Okupona, "To Praise and Reprimand: Ancestors and Spirituality in African Society and Culture," in *Ancestors in Post–Contact Religion*, ed. S. J. Friesen, 49–66 (Cambridge, MA: Harvard University Press, 2001).
45. J. K. Opoku, *To Praise and Reprimand* (1989): 20, and K. A. Dickson, *Theology in Africa* (London: Darton, Longman, & Todd, 1984): 196.
46. Opoku, *To Praise and Reprimand*, 20.
47. Kalish and Reynolds, *Death and Ethnicity*, and A. J. Marsella, "Depressive Experience and Disorder Across Cultures," in *Handbook of Cross–cultural Psychology: Psychopathology*, vol. 6, ed. H. C. Triandis and J. G. Draguns, 237–290 (Boston: Allyn & Bacon, 1979).
48. A. Laurie and R. A. Neimeyer, "African Americans in Bereavement: Grief as a Function of Ethnicity," *Omega* 57, no. 2 (2008): 173–193.
49. R. Kastenbaum, *Death, Society and Human Experience* (Boston: Allyn & Bacon, 1995).
50. F. Eggan, *Social Organization of Western Pueblos* (Chicago: University of Chicago Press, 1950): 110.
51. R. Price and S. Price, *Two Evenings in Saramaka* (Chicago: University of Chicago Press, 1991): 1, 3, 56–57.
52. This anecdote reported in Emily A. Ahern, *The Cult of the Dead in a Chinese Village* (Stanford, CA: Stanford University Press, 1973): 220–244.
53. Ibid., 230.

第11章

1. J. Gernet, *A History of Chinese Civilization* (Cambridge, UK: Cambridge University Press, 1982).
2. William Theodore de Barry, Wing–Tsit Chan, and Burton Watson, *Sources of Chinese Tradition*, vol. 1 (New York: Columbia University Press, 1960).
3. Lu Yaw, "Providing for Life in the Other World: Han Ceramics in the Light of Recent Archaeological Discoveries," in *Spirit of Han: Ceramics for the After–Life*, ed. A. Lau, 10–17 (Singapore: Southeast Asian Ceramic Society, 1991), and Xiaoeng Yang, *The Golden Age of Chinese Archaeology: Celebrated Discoveries from the People's Republic of China* (New Haven, CT: Yale University Press, 1999).

9. David Van Biema, "Does Heaven Exist?" *Time*, March 27, 1997, 71–78.
10. Colleen McDannell and Bernhard Lang, *Heaven* (New Haven, CT: Yale University Press, 1988): 322–333.
11. Don DeLillo, *White Noise* (New York: Viking Penguin, 1984): 318–319. I am thankful to my colleague, Barry Farber, for pointing me to this passage.
12. R. Thurman, *The Tibetan Book of the Dead* (New York: Bantam Books, 1994): 23.
13. Paul Serges, *Reincarnation: A Critical Examination* (Amherst, NY: Prometheus Books, 1996).
14. Biography—*Dalai Lama: The Soul of Tibet*, A & E Home Video, April 2005.
15. Commentary by F. Fremantle and Chögyam Trungpa, in Chögyam Trungpa, *The Tibetan Book of the Dead* (Boston: Shambhala, 2003): 1–74.
16. Thurman, *Tibetan Book of the Dead*, 5–96.
17. Herbert Stroup, *Like a Great River: An Introduction to Hinduism* (New York: Harper & Row, 1972).
18. Ernest Valca, "Reincarnation: Its Meaning and Consequences," 2008, http://www.comparativereligion.com/reincarnation.html; R. C. Zaehner, *Hinduism* (Oxford, UK: Oxford University Press, 1966); and Robert Ernest Hume, *The Thirteen Principal Upanishads, Translated from the Sanskrit* (London: Oxford University Press, 1921).
19. Jean–Francois Revel and Matthieu Ricard, *The Monk and the Philosopher: A Father and Son Discuss the Meaning of Life* (New York: Schocken Books, 1998): 30.
20. Bhikkhu Ñāṇamoli and Bhikkhu Bodhi, *The Middle Length Discourses of the Buddha: A Translation of the Majjhima Nikāya* (Somerville, MA: Wisdom Publications, 1995): 92.
21. Fremantle and Trungpa, *The Tibetan Book of the Dead.*
22. Thich Nhat Hanh, *Heart of the Buddha's Teaching.*
23. Thurman, *Tibetan Book of the Dead*, 40.
24. Ibid., 41.
25. Bhikkhu Bodhi, *Connected Discourses* (1391).
26. William James, *Human Immortality: Two Supposed Objections to the Doctrine*, 2nd ed. (New York: Dover, 1896): 2.
27. Ibid., 12.
28. Ibid., 13.
29. Ibid., 23.
30. Ibid., 15.
31. Ibid., 40.
32. Ibid., 41.
33. Ibid., 42.
34. William Steig, *Amos and Boris* (New York: Farrar, Straus & Giroux, 1971).
35. Shelby A. Wolf, *Interpreting Literature with Children* (Mahwah, NJ: Erlbaum, 2004).
36. F. Gonzalez–C russi, *Day of the Dead*, 71.
37. Octavio Paz, *The Labyrinth of Solitude* (New York: Grove Press, 1985): 57.
38. C. A. Corr, C. M. Nabe, and D. M. Corr, *Death and Dying, Life and Living* (Pacific Grove, CA: Brooks/Cole, 1994); R. A. Kalish and D. K. Reynolds, *Death and Ethnicity: A*

ders." *Journal of Affective Disorders* 21 (1991): 257–263, and A. Lazare, "Bereavement and Unresolved Grief," in *Outpatient Psychiatry: Diagnosis and Treatment*, 2nd ed., ed. A. Lazare, 381–397 (Baltimore, MD: Williams & Wilkins, 1989).

4. Lewis, *A Grief Observed*, 57.
5. S. R. Shuchter and S. Zisook, "The Course of Normal Grief," in *Handbook of Bereavement: Theory. Research. and Intervention*, ed. M. S. Stroebe, W. Stroebe, and R. O. Hansson, 23–43 (Cambridge, UK: Cambridge University Press, 1993).
6. D. Klass, P. R. Silverman, and S. L. Nickman, eds., *Continuing Bonds: New Understandings of Grief* (Bristol, PA: Taylor & Francis, 1996).
7. Shuchter and Zisook, "Course of Normal Grief," 34.
8. N. P. Field et al., "The Relation of Continuing Attachment to Adjustment During Bereavement," *Journal of Consulting and Clinical Psychology* 67 (1999): 212–218, and N. P. Field, B. Bao, and L. Paderna, "Continuing Bonds in Bereavement: An Attachment Theory Based Perspective," *Death Studies* 29 (2005): 277–299.
9. Field et al., "Continuing Bonds," and N. P. Field and M. Friedrichs, "Continuing Bonds in Coping with the Death of a Husband," *Death Studies* 28 (2004): 597–620.
10. N. P. Field, E. Gal–Oz, and G. A. Bonanno, "Continued Bonds and Adjustment 5 Years After the Death of a Spouse," *Journal of Consulting and Clinical Psychology* 71 (2003): 110–117.

第10章

1. Deborah Solomon, "The Right Stuff: Questions for Christopher Buckley," *New York Times Magazine*, October 26, 2008, 16.
2. K. J. Flannelly et al., "Belief in Life After Death and Mental Health: Findings from a National Survey," *Journal of Nervous and Mental Disease* 194 (2006): 524–529.
3. K. A. Alvarado et al., "The Relation of Religious Variables to Death Depression and Death Anxiety," *Journal of Clinical Psychology* 51 (1995): 202–204.
4. S. R. Shuchter and S. Zisook, "The Course of Normal Grief," in *Handbook of Bereavement: Theory, Research, and Intervention*, ed. M. S. Stroebe, W. Stroebe, and R. O. Hansson (Cambridge, UK: Cambridge University Press, 1993).
5. Elaine Pagels, *The Origins of Satan: How Christians Demonized Jews, Pagans, and Heretics* (New York: Random House, 1995).
6. R. W. Hood Jr. et al., *The Psychology of Religion: An Empirical Approach*, 2nd ed. (New York: Guilford Press, 1996).
7. J. J. Exline, "Belief in Heaven and Hell Among Christians in the United States: Denominational Differences and Clinical Implications," *Omega: The Journal of Death and Dying* 47 (2003): 155–168, and J. A. Thorson and F. C. Powell, "Elements of Death Anxiety and Meanings of Death," *Journal of Clinical Psychology* 44 (1988): 691–701.
8. Pippa Norris and Ronald Inglehart, *Secular and Sacred: Religion and Politics Worldwide* (New York: Cambridge University Press, 2004).

24. E. Sachs et al., "Entering Exile: Trauma, Mental Health, and Coping Among Tibetan Refugees Arriving in Dharamsala, India," *Journal of Traumatic Stress* 21, no.2 (2008): 199–208.
25. H. H. The Dalai Lama, Foreword to R. Thurman, *The Tibetan Book of the Dead* (New York: Bantam, 1994): xvii.
26. Thich Nhat Hahn, *The Blooming of a Lotus: Guided Mediation Exercises for Healing and Transformation* (Boston: Beacon Press, 1993): 32.
27. Adorno et al., *Authoritarian Personality*.
28. S. Milgram, *Obedience to Authority: An Experimental View* (New York: HarperCollins, 1974).
29. J. Greenberg et al., "Evidence for Terror Management Theory II: The Effects of Mortality Salience on Reactions to Those Who Threaten or Bolster the Cultural Worldview," *Journal of Personality and Social Psychology* 58 (1990): 308–318.
30. A. Wisman and J. L. Goldenberg, "From Grave to the Cradle: Evidence That Mortality Salience Engenders a Desire for Offspring," *Journal of Personality and Social Psychology* 89 (2005): 46–61.
31. G. Hirschberger et al., "Gender Differences in the Willingness to Engage in Risky Behavior: A Terror Management Perspective," *Death Studies* 26 (2002): 117–141.
32. Frans de Waal. *The Ape and the Sushi Master* (New York: Basic Books, 2001): 10.
33. C. Hazen and P. R. Shaver, "Romantic Lover Conceptualized as an Attachment Process," *Journal of Personality and Social Psychology* 52 (1987): 511–524, and P. R. Shaver and C. Hazen, "Adult Romantic Attachment," in *Advances in Personal Relationships*, ed. D. Perlman & W. Jones, 29–70 (London: Kingsley, 1993).
34. R. C. Fraley and G. A. Bonanno, "Attachment and Loss: A Test of Three Competing Models on the Association Between Attachment–Related Avoidance and Adaptation to Bereavement," *Personality and Social Psychology Bulletin* 30 (2004): 878–890; M. Mikulincer and V. Florian, "Exploring Individual Differences in Reactions to Mortality Salience: Does Attachment Style Regulate Terror Management Mechanisms?" *Journal of Personality and Social Psychology* 79 (2000): 260–273; and V. Florian, M. Mikulincer, and G. Hirschberger, "The Anxiety Buffering Function of Close Relationships: Evidence That Relationship Commitment Acts as a Terror Management Mechanism," *Journal of Personality and Social Psychology* 82 (2002): 527–542.
35. F. Gonzalez–Crussi, *Day of the Dead and Other Mortal Reflections* (New York: Harcourt, Brace, 1993): 134.
36. R. Leakey, *The Origin of Humankind* (New York: Basic Books, 1994).

第9章

1. C. S. Lewis, *A Grief Observed* (San Francisco: HarperSan Francisco, 1961): 34.
2. Ibid., 35–36.
3. K. Kim and S. Jacobs, "Pathologic Grief and Its Relationship to Other Psychiatric Disor-

Personality and Social Psychology 57, no. 4 (1989): 682.

9. The studies on the setting of bail for prostitutes and reward for heroes are described in Rosenblatt et al., ibid.
10. For reviews of the terror management research, see S. Solomon, J. Greenberg, and T. Pyszczynski, "Pride and Prejudice: Fear and Social Behavior," *Current Directions in Psychological Science* 9 (2000): 200–204, and J. L. Goldenberg, "The Body Stripped Down: An Existential Account of the Threat Posed by the Physical Body," *Current Directions in Psychological Science* 14 (2005): 224–228.
11. C. D. Navarrete et al., "Anxiety and Intergroup Bias: Terror Management or Coalition Psychology?" *Group Processes and Intergroup Relations* 7 (2004): 370–397.
12. J. Greenberg et al., "Proximal and Distal Defenses in Response to Reminders of One's Mortality: Evidence of a Temporal Sequence," *Personality and Social Psychology Bulletin* 26 (2000): 91–99.
13. A deeper awareness of death was induced when the students were asked to "consider their deepest emotions about their own death" and to imagine that they had been diagnosed with an advanced stage of cancer. Then they were asked to answer an additional series of provocative, open–ended questions about their own death, for example, "The one thing I fear most about my own death is ——," or "My scariest thoughts about death are ——." Longer–term awareness of death was induced by having the students continue to think about death for three minutes by solving word puzzles that included death–associated words like *tomb, skull, corpse, and burial.* See J. Greenberg et al., "Role of Consciousness and Accessibility of Death–Related Thoughts in Mortality Salience Effects," *Journal of Personality and Social Psychology* 67 (1994): 627–637.
14. Greenberg et al., "Proximal and Distal Defenses."
15. Michael Luo, "Calming the Mind Among Bodies Laid Bare," *New York Times*, April 29, 2006.
16. Bruno J. Navarro, "Exhibition Opens Windows on the Human Body: Skinless Cadavers, Variety of Organs, on Display in New York Show," MSNBC, December 1, 2005. The show was entitled "Bodies: The Exhibition."
17. Luo, "Calming the Mind."
18. A. Martens, J. L. Goldenberg, and J. Greenberg, "A Terror Management Perspective on Ageism," *Journal of Social Issues* 61 (2005): 223–239. See also William D. Mcintosh, "East Meets West: Parallels Between Zen Buddhism and Social Psychology," *International Journal for the Psychology of Religion* 7 (1997): 37–52.
19. K. Armstrong, *Buddha* (New York: Penguin Putnam, 2001).
20. Thich Nhat Hanh. *The Heart of the Buddha's Teaching: Transforming Suffering into Peace, Joy and Liberation* (New York: Broadway Books, 1999).
21. J. Goldstein and J. Kornfield, *Seeking the Heart of Wisdom: The Path of Insight Mediation* (Boston: Shambhala, 1987).
22. Ibid., 3.
23. Bhikkhu Bodhi, *The Connected Discourses of the Buddha: A New Translation of the Samyutta Nikāya*, vol. 2 (Somerville, MA: Wisdom Publications, 2000): 1209.

24. P. A. Boelen et al., "Treatment of Complicated Grief: A Comparison Between Cognitive–Behavioral Therapy and Supportive Counseling," *Journal of Consulting and Clinical Psychology* 75, no. 2 (2007): 277–284, and K. Shear et al., "Treatment of Complicated Grief. "
25. Boelen et al., "Treatment of Complicated Grief. "
26. R. F. Bornstein, "Adaptive and Maladaptive Aspects of Dependency: An Integrative Review," *American Journal of Orthopsychiatiy* 64 (1994): 622–635.

第8章

1. G. A. Bonanno et al., "Resilience to Loss and Chronic Grief: A Prospective Study from Pre–Loss to 18 Months Post–Loss," *Journal of Personality and Social Psychology* 83 (2002): 1150–1164; C. G. Davis, S. Nolen–Hoeskema, and J. Larson, "Making Sense of Loss and Benefiting from the Experience: Two Construals of Meaning," *Journal of Personality and Social Psychology* 75 (1998): 561–574; and C. G. Davis et al., "Searching for Meaning in Loss: Are Clinical Assumptions Correct?" *Death Studies* 24 (2000): 497–540.
2. E. Becker, *The Denial of Death* (New York: Free Press, 1973).
3. T. Pyszczynski, J. Greenberg, and S. Solomon, "A Dual–Process Model of Defense Against Conscious and Unconscious Death–Related Thoughts: An Extension of Terror Management Theory," *Psychological Review* 106 (1999): 835–845.
4. J. Greenberg, S. Solomon, and T. Pyszczynski, "Terror Management Theory of Self–Esteem and Cultural World Views: Empirical Assessments and Conceptual Refinements," *Advances in Experimental Social Psychology* 29 (1997): 65.
5. For interesting discussions of ethnocentricism in beliefs about one's country, see T. Adorno et al., *The Authoritarian Personality* (New York: Harper, 1950). See also J. Hurwitz and M. Peffley, "How Are Foreign Policy Attitudes Structured? A Hierarchical Model," *American Political Science Review* 81 (1987): 1099–1120.
6. J. Greenberg et al., "Evidence for Terror Management Theory II: The Effects of Mortality Salience on Reactions to Those Who Threaten or Bolster the Cultural Worldview," *Journal of Personality and Social Psychology* 58, no. 2 (1990): 308.
7. L. Ross, D. Greene, and P. House, "The 'False Consensus Effect': An Ego–Centric Bias in Social Perception and Attribution Processes," *Journal of Experimental Social Psychology* 13 (1977): 279–301; C. E. Brown, "A False Consensus Bias in 1980 Presidential Preferences," *Journal of Social Psychology* 118 (1982): 137–138; and B. E. Whitley, Jr., "False Consensus on Sexual Behavior Among College Women: A Comparison of Four Theoretical Explanations," *Journal of Sex Research* 35 (1998): 206–214. For a review of the research on false consensus, see B. Mullen et al., "The False Consensus Effect: A Meta–Analysis of 115 Hypothesis Tests," *Journal of Experimental Social Psychology* 21 (1985): 262–283.
8. A. Rosenblatt et al., "Evidence for Terror Management Theory I: The Effects of Mortality Salience on Reactions to Those Who Violate or Uphold Cultural Values, "*Journal of*

Journal of Counseling Psychology 46 (1999): 370–380; J. M. Currier, J. M. Holland, and R. A. Neimeyer, "The Effectiveness of Bereavement Interventions with Children: A Meta–Analytic Review of Controlled Outcome Research," *Journal of Clinical Child and Adolescent Psychology* 36, no. 2 (2007): 253–259; J. M. Currier, R. A. Neimeyer, and J. S. Berman, "The Effectiveness of Psychotherapeutic Interventions for the Bereaved: A Comprehensive Quantitative Review," *Psychological Bulletin* 134 (2009): 648–661; B. V. Fortner, *The Effectiveness of Grief Counseling and Therapy: A Quantitative Review* (Memphis, TN: University of Memphis, 1999); J. R. Jordan and R. A. Neimeyer, "Does Grief Counseling Work?" *Death Studies* 27 (2003): 765–786; and P. M. Kato and T. Mann, "A Synthesis of Psychological Interventions for the Bereaved," *Clinical Psychology Review* 19 (1999): 275–296.

15. Scott O. Lilienfeld, "Psychological Treatments That Cause Harm," *Perspectives on Psychological Science* 2 (2007): 53–70.
16. G. S. Everly and S. H. Boyle, "Critical Incident Stress Debriefing (CISD): A Meta–Analysis," *International Journal of Emergency Mental Health* 1 (1999): 165–168.
17. J. T. Mitchell, "When Disaster Strikes: The Critical Incident Stress Debriefing Process," *Journal of Emergency Medical Services* 8 (1983): 36–39.
18. R. J. McNally, R. A. Bryant, and A. Ehlers, "Does Early Psychological Intervention Promote Recovery from Posttraumatic Stress?" *Psychological Science in the Public Interest* 4 (2003): 45–79.
19. R. A. Mayou, A. Ehlers, and M. Hobbs, "Psychological Debriefing for Road Traffic Accident Victims," *British Journal of Psychiatry* 176 (2000): 589–593.
20. World Health Organization, "Single Session Debriefing: Not Recommended," February 7, 2005; see http://www.helid.desastres.net/ and then search for the article title. Questions about this article may be directed to Dr. Mark van Ommeren, Department of Mental Health and Substance Abuse, World Health Organization, vanommeren@who.int.
21. The most efficacious treatment for PTSD is prolonged exposure therapy; see E. B. Foa et al., "A Comparison of Exposure Therapy, Stress Inoculation Training, and Their Combination for Reducing Posttraumatic Stress Disorder in Female Assault Victims," *Journal of Consulting and Clinical Psychology* 67 (1999): 194–200. For a thoughtful discussion of PTSD, see R. J. McNally, "Progress and Controversy in the Study of Posttraumatic Stress Disorder," *Annual Review of Psychology* 54 (2003): 229–252.
22. H. Prigerson et al., "Prolonged Grief Disorder: Empirical Test of Consensus Criteria Proposed for DSM–V," *PLoS Medicine* (in press), and G. A. Bonanno et al., "Is There More to Complicated Grief than Depression and PTSD? A Test of Incremental Validity," *Journal of Abnormal Psychology* 116 (2007): 342–351.
23. Horowitz et al., "Diagnostic Criteria"; K. Shear et al., "Treatment of Complicated Grief: A Randomized Controlled Trial," *Journal of the American Medical Association* 293, no. 21 (2005): 2601–2608, and W. G. Lichtenthal, D. G. Cruess, and H. G. Prigerson, "A Case for Establishing Complicated Grief as a Distinct Mental Disorder in DSM–V," *Clinical Psychology Review* 24 (2004): 637–662.

Virus Vaccine in Older Adults," *Proceedings of the National Academy of Sciences* 93 (1996): 3043–3047; A. M. Magariños et al., "Chronic Stress Alters Synaptic Terminal Structure in Hippocampus," *Proceedings of the National Academy of Sciences* 94 (1997): 14002–14008; and B. S. McEwen, "Protection and Damage from Acute and Chronic Stress: Allostasis and Allostatic Overload and Relevance to the Pathophysiology of Psychiatric Disorders," *Annals of the New York Academy of Sciences* 1032 (2004): 1–7.

第7章

1. G. A. Bonanno and S. Kaltman, "The Varieties of Grief Experience," *Clinical Psychology Review* 21 (2001): 705–734.
2. J. Bauer and G. A. Bonanno, "Continuity and Discontinuity: Bridging One's Past and Present in Stories of Conjugal Bereavement," *Narrative Inquiry* 11 (2001): 1–36.
3. M. J. Horowitz et al., "Diagnostic Criteria for Complicated Grief Disorder," *American Journal of Psychiatry* 154 (1997): 904–910, and H. G. Prigerson et al., "Consensus Criteria for Complicated Grief: A Preliminary Empirical Test," *British Journal of Psychiatry* 174 (1999): 67–73.
4. For an excellent review of the contemporary research literature on adult attachment behavior, see M. Milulincer and P. Shaver, *Attachment in Adulthood: Structure, Dynamics, and Change* (New York: Guilford Press, 2007).
5. Kerstin Uvnäs–Moberg, "Neuroendocrinology of the Mother–Child Interaction," *Trends in Endocrinology and Metabolism* 7 (1996): 126–131.
6. G. A. Bonanno et al., "Interpersonal Ambivalence, Perceived Dyadic Adjustment, and Conjugal Loss," *Journal of Consulting and Clinical Psychology* 66 (1998): 1012–1022.
7. S. Strack and J. C. Coyne, "Social Confirmation of Dysphoria: Shared and Private Reactions to Depression," *Journal of Personality and Social Psychology* 44 (1983): 798–806.
8. R. F. Bornstein, "The Complex Relationship Between Dependency and Domestic Violence," *American Psychologist* 61 (2006): 595–606.
9. D. S. Kalmus and M. A. Strauss, "Wife's Marital Dependency and Wife Abuse," *Journal of Marriage and the Family* 44 (1982): 277–286.
10. R. G. Bornstein, "The Dependent Personality: Developmental, Social, and Clinical Perspectives," *Psychological Bulletin* 112 (1992): 3–23.
11. G. Bonanno et al., "Resilience to Loss and Chronic Grief: A Prospective Study from Pre–loss to 18 Months Post–loss," *Journal of Personality and Social Psychology* 83 (2002): 1150–1164.
12. M. W. Lipsey and D. B. Wilson, "The Efficacy of Psychological, Educational, and Behavioral Treatment: Confirmation and Meta–Analysis," *American Psychologist* 48 (1993): 1181–1209.
13. D. L. Chambless et al., "Update on Empirically Validated Therapies II," *Clinical Psychologist* 51 (1998): 3–16.
14. D. L. Allumbaugh and W. T. Hoyt, "Effectiveness of Grief Therapy: A Meta–Analysis,"

24. G. Keillor, *Home on the Prairie: Stories from Lake Wobegon*, audio recording (Minneapolis, MN: HighBridge, 2003).
25. G. A. Bonanno, C. Rennicke, and S. Dekel, "Self–enhancement Among High–Exposure Survivors of the September 11th Terrorist Attack: Resilience or Social Maladjustment?" *Journal of Personality and Social Psychology* 88, no. 6 (2005): 984–998, and G. A. Bonanno et al., "Self–enhancement as a Buffer Against Extreme Adversity," *Personality and Social Psychology Bulletin* 28 (2002): 184–196.
26. P. L. Tomich and V. S. Helgeson, "Is Finding Something Good in the Bad Always Good? Benefit Finding Among Women with Breast Cancer," *Health Psychology* 23 (2004): 16–23.

第6章

1. The first time we were able to identify this pattern with any accuracy—that is, when we could actually follow people in our studies from before to after a major loss—we found that about 10 percent showed this kind of improvement; see G. Bonanno et al., "Resilience to Loss and Chronic Grief: A Prospective Study from Pre–loss to 18 Months Post–loss," *Journal of Personality and Social Psychology* 83 (2002): 1150–1164. We have since observed the same pattern—years of struggle before the loss and then improvement during bereavement—in several other studies, usually in around that same 10 percent proportion; see G. A. Bonanno et al., "Resilience to Loss in Bereaved Spouses, Bereaved Parents, and Bereaved Gay Men," *Journal of Personality and Social Psychology* 88 (2005): 827–843. Improvement during bereavement has also been observed in other studies: R. Schulz et al., "End of Life Care and the Effects of Bereavement Among Family Caregivers of Persons with Dementia," *New England Journal of Medicine* 349, no. 20 (2003): 1891–1892.
2. G. A. Bonanno et al., "Resilience to Loss and Chronic Grief: A Prospective Study from Pre–Loss to 18 Months Post–Loss," *Journal of Personality and Social Psychology* 83 (2002): 1150–1164.
3. B. Wheaton, "Life Transitions, Role Histories, and Mental Health," *American Sociological Review* 55 (1990): 209–223.
4. J. C. Bodnar and J. K. Kiecolt–Glaser, "Caregiver Depression After Bereavement: Chronic Stress Isn't Over When It's Over," *Psychology and Aging* 9 (1994): 372–380, and D. Cohen and E. Eisdorfer, "Depression in Family Members Caring for a Relative with Alzheimer's Disease," *Journal of the American Geriatrics Society* 36 (1988): 885–889.
5. E. O. Wilson, *Naturalist* (Washington, DC: Island Press, 1994): 125.
6. Laurence J. Peter and Raymond Hull, *The Peter Principle: Why Things Always Go Wrong* (New York: William Morrow, 1969).
7. B. S. McEwen, "Protective and Damaging Effects of Stress Mediators," *New England Journal of Medicine* 38, no. 3 (1998): 171–179.
8. J. K. Kilecolt–Glaser et al., "Chronic Stress Alters the Immune Response to Influenza

combination that has been associated with a resistance to stress also tend to ruminate less; see T. Canli et al., "Neural Correlates of Epigenesist," *Proceedings of the National Academy of Sciences* 103, no. 43 (2005): 16033–16038. In one study, reduced rumination was found to mediate the relationship of the genetic disposition and depression; see L. M. Hilt et al., "The BDNF Val66Met Polymorphism Predicts Rumination and Depression Differently in Young Adolescent Girls and Their Mothers," *Neuroscience Letters* 429 (2007): 12–16.

15. For a review of some of the studies about personality characteristics in resilience, see M. Westphal, G. A. Bonanno, and P. Bartone, "Resilience and Personality," in *Biobehavioral Resilience to Stress*, ed. B. Lukey and V. Tepe, 219–258 (New York: Francis & Taylor, 2008). See also papers on the personality dimension of hardiness, a characteristic associated with resilience: S. C. Kobasa, "Stressful Life Events, Personality, and Health: An Inquiry into Hardiness," *Journal of Personality and Social Psychology* 37 (1979): 1–11; S. C. Kobasa, S. R. Maddi, and S. Kahn, "Hardiness and Health: A Prospective Study," *Journal of Personality and Social Psychology* 42 (1982): 168–177; S. R. Maddi, "Hardiness in Health and Effectiveness," in *Encyclopedia of Mental Health*, ed. H. S. Friedman, 323–335 (San Diego: Academic Press, 1998); and S. R. Maddi and D. M. Khoshaba, "Hardiness and Mental Health," *Journal of Personality Assessment* 63 (1994): 265–274.
16. G. A. Bonanno et al., "The Importance of Being Flexible: The Ability to Enhance and Suppress Emotional Expression Predicts Long–Term Adjustment," *Psychological Science* 157 (2004): 482–487.
17. K. G. Coifman and G. A. Bonanno, "Emotion Context Sensitivity, Depression, and Recovery from Bereavement," unpublished manuscript, 2009.
18. There were numerous media reports of gang violence and several incidents of rape during the emergency occupation of the New Orleans Superdome during and in the immediate aftermath of Hurricane Katrina (e.g., BBC News, September 6, 2005, http://news.bbc.co.uk/go/pr/fr/–/2/hi/uk_news/4214746.stm). However, owing to the chaos, few of the actual instances of violent behavior were ever verified.
19. G. A. Bonanno, "Grief, Trauma, and Resilience," in *Violent Death: Resilience and Intervention Beyond the Crisis*, ed. E. K. Rynearson, 31–46 (New York: Roudedge, 2006), and Bonanno and Mancini, "Human Capacity to Thrive. "
20. B. Gilbert and S. Jamison, *Winning Ugly: Mental Warfare in Tennis—Lessons from a Master* (New York: Fireside, 1994), and M. Madden, "Obama's Winning Ugly, but He's Winning," *Salon*, March 24, 2009, http://www.salon.com/news/feature/2009/02/12/stimulus_battle; and F. Barnes, "Winning Ugly," *Weekly Standard*, June 20, 2005.
21. John Lennon, composer and lyricist, "Whatever Gets You Through the Night," *Walls and Bridges*, John Lennon, Capitol Records, 1974.
22. For a classic review of this literature, see S. E. Taylor and J. D. Brown, "Illusion and Well–Being: A Social Psychological Perspective on Mental Health," *Psychological Bulletin* 103 (1988): 193–210.
23. M. E. Alicke et al., "Personal Contact, Individuation, and the Better–Than–Average Effect," *Journal of Personality and Social Psychology* 68 (1995): 804–825.

Journal of Gerontology: Psychological Science 60B (2005): P67–P73.

4. Bonanno et al., "Resilience to Loss."
5. J. Fantuzzo et al., "Community–Based Resilient Peer Treatment of Withdrawn Maltreated Preschool Children," *Journal of Consulting and Clinical Psychology* 64 (December 1996): 1377–1386.
6. J. Kaufman et al., "Social Supports and Serotonin Transporter Gene Moderate Depression in Maltreated Children," *Proceedings of the National Academy of Sciences* 10 (December 2004): 17316–17321.
7. G. A. Bonanno et al., "Psychological Resilience After Disaster: New York City in the Aftermath of the September 11th Terrorist Attack," *Psychological Science* 17 (2006): 181–186, and C. Brewin, B. Andrews, and J. D. Valentine, "Analysis of Risk Factors for Posttraumatic Stress Disorder in Trauma," *Journal of Consulting and Clinical Psychology* 68, no. 5 (October 2000): 748–766.
8. C. S. Lewis, *A Grief Observed* (San Francisco: Harper San Francisco, 1961): 57.
9. Bonanno et al., "Resilience to Loss."
10. M. S. Stroebe and H. Schut, "The Dual Process Model of Coping with Bereavement: Rationale and Description," *Death Studies* 23, no. 3 (1999): 197–224.
11. For reviews of these factors, see G. A. Bonanno and S. Kaltman, "Toward an Integrative Perspective on Bereavement," *Psychological Bulletin* 125 (1999): 760–776; G. A. Bonanno and A. D. Mancini, "The Human Capacity to Thrive in the Face of Potential Trauma," Pediatrics 121 (2008): 369–375; and G. A. Bonanno et al., "What Predicts Psychological Resilience After Disaster: The Role of Demographics, Resources, and Life Stress," *Journal of Consulting and Clinical Psychology* 75 (2007): 671–682. For an interesting discussion and research on social support during bereavement, see W. Stroebe et al., "The Role of Loneliness and Social Support in Adjustment to Loss: A Test of Attachment Versus Stress Theory," *Journal of Personality and Social Psychology* 70 (1996): 1241–1249.
12. For a fascinating review of the history of this idea, see Gilbert Gottlieb, *Individual Development and Evolution* (Oxford: Oxford University Press, 1992). Highly readable summaries of this view are also available: Matt Ridley, *Nature via Nurture* (New York: HarperCollins, 2003), and David S. Moore, *The Dependent Gene* (New York: Times Books, 2003).
13. A. Caspi et al., "Influence of Life Stress on Depression: Moderation by a Polymorphism in the 5–HTT Gene," *Science* 301 (2003): 386–389; D. G. Kilpatrick et al., "The Serotonin Transporter Genotype and Social Support and Moderation of Posttraumatic Stress Disorder and Depression in Hurricane–Exposed Adults," *American Journal of Psychiatry* 164 (2007): 1693–1699; T. E. Moffitt, A. Caspi, and M. Rutter, "Measured Gene–Environment Interactions in Psychopathology: Concepts, Research Strategies, and Implications for Research, Intervention, and Public Understanding of Genetics," *Perspectives on Psychological Science* 1 (2006): 5–27; and J. Kaufman et al., "Social Supports."
14. Although there is no direct evidence linking genes to grief outcome, a key factor in the development of more severe grief and depression is rumination, the tendency to dwell repetitively and passively on distress and its possible causes. People with the same gene

International, 1984): 37, 76.
28. George Weller, *First into Nagasaki* (New York: Crown, 2006).
29. Janis, *Air War*.
30. Ibid. The United States Strategic Bombing Survey: Summary Report (Pacific War). Washington, DC: U.S. Government Printing Office, 1946.
31. S. Galea et al., "Psychological Sequelae of the September 11 Terrorist Attacks in New York City," *New England Journal of Medicine* 346 (2002): 982–987.
32. S. Galea et al., "Trends of Probable Post–Traumatic Stress Disorder in New York City After the September 11 Terrorist Attacks," *American Journal of Epidemiology* 158, no. 6 (2003): 514–524.
33. G. A. Bonanno et al., "Psychological Resilience After Disaster: New York City in the Aftermath of the September 11th Terrorist Attack," *Psychological Science* 17, 181–186; G. A. Bonanno et al., "What Predicts Resilience After Disaster? The Role of Demographics, Resaurces, and Life Stress," *Journal of Consulting and Clinical Psychology*, 75, 671–682.
34. G. A. Bonanno, C. Rennicke, and S. Dekel, "Self–enhancement Among High–Exposure Survivors of the September 11th Terrorist Attack: Resilience or Social Maladjustment?" *Journal of Personality and Social Psychology* 88, no. 6 (2005): 984–998.
35. S. Zisook, Y. Chentsova–Dutton, and S. R. Shuchter, "PTSD Following Bereavement," *Annals of Clinical Psychiatry* 10 (1998): 157–163; G. A. Bonanno and S. Kaltman, "Toward an Integrative Perspective on Bereavement," *Psychological Bulletin* 125 (1999): 760–776; and S. Kaltnian and G. A. Bonanno, "Trauma and Bereavement: Examining the Impact of Sudden and Violent Deaths," *Journal of Anxiety Disorders* 17 (2003): 131–147.
36. World Health Organization, *Update 49–SARS Case Fatality Ratio, Incubation Period,* May 7, 2003, http://www.who.int/csr/sarsarchive/2003_05_07a/en.
37. G. A. Bonanno et al., "Psychological Resilience and Dysfunction Among Hospitalized Survivors of the SARS Epidemic in Hong Kong: A Latent Class Approach," *Health Psychology* 27 (2008): 659–667.

第5章

1. B. Raphael, *The Anatomy of Bereavement* (New York: Basic Books, 1983).
2. For more information about the CLOC study, visit the study's Web site: http://www.cloc.isr.umich.edu.
3. The papers in which we reported these results are as follows: G. A. Bonanno et al., "Resilience to Loss and Chronic Grief: A Prospective Study from Pre–loss to 18 Months Post–loss," *Journal of Personality and Social Psychology* 83 (2002): 1150–1164; G. A. Bonanno, C. B. Woriman, and R. M. Nesse, "Prospective Patterns of Resilience and Maladjustment During Widowhood," *Psychology and Aging* 19 (2004): 260–271; and K. Boerner, C. B. Wortman, and G. A. Bonanno, "Resilient or At Risk? A Four–Year Study of Older Adults Who Initially Showed High or Low Distress Following Conjugal Loss,"

riches.html.
7. A. M. Masten, "Ordinary Magic: Resilience Processes in Development," *American Psychologist* 56 (2001): 227–238. The term *superkids* was used in the title of a book review on resilience: S. E. Buggie "Superkids of the Ghetto," *Contemporary Psychology* 40 (1995): 1164–1165.
8. N. Garmezy, "Resilience and Vulnerability to Adverse Developmental Outcomes Associated with Poverty," *American Behavioral Scientist* 34 (1991): 416–430; L. B. Murphy, and A. E. Moriarty, *Vulnerability, Coping, and Growth* (New Haven, CT: Yale University Press, 1976); M. Rutter, "Protective Factors in Children's Responses to Stress and Disadvantage," in *Primary Prevention of Psychopathology: Social Competence in Children*, vol. 3, ed. M. W. Kent and J. E. Rolf, 49–74 (Hanover, NH: University Press of New England, 1979); and E. E. Werner, "Resilience in Development," *Current Directions in Psychological Science* 4, no. 3 (June 1995): 81–85.
9. S. S. Luthar, C. H. Doernberger, and E. Zigler, "Resilience Is Not a Unidimensional Construct: Insights from a Prospective Study of Inner–City Adolescents," *Development and Psychopathology* 5, no. 4 (1993): 703–717.
10. A. J. Reynolds, "Resilience Among Black Urban Youth: Prevalence, Intervention Effects, and Mechanisms of Influence," *American Journal of Orthopsychiatry* 68, no. 1 (1998): 84–100.
11. G. H. Christ, *Healing Children's Grief* (New York: Oxford University Press, 2000).
12. F. H. Norris, "Epidemiology of Trauma: Frequency and Impact of Different Potentially Traumatic Events on Different Demographic Groups," *Journal of Consulting and Clinical Psychology* 60 (1992): 409–418.
13. W. E. Copeland et al., "Traumatic Events and Posttraumatic Stress in Childhood," *Archives of General Psychiatry* 62 (2007): 577–584.
14. This passage relies heavily on John Hersey's excellent essay "Hiroshima," first published as an entire issue of *New Yorker*, August 31, 1946, and later published in book form: J. Hersey, *Hiroshima* (New York: Knopf, 1946).
15. R. S. Lazarus, *Emotion and Adaptation* (New York: Oxford University Press, 1991).
16. Hersey, *Hiroshima*.
17. J. I. Janis, *Air War and Emotional Stress* (New York: McGraw–Hill, 1951).
18. Ibid.
19. Ibid., 86.
20. S. J. Rachman, *Fear and Courage* (New York: W. H. Freeman, 1978).
21. Janis, *Air War*.
22. Hideko Tamura Snider, *One Sunny Day: A Child's Memories of Hiroshima* (Chicago: Open Court, 1996).
23. Hersey, *Hiroshima*, 114.
24. Ibid., 64.
25. Ibid., 118.
26. Ibid., 69.
27. Takashi Nagai, *The Bells of Nagasaki*, trans. William Johnson (New York: Kodansha

Plutchik and H. Kellerman, 189–217 (New York: Academic Press, 1980).
38. D. Keltner and G. A. Bonanno, "A Study of Laughter and Dissociation: Distinct Correlates of Laughter and Smiling During Bereavement," *Journal of Personality and Social Psychology* 73 (1997): 687–702.
39. R. J. Kastenbaum, *Death, Society, and Human Experience* (New York: Mosby, 1977): 138.
40. M. S. Stroebe and H. Schut, "The Dual Process Model of Coping with Bereavement: Rationale and Description," *Death Studies* 23, no. 3 (1999): 197–224.
41. Ibid., 212.
42. Two research studies have documented this oscillatory quality among bereaved people: T. L. Bisconti, C. S. Bergeman, and S. M. Boker, "Emotional Well–Being in Recently Bereaved Widows: A Dynamic Systems Approach," *Journals of Gerontology: Series B: Psychological Sciences and Social Sciences* 59B (2004): 158–168, and T. L. Bisconti, C. S. Bergeman, and S. M. Boker, "Social Support as a Predictor of Variability: An Examination of the Adjustment Trajectories of Recent Widows," *Psychology and Aging* 21, no. 3 (2006): 590–599.
43. C. S. Lewis, *A Grief Observed* (San Francisco: HarperSan Francisco, 1961): 52, 53.

第4章

1. G. A. Bonanno, "Loss, Trauma, and Human Resilience: Have We Underestimated the Human Capacity to Thrive After Extremely Adverse Events?" *American Psychologist* 59 (2004): 20–28.
2. Work on this issue by evolutionary psychologists Geoffrey Miller and Lars Penke is summarized in a brief report by Constance Holden, "An Evolutionary Squeeze on Brain Size," *Science* 312 (2006): 1867.
3. H. G. Birch and J. D. Gussow, *Disadvantaged Children: Health, Nutrision, and School Failure* (New York: Harcourt, Brace, & World, 1970); Children's Defense Fund, *Maternal and Child Health Date Book: The Health of American's Children* (Washington, DC: U.S. Government Printing Office, 1986); and N. Garmezy, "Resiliency and Vulnerability to Adverse Developmental Outcomes Associated with Poverty," *American Behavioral Scientist* 34 (1991): 416–430.
4. J. G. Noll et al., "Revictimization and Self–Harm in Females Who Experienced Childhood Sexual Abuse: Results from a Prospective Study," *Journal of Interpersonal Violence* 18, no. 12 (2003): 1452–1471, and J. L. Herman, *Trauma and Recovery* (New York: Basic Books, 1992).
5. S. Thompson, *The Folktale* (Berkeley: University of California Press, 1977); A. Dundes, "Projection in Folklore: A Plea for Psychoanalytic Semiotics," *MLN* 91 (1976): 1500–1533; and V. Propp, *The Morphology of the Folktale*, 2nd ed. (Austin: University of Texas Press, 1968).
6. Tatiana Serafin, "Tales of Success: Rags to Riches Billionaires," *Forbes*, June 26, 2007, http://www.forbes.com/2007/06/22/billionaires–gates–winfrey–biz–cz_ts_0626rags2

cular Stress Responses," *Biological Psychiatry* 61, no. 2 (2005): 253–260.
25. J. Bowlby, *Attachment and Loss* (New York: Basic Books, 1980). In this book on bereavement Bowlby described a form of "disordered mourning" in which there is a prolonged absence of grieving despite "tell–tale signs that the bereaved person has in fact been affected and that his mental equilibrium is disturbed" (153). Among the "tell–tale signs" indexed are the positive emotions of pride and cheerfulness, as well as optimism and the appearance of being "in good spirits" (156).
26. Bonanno and Keltner, "Facial Expressions"; D. Keltner and G. A. Bonanno, "A Study of Laughter and Dissociation: Distinct Correlates of Laughter and Smiling During Bereavement," *Journal of Personality and Social Psychology* 73 (1997): 687–702; B. L. Fredrickson, "The Role of Positive Emotions in Positive Psychology: The Broaden–and–Build Theory of Positive Emotions," *American Psychologist* 56 (2001): 218–226; and B. L. Fredrickson et al., "What Good Are Positive Emotions in Crisis? A Prospective Study of Resilience and Emotions Following the Terrorist Attacks on the United States on September 11th, 2001," *Journal of Personality and Social Psychology* 84 (2003): 365–376.
27. R. R. Provine, "Laughter Punctuates Speech: Linguistic Social and Gender Contexts of Laughter," *Ethology* 95 (1993): 291–298, and R. R. Provine, "Illusions of Intentionality, Shared and Unshared," *Behavioral and Brain Sciences* 28, no. 5 (2005): 713–714.
28. M. Iwase et al., "Neural Substrates of Human Facial Expression of Pleasant Emotion Induced by Comic Films: A PET Study," *Neuroimaging* 17 (2002): 758–768, and B. Wild et al., "Neural Correlates of Laughter and Humor," *Brain* 126 (2003): 2121–2138.
29. For an excellent review of the research literature, see M. Gervais, and D. S. Wilson, "The Evolution and Functions of Laughter and Humor: A Synthetic Approach," *Quarterly Review of Biology* 80 (2005): 395–430.
30. E. Hatfield, J. T. Cacioppo, and R. Rapson, "Primitive Emotional Contagion," *Review of Personality and Social Psychology* 14 (1992): 151–177, and R. R. Provine, "Contagious Laughter: Laughter Is a Sufficient Stimulus for Laughs and Smiles," *Bulletin of the Psychonomic Society* 30 (1992): 1–4.
31. G. E. Weisfield, "The Adaptive Value of Humor and Laughter," *Ethology and Sociobiology* 14 (1993): 141–169, and K. L. Vinton, "Humor in the Work Place: Is It More Than Telling Jokes?" *Small Group Behavior* 20 (1989): 151–166.
32. J. P. Scharlemann et al., "The Value of a Smile: Game Theory with a Human Face," *Journal of Economic Psychology* 22 (2001): 617–640.
33. L. A. Harker and D. Keltner, "Expression of Positive Emotion in Women's College Yearbook Pictures and Their Relationship to Personality and Life Outcomes Across Adulthood," *Journal of Personality and Social Psychology* 80 (2001): 112–124.
34. A. Papa and G. A. Bonanno, "Smiling in the Face of Adversity: Interpersonal and Intrapersonal Functions of Smiling," *Emotion* 8 (2008): 1–12.
35. Bonanno and Keltner, "Facial Expressions.
36. Ibid.
37. R. S. Lazarus, A. D. Kanner, and S. Folkman, "Emotions: A Cognitive–Phenomenological Analysis," in: *Emotions, Theory, Research, and Experience, vol. 1, Theories of Emotion*, ed. R.

and the Structure of Ancestral Environments," *Ethology and Sociobiology* 11 (1990): 375–424.

5. R. S. Lazarus, *Emotion and Adaptation* (New York: Oxford University Press, 1991).
6. F. de Waal, *Peacekeeping Among Primates* (Cambridge, MA: Harvard University Press, 1989).
7. M. Westphal and G. A. Bonanno, "Attachment and Attentional Biases for Facial Expressions of Disgust," unpublished manuscript, 2009.
8. Lazarus, *Emotion and Adaptation.*
9. C. E. Izard, "Innate and Universal Facial Expressions: Evidence from Developmental and Cross–cultural Research," *Psychological Bulletin* 115, no. 2 (1994): 288–299; C. Z. Stearns, "Sadness," in *Handbook of Emotions*, ed. M. Lewis and J. M. Haviland, 547–561 (New York: Guilford Press, 1993); and Lazarus, *Emotion and Adaptation.*
10. N. Schwarz, "Warmer and More Social: Recent Developments in Cognitive Social Psychology," *Annual Review of Sociology* 24 (1998): 239–264.
11. J. Storbeck and G. Clore, "With Sadness Comes Accuracy; With Happiness, False Memory: Mood and the False Memory Effect," *Psychological Science* 16, no. 10 (2005): 785–789.
12. G. V. Bodenhausen, L. A. Sheppard, and G. P. Kramer, "Negative Affect and Social Judgement: The Differential Impact of Anger and Sadness," *European Journal of Social Psychology* 24 (1994): 45–62.
13. H. Welling, "An Evolutionary Function of the Depressive Reaction: The Cognitive Map Hypothesis," *New Ideas in Psychology* 21, no. 2 (2003): 1.
14. G. A. Bonanno, L. Goorin, and K. G. Coifman, "Sadness and Grief," in *Handbook of Emotions*, 3rd ed., ed. M. Lewis, J. M. Haviland–Jones, and L. F Barrett, 797–810 (New York: Guilford Press, 2008).
15. G. A. Bonanno and D. Keltner, "Facial Expressions of Emotion and the Course of Conjugal Bereavement," *Journal of Abnormal Psychology* 106 (1997): 126–137.
16. N. Eisenberg et al., "Relation of Sympathy and Distress to Prosocial Behavior: A Multimethod Study," *Journal of Personality and Social Psychology* 57 (1989): 55–66.
17. J. J. Gross and R. W. Levenson, "Emotion Elicitation Using Films," *Cognition and Emotion* 9, no. 1 (1995): 87–108.
18. L. Wang et al. "Amygdala Activation to Sad Pictures During High–Field (4 Tesla) Functional Magnetic Resonance Imaging," *Emotion* 5 (2005): 12–22.
19. M. Dondi, F. Simion, and G. Caltran, "Can Newborns Discriminate Between Their Own Cry and the Cry of Another Newborn Infant?" *Developmental Psychology* 35, no.2 (1999): 418–426.
20. N. Eisenberg et al., "Differentiation of Vicariously Induced Emotional Reactions in Children," *Developmental Psychology* 24 (1988): 237–246.
21. Keltner and Kring, "Emotion, Social Function."
22. Murray Bowen, *Family Therapy in Clinical Practice* (Northvale, NJ: Jason Aronson, 1978).
23. Bonanno and Keltner, "Facial Expressions."
24. J. Lerner et al., "Facial Expressions of Emotion Reveal Neuroendocrine and Cardiovas-

"impossible" to answer any objections to his idea about mourning, and that "we do not even know by what economic measures the work of mourning is carried through" (166).

10. L. R. Squire and E. R. Kandel, *Memory: From Mind to Molecules* (New York: Scientific American Library, 2000).
11. The paradoxical effects of thought suppression have been well documented in the research of Daniel Wegner and his colleagues. For a summary of that work, see R. M. Wenzlaff and D. M. Wegner, "Thought Suppression," *Annual Review of Psychology* 51 (2000): 59–91.
12. J. Archer, *The Nature of Grief: The Evolution and Psychology of Reactions to Loss* (London and New York: Routledge, 1999).
13. Helene Deutsch, "The Absence of Grief," *Psychoanalytic Quarterly* 6 (1937): 16.
14. E. Lindemann, "Symptomatology and Management of Acute Grief, *American Journal of Psychiatry* 101 (1944): 1141–1148.
15. W. Middleton et al., "The Bereavement Response: A Cluster Analysis," *British Journal of Psychiatry* 169 (1996): 167–171; G. A. Bonanno and N. P. Field, "Examining the Delayed Grief Hypothesis Across Five Years of Bereavement," *American Behavioral Sientist* 44 (2001): 798–806; and G. A. Bonanno et al., "Resilience to Loss and Chronic Grief: A Prospective Study from Pre–Loss to 18 Months Post–Loss," *Journal of Personality and Social Psychology* 83 (2002): 1150–1164.
16. E. Kübler–Ross, *On Death and Dying* (New York: Routledge, 1973), and E. Kübler–Ross and D. Kessler, *On Grief and Grieving: Finding the Meaning of Grief Through the Five Stages of Loss* (New York: Simon & Schuster, 2007).
17. J. Bowlby, *Attachment and Loss*, vol. 3, *Loss: Sadness and Depression* (New York: Basic Books, 1980).

第3章

1. James Innell Packer, *A Grief Sanctified* (New York: Crossway Books, 2002): 9.
2. Readers interested in learning more about Paul Ekman's groundbreaking research will find his books highly readable, the most recent being *Emotions Revealed: Recognizing Faces and Feelings to Improve Communication and Emotional Life* (New York: Macmillan, 2003). Although Dacher Keltner would later expand Ekman's work on emotion into uncharted territory, at the time we met he had not yet done so. Readers interested in learning more about Dacher's research and inspiring ideas might read his book *Born to Be Good: The Science of a Meaningful Life* (New York: W. W. Norton, 2008).
3. C. Darwin, *The Expression of Emotions in Man and Animals* (London: John Murray, 1872), and L. Parr, B. Waller, and S. Vick, "New Developments in Understanding Emotional Facial Signals in Chimpanzees," *Current Directions in Psychological Science* 16, no. 3 (2007): 117–122.
4. P. Ekman, "Are There Basic Emotions?" *Psychological Review* 99, no. 3 (1992): 550–553, and J. Tooby and L. Cosmides, "The Past Explains the Present: Emotional Adaptations

参考文献

第1章

1. T. Holmes and R. Rahe, "The Social Readjustment Scale," *Journal of Psychosomatic Research* 11 (1967): 213–218.
2. J. E. Miller, *Winter Grief, Summer Grace: Returning to Life After a Loved One Dies* (Minneapolis, MN: Augsburg Fortress, 1995), and J. E. Weishons and W. Dyer, *Awakening from Grief: Finding the Way Back to Joy* (Novato, CA: New World Library, 2003).
3. C. Wortman and R. Silver, "The Myths of Coping with Loss," *Journal of Consulting and Clinical Psychology* 57 (1989): 349–357.

第2章

1. E. Erikson, *Childhood and Society* (New York: Norton, 1950): 264.
2. S. Freud, "Mourning and Melancholia," originally published in *Zeitschrift*, vol. 4, 1917. Later appeared in *The Standard Edition of the Complete Psychological Works of Sigmund Freud*, vol. 14, ed. J. Strachey (London: Hogarth Press, 1917–1957): 152–170.
3. M. Bonaparte, A. Freud, and E. Ernst, eds., *The Origins of Psychoanalysis: Sigmund Freud's Letters* (New York: Basic Books, 1954): 103.
4. Ibid., 166.
5. Ibid., 154.
6. J. Didion, *The Year of Magical Thinking* (New York: Knopf, 2005): 35.
7. Freud, "Mourning and Melancholia," 54.
8. R. Kurzban and M. R. Leary, "Evolutionary Origins of Stigmatization: The Functions of Social Exclusion," *Psychological Bulletin* 127 (2001): 187–208, and J. Tooby and L. Cosmides, "Friendship and the Banker's Paradox: Other Pathways to the Evolution of Adaptive Altruism," *Proceedings of the British Academy* 88 (1996): 119–143.
9. At the beginning of the paper, Freud warned that "our material here is limited to a small number of cases" and that "any claim to the general validity of our conclusions shall be forgone at the onset." Later in the paper, Freud also acknowledged that he would find it

や

ら・わ

ま

さ

事項索引

あ

か

索　引

人名索引

[著者略歴]

ジョージ・A・ボナーノ

[George A. Bonanno]

イェール大学で臨床心理学の博士号を取得。現在，コロンビア大学教育学部臨床心理学教授，カウンセリングおよび臨床心理学部長。国立保健研究所，国立科学財団などより研究費を得て，愛する人の死，テロ，災害，救急医療といった，トラウマ体験となりかねない出来事に対して人はどのように対処するかについて焦点を当てた研究を進めてきた。惨事に対する生来のリジリエンスと効果的な対処の助けとなる要因について多数の論文を発表してきた。情動的反応，とくに感情と笑い，人格，人生の状況について造詣が深い。博士は妻と二人の子ども，二匹の猫と一羽の鳥とともにニューヨークのマンハッタンに在住。

[監訳者略歴]

高橋 祥友

[たかはし よしとも]

1979年，金沢大学医学部卒業。医学博士，精神科医。東京医科歯科大学，山梨医科大学，カリフォルニア大学ロサンゼルス校，東京都精神医学総合研究所，防衛医科大学校を経て，2012年より筑波大学医学医療系災害精神支援学教授。

著書に『自殺の危険』『青少年のための自殺予防マニュアル』（金剛出版），『医療者が知っておきたい自殺のリスクマネジメント』『自殺のポストベンション』（医学書院），『自殺予防』（岩波新書），『群発自殺』（中公新書），『自殺，そして遺された人々』（新興医学出版社），『自殺の心理学』『自殺未遂』『自殺のサインを読みとる』（講談社）他。

[訳者略歴]

高橋 晶

[たかはし しょう]

1996年，昭和大学医学部卒業。医学博士，精神科医。2012年より筑波大学医学医療系災害精神支援学講師。

池嶋 千秋

[いけじま ちあき]

1998年，東京学芸大学卒業。2001年国立療養所東京病院附属リハビリテーション学院卒業，作業療法士。2010年筑波大学大学院博士課程卒業，博士（医学）。2012年より筑波大学医学医療系災害精神支援学助教。

清水 邦夫

[しみず くにお]

1989年，防衛医科大学校卒業。医学博士，精神科医。2012年より防衛医科大学校防衛医学研究センター行動科学研究部門教授。

山本 泰輔

[やまもと たいすけ]

1997年，防衛医科大学校卒業。医学博士，精神科医。2008年より防衛医科大学校防衛医学研究センター行動科学研究部門助教。

角田 智哉

[つのだ ともや]

2000年，防衛医科大学校卒業。精神科医。2012年，九州大学大学院博士課程卒業，医学博士。2012年より防衛医科大学校防衛医学研究センター行動科学研究部門助教。

山下 吏良

[やました りら]

1995年，同志社大学卒業。2005年，京都ノートルダム女子大学大学院卒業。臨床心理士，産業カウンセラー。2011年より防衛医科大学校防衛医学研究センター行動科学研究部門。

菅原 摩利子

[すがわら まりこ]

1997年，昭和医療技術専門学校卒業。臨床検査技師。1998年より，防衛医科大学校技官。

リジリエンス
喪失と悲嘆についての新たな視点

発行　2013年3月20日
2刷　2014年1月31日

著者　ジョージ・A・ボナーノ

監訳者　高橋 祥友

発行者　立石 正信

発行所　株式会社 金剛出版
〒112-0005
東京都文京区水道1-5-16
電話 03-3815-6661
振替 00120-6-34848

イラストレーション
手書き文字　矢田 勝美

印刷・製本　音羽印刷

ISBN978-4-7724-1287-2 C3011